Geluk bij een ongeluk, moet **Dietmar Eckell** hebben gedacht toen hij Google Earth uitvlooide op zoek naar vliegtuigwrakken. Hij merkte dat bij veel verwoeste toestellen de piloten nog met zoveel zelfbeheersing een hachelijke noodlanding hadden voltooid dat er geen enkele dode te betreuren viel. Vervolgens reisde hij de wereld af om de wrakken te fotograferen, als monumenten van hoop en heldhaftigheid. Ook **Ann-Christine Woehrl** ging op zoek naar hoop bij de vrouwen die ze portretteerde, wat geen sinecure is als je slachtoffers van zuuraanvallen voor de lens vraagt.

In deze editie van Snoecks bladeren alleen al brengt de lezer in zo veel verschillende werelden – **Dan Burn-Forti** fotografeert huisdieren in opmerkelijke en grappige poses, terwijl **Heidi** en **Hans-Jürgen Koch** zich in Amerika maandenlang ophielden in de buurt van bizons voor een indrukwekkende en geëngageerde natuurreportage. **Marie Baronnet** vertelt fin-de-carière verhalen van vrouwen die in burlesqueshows optreden, en **moby** creëert een fantasiewereld waarin dieren de macht van de mens willen afdwingen.

Naast foto's van jong talent als de Russische **Olga Matveeva** tonen we werk van gevestigde waarden als **Liu Zheng**, **223** en **Julia Fullerton-Batten**. En de vaak controversiële gebouwen van de eigenzinnige architecten van **Coop Himmelb(l)au** kan niemand onberoerd laten.

Bij de Nederlandse en Belgische fotografen herkennen we **Wiesje Peels**, **memymom**, **Lilith** en **Guido Sterkendries** – van deze gerenommeerde natuurfotograaf laten we foto's zien van de kleurrijke maar gevaarlijke pijlgifkikkers.

Veel lees- en kijkplezier,

Geert Stadeus, hoofdredacteur | **Patrick Snoeck**, uitgever

Snoecks is verkrijgbaar met twee verschillende covers. Er is maar één Snoecks 2016 maar je kunt kiezen tussen een exemplaar met een foto van modefotograaf **Tony Kelly** en de speciale editie met een vliegend huis van **Laurent Chehere**.

ISBN 9789077885352

ISBN 9789077885369
(speciale editie)

Verantwoording illustraties
Many thanks:
Omslagfoto Tony Kelly/folio-id.com
Omslagfoto speciale editie Laurent Chehere/Galérie Paris-Beijing

34 Dietmar Eckell; 48 Lilith; 66 Dan Burn-Forti; 62 Ann-Christine Woehrl; 98 AP Images/Isopix; 114 Adriana Lestido/Rolf Art Buenos Aires; Göran Gnaudschun; 146 Liu Zheng/Three Shadows + 3 Gallery Beijing; 158 Nicola Verlato/Poulsen Gallery Copenhagen; 172 Marie Baronnet; 186 memymom; 202 Heidi & Hans-Jürgen Koch; 220 Julia Fullerton-Batten; 236 Danila Tkachenko/Peperoni Books; 252 Sasha Eisenmann/Damiani Editore; 268 Olga Matveeva; Klaus Pichler/Anzenberger Gallery Vienna; 300 Lukas Wassman; 314 Marianna Rothen; 328 Darren Almond/White Cube London; 340 Anton Vill; 356 Lin Zhipeng-223/Stieglitz 19 Antwerpen; 370 Coop Himmelb(l)au; 388 Fabio Borquez; 404 Christian Tagliavini; 418 Michael Wolf/Gallery 51 Antwerpen; 430 Wiesje Peels; 444 Daniel Josefsohn; 456 moby/Emmanuel Fremin Gallery New York; 468 Andreas Franke; 482 Guido Sterkendries; 500 Raed Bawayah; 510 Tony Kelly/folio-id.com; 522 Laurent Chehere/Galérie Paris-Beijing
De uitgever heeft geprobeerd om alle houders van auteursrechten te vermelden. Eventuele rechthebbenden die daarbij over het hoofd zijn gezien, worden verzocht om contact op te nemen met de uitgever.

UPP

like us on facebook

Colofon

SNOECKS 2016
jaargang 92

Redactie
Snoecks nv
Begijnhoflaan 452
9000 Gent
België
snoecks@snoecks.be

btw 0464 212 603
www.snoecks.be

Uitgeverij Snoecks nv
Uitgever Patrick Snoeck
Hoofdredactie Geert Stadeus
Vormgeving Tom Van Nuffel
Eindredactie Halbe de Jong

Bijdragen van Jan-Frederik Abbeloos, Marijke Arijs, Michaël Bellon, Marjorie Blomme, Han Ceelen, Mark Cloostermans, Hans Cottyn, Halbe de Jong, Caroline De Ruyck, Jan Desloover, Alexandra De Vos, Carmen De Vos, Eva Feremans, Sofie Gielis, Suzanne Gouda, Corry Hancké, Toon Horsten, Peter Jacobs, Dirk Leyman, Geerdt Magiels, Kathy Mathys, Dominique Minten, Ruben Mooijman, Laura Noble, An Olaerts, Cathérine Ongenae, Jeroen Overstijns, Hilde Pauwels, Margi Rotiers, Hilde Sabbe, Geert Sels, Peter Slabbynck, Geert Stadeus, Sam Steverlynck, Johan Swinnen, Ludo Teeuwen, Annelies A.A. Vanbelle, Alexander Van Caeneghem, Veerle Vanden Bosch, Hilde Van den Eynde, Vicky Vanhoutte, Annelies Verbeke, Karel Verhoeven, John Vervoort, Maria Vlaar, Catherine Vuylsteke, Beate Windeler

PAPYRUS

Drukkerij Geers-Offset (Graphius Group)
www.geers-offset.com

Distributie
Nederland: Scriptum Books Schiedam
Tel. +31 10 427 10 22
België: Snoecks nv Gent
Tel. 09/267 85 44

Reclameregie
Nederland: Jetvertising
Tel. +31 70 399 00 00
rob@jetvertising.nl
België: Niche Media
Tel. 09/329 09 69
gaetan@nichemedia.be

SNOECKS laat wat zien!

Snoecks viert de lancering van deze nieuwe editie van het jaarboek met een tentoonstelling.
Wij zijn daarvoor twee maanden te gast bij De Schipperskapel in Brugge.
In die prachtige ruimte tonen we vanaf oktober het werk van enkele fotografen uit Snoecks 2016,
waaronder Lilith, Marianna Rothen, Guido Sterkendries, 223 en memymom.

expo Snoecks 2016 • De Schipperskapel • Komvest 38 • 8000 Brugge
2 oktober - 29 november 2015
meer info op de Facebookpagina's van Schipperskapel en Snoecks

inhoud

510

430

404

146

66

468

482

158

De beste 100 boeken

Opnieuw presenteert Snoecks, in samenwerking met De Standaard der Letteren, honderd boeken die je maar beter in huis kunt hebben. De top van de internationale literatuur, spannende thrillers maar ook boeiende non-fictie. Een ideaal boodschappenlijstje voor wie zijn of haar leeshonger wil stillen!

Alessandro Baricco

Een bepaald idee van de wereld

Italië, De Bezige Bij

Baricco presenteert in *Een bepaald idee van de wereld* de vijftig beste boeken die hij de afgelopen tien jaar gelezen heeft, een ratjetoe van klassiekers, hedendaags Italiaans, Duits en Angelsaksisch, filosofie, sportbiografieën, Bill Bryson, Descartes, geschiedenis en thrillers. Maar dat deert allerminst. Want het gaat hem niet alleen om de boeken, maar ook om de gids, die erudiet en met gênant enthousiasme schrijft. Onder die schijn van jolige camaraderie schuilt een opvoeder in Baricco, die vindt dat je op smaak en vernuft niet kunt afdingen. Het is een onderschat talent om een boek goed te kunnen lezen. Voor iedereen die dat probeert, is dit een onmisbare gids.

Karel Verhoeven

Kevin Barry

Donker ligt het eiland

Ierland, De Bezige Bij

Een zielsverwant van Irvine Welsh in zijn combinatie van humor en verdoemenis. In ongeveer de helft

van de korte verhalen is alcohol de spil waarrond de actie zich voltrekt. Een personage wordt zonder geheugen wakker op een bus, stelt met een m'en foutistische zwier vast dat hij een frituur heeft gekocht en gaat dan maar aan het werk. Maar nu en dan duiken akelige herinneringen op. Barry blinkt uit in het beschrijven van vriendschap tussen 'achtergebleven' mannen. Naar de vrouwen die niet zijn weggetrokken uit de Ierse provinciestadjes wordt bedremmeld gestaard. Ze blijven volslagen onbereikbaar. In 'Ontbijtwijn' verzucht de verteller: 'Ik kon niet wachten om naar huis te gaan zodat ik over haar kon dromen.' Barry weet je te raken met zijn antihelden, brute poëzie en onvoorspelbaarheid.

Annelies Verbeke

Lucia Berlin

Handleiding voor poetsvrouwen

VS, Lebowski

Handleiding voor poetsvrouwen is een bloemlezing uit het autobiografisch geïnspireerde werk van deze onterecht onbekende (en in 2004 overleden) auteur, met korte verhalen die ze tussen 1966 en 1999 schreef. De rotjeugd die Berlin beschrijft, vormt een vruchtbare bodem voor de gebroken relaties en het drankmisbruik waarvan de volwassen vertellers getuigen. En toch blijft in haar toon altijd een intieme blijheid overeind, iets guitigs, onvoorspelbaars - ze is licht beschonken, denk je soms. Heerlijk is ook de manier waarop Berlin nonchalant van de hoge kunsten naar het aardse zeilt en weer terug. In wat het hoofdpersonage omringt, schuilt evenveel wonder als teleurstelling. Verhalen met een sterk gevoel van hier en nu. Een heerlijke ontdekking.

Annelies Verbeke

Hanna Bervoets

Efter

Nederland, Atlas Contact

Een toekomstroman over de vergaande inbreuk op de privacy en de nietsontziende verdienzucht van de farmaceutische industrie. Door de toekomstige com-

municatiemiddelen en online communities van een compleet nieuwe generatie, weten we in de toekomst altijd van iedereen wie waar is, en waarom. Maar terwijl ieders *whereabouts* tot in de details gedeeld worden, is er ook nog zoiets als de binnenwereld van mensen. Zo kan het dat iemand verliefd wordt; vanwege de onbeheersbaarheid een groot maatschappelijk probleem. Wetenschappers storten zich op de ontwikkeling van een dubieus medicijn tegen liefdesverdriet: efter. Bervoets heeft een zichtbaar plezier in het beschrijven van haar personages en een fenomenaal observatievermogen. Komische dialogen over het nieuwe voedsel van de toekomstige hipsters (reiïzaden, onthoud dat woord!) en geslaagde *newspeak*.
Maria Vlaar

Julia Blackburn
Fluisteringen van liefde, Smart en spreeuwen
Groot-Brittannië, De Bezige Bij

In oktober 2013 stierf de echtgenoot van Julia Blackburn. 'Fluisteringen van liefde, Smart en spreeuwen' is een prozagedicht dat Blackburn schreef drie maanden na zijn overlijden. Het boek bevat zowel de Engelstalige als de Nederlandstalige versie. Er staan ook foto's in van Andrew Smiley. Daarop staan spreeuwen die op winteravonden hun dans uitvoeren in de lucht van Suffolk, waar de schrijfster woont. Het land op de beelden is zwart als teer, de luchten variëren van donker tot roze. De gedachte aan spreeuwen helpt Blackburn wanneer ze 's ochtends wakker wordt en denkt: hij is dood. Ze schrijft: 'Spreeuwen helpen, zoals ze een trekkende beweging maken tussen het vieren van het leven en het verwijzen naar ongeziene dingen.' Blackburn herinnert zich de laatste uren van haar man, de avondwandelingen langs het riet. Haar gedicht is van een grote eenvoud, haar taal is krachtig en aards.

Kathy Mathys

Rutger Bregman en Jesse Frederik
Waarom vuilnismannen meer verdienen dan bankiers
Nederland, Lemniscaat

Het is lang geleden dat het publieke debat nog zo fel draaide rond de verdeling van macht en rijkdom. Daarbij worden de grote vragen opnieuw van stal gehaald: hoe ongelijk mag of kan een samenleving zijn? Maar ook: hoe is het mogelijk dat mensen zonder wie we overduidelijk niet kunnen, zoals vuilnismannen, verpleegsters en politieagenten, zoveel minder verdienen dan bankiers, lobbyisten en consultants? Dat is de vraag die Bregman en Frederik zich stellen. De standaardrepliek - omdat de markt er zo over oordeelt, vinden ze amoreel. Er is iets loos als de markt een groeiende inkomensongelijkheid creëert en productieve arbeid niet meer naar 'waarde' schat, zo leren de auteurs van Aristoteles, Keynes, Mills, Piketty en andere intellectuelen. De kritiek die ze ventileren op de economische wetenschap is meestal niet nieuw, maar de schop onder de kont is er niet minder hard om.

Jan-Frederik Abbeloos

Jeroen Brouwers
Het hout
Nederland, Atlas Contact

Nieuwe roman van een 'oude meester', waarin die zijn bekende stijl en sfeer loslaat op een actueel onderwerp: kindermisbruik in de katholieke kerk. In de verstikkende atmosfeer van een jongensinternaat op de grens van Nederland en Duitsland lijdt de lezer mee met de personages.

Met broeder Bonaventura, die wil uittreden, maar niet durft en daardoor misschien de liefde van zijn leven zal mislopen. Met leerlingen Mark en Wil, die besloten hebben om te ontsnappen, omdat schoolhoofd en volbloed sadist Mansuetus zijn oog heeft laten vallen op Mark. Mansuetus 'houdt van blond'.

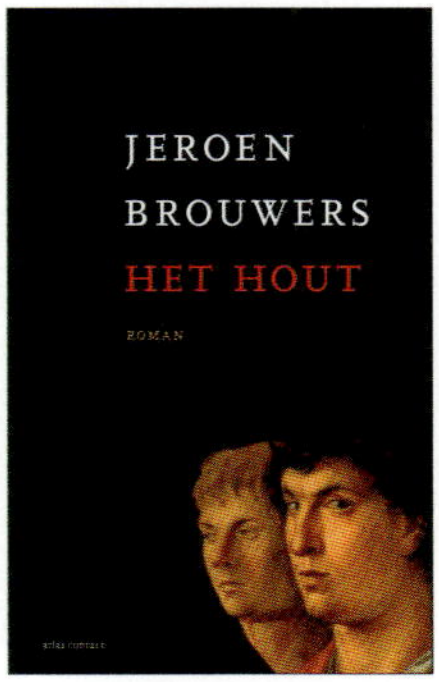

Brouwers creëert een suspense met Hitchcock-allures: de tijd kruipt, de twijfels van Bonaventura draaien in cirkels, en als lezer weet je amper waarop je mag hopen. Vingernagels verwoestende spanning, die zich op de derde dag van het verhaal wel moét ontladen, want dan komt de bisschop op bezoek.
Mark Cloostermans

Bill Bryson

De zomer van 1927

VS, Atlas Contact

Er verschijnen wel meer historische boeken over één jaar. Maar je hebt de flair van Bill Bryson nodig om van een goed idee ook een fijn boek te maken. In 1927 vloog Charles Lindbergh als eerste in zijn eentje de Atlantische Oceaan over. Een beetje en stoemelings zelfs, als we Bryson mogen geloven. Dat was van grote symbolische betekenis. Want na de Eerste Wereldoorlog verschoof het brandpunt van de wereld van het oude naar het nieuwe continent. De VS hadden de oorlog doen kantelen, en de natie bouwde daarna verder op haar vers mondiaal kapitaal. Bryson schreef een boek over één zomer, maar liet zich niet inperken door die drie maanden. Net dat grotere verhaal geeft betekenis en samenhang aan de stroom anekdotes. Dit boek leert je niets diepzinnigs over de mensheid, maar je beleeft er wel veel plezier aan.

Jeroen Overstijns

Emmanuel Carrère

Het Koninkrijk

Frankrijk, De Bezige Bij

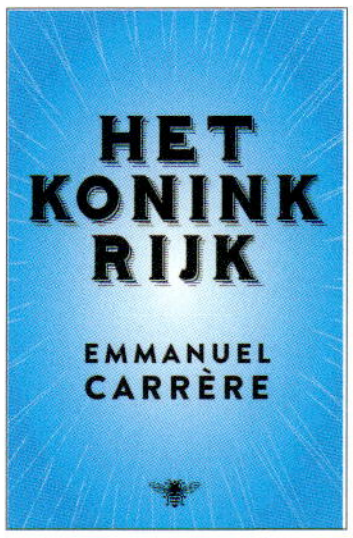

Na het overweldigende succes van *Limonov* publiceert Emmanuel Carrère het relaas van een persoonlijke geloofscrisis en gaat hij op zoek naar de wortels van het christendom. Hoe is het mogelijk dat een groot deel van de mensheid tweeduizend jaar in zulke bizarre zaken als de verrijzenis, de transsubstantiatie en de onbevlekte ontvangenis heeft geloofd? Deze vraag is het uitgangspunt van *Het Koninkrijk*. De Franse schrijver laat het Nieuwe Testament met al zijn personages tot leven komen, stuurt Paulus weer op pad om zieltjes te winnen en schept een Lucas naar zijn eigen beeld. Hij put gretig uit de trukendoos van de romancier en goochelt met hypothesen, halve waarheden en hele verzinsels. *Het Koninkrijk* is een persoonlijk getuigenis, een poging tot vulgarisering en een kruising tussen een roadnovel en een sandalenfilm ineen.

Marijke Arijs

Charles Burns

Suikerschedel

VS, Oog&Blik/De Bezige Bij

Charles Burns, die internationaal doorbrak met de striproman *Zwart gat*, heeft veel van zijn lezers gevergd. Bijna onbegrijpelijk waren de eerste twee delen van zijn nieuwe trilogie *X*. Maar in *Suikerschedel*, het afsluitende derde deel, blijkt alles met alles te maken te hebben, en brouwt hij met al die zorgvuldig neergelegde ingrediënten een beklijvende finale die lang aan je ribben blijft plakken. Bizarre droomsequenties, ergens halfweg tussen surrealisme en horror, uitgevoerd in harde kleuren en heldere lijnen, worden afgewisseld met verhaalfragmenten die zich in het Amerikaanse punkmilieu van de jaren 70 en 80 afspelen. Dat alles staat nog eens bol van verwijzingen naar boeken, strips en kunstwerken die de jeugd van de tekenaar hebben gekleurd, waarbij vooral de invloed van Hergé doorslaggevend was. Indrukwekkend.

Toon Horsten

Javier Cercas

Outlaws

Spanje, De Geus

Hedendaagse mythen zijn dé specialiteit van Javier Cercas. Na *Anatomie van een moment*, een vuistdikke non-fictieroman over de mislukte staatsgreep van Tejero in 1981, heeft de Spaanse auteur zich op de jeugddelinquentie gestort.

Outlaws vertelt het levensverhaal van een van de jonge criminelen die het Spanje van de late jaren 70 onveilig maakten. Op een kwade dag in de zomer van 1978 sluit Ignacio Cañas, een jongen uit de middenklasse van Gerona, zich aan bij de jongerenbende van de Blauwe, omdat hij onweerstaanbaar aangetrokken wordt tot de knappe Tere. Twintig jaar later is de ontspoorde jongeman een gevierd advocaat en probeert hij zijn voormalige broeder in het kwaad uit de nor te krijgen. Een vernuftig geconstrueerde roman over heldendom en over de rol van de media in een Spanje dat na de dood van Franco voorzichtig proefde van vrijheid en democratie.

Marijke Arijs

Rafael Chirbes

Aan de oever

Spanje, Meridiaan

De recente Spaanse geschiedenis vormt een onuitputtelijke inspiratiebron voor Rafael Chirbes , die met *Crematorium* doorbrak bij het grote publiek. *Aan de oever*, het vervolg op deze succesroman, werd bekroond met verschillende literatuurprijzen, waaronder de prestigieuze Premio Nacional de Narrativa. Het boek speelt in een fictief kustplaatsje in het hedendaagse Spanje, waar de crisis onbarmhartig heeft toegeslagen. Esteban heeft al zijn spaarcenten geïnvesteerd in een bouwonderneming die op de fles is gegaan, zodat hij de werknemers van zijn timmermansbedrijfje moest ontslaan en helemaal aan de grond zit. De auteur schildert een inktzwart fresco van het naoorlogse Spanje, een paradijs voor opportunisten en corrupte ondernemers. *Aan de oever* is zonder meer de zwartgalligste roman die ooit uit de pen van deze aartspessimist is gevloeid.

Marijke Arijs

Jim Crace

Oogst

Groot-Brittannië, De Geus

Jim Crace schrijft over een wereld die lijkt op de onze, al is hij net even anders: *Oogst* speelt in een tijdperk dat middeleeuws aandoet. De tijden zijn aan het veranderen. Meester Kent is de milde landeigenaar in een afgelegen dorp. Op een avond net voor de oogst, strijken drie vreemdelingen neer aan de dorpsrand. Vervolgens brandt een deel van de gebouwen af. Dit is een verhaal over onbehagen, over angst voor vernieuwing en voor vreemdelingen. *Oogst* is ook een treurzang over een levensstijl die voorgoed is verdwenen. De neef van meester Kent wil omheiningen plaatsen en schapen kweken in weiden: het landschap staat op het punt voorgoed te veranderen. Qua stijl heeft deze roman weinig gemeen met het sociaal-realistische werk van Craces Engelse collega's. Hij zit dichter aan tegen het magisch-realisme en heeft toch zijn eigen signatuur. Poëtisch, bezwerend: een roman die je de adem beneemt.

Kathy Mathys

Lydia Davis

Het eind van het verhaal

VS, Atlas Contact

Ze is bekend van haar korte verhalen die in de richting gaan van filosofie en poëzie. Toch schreef Lydia Davis een roman. Een traditionele plotlijn interesseert haar niet. *Het eind van het verhaal* heeft twee lagen. Het is het problematische liefdesverhaal van een universiteitsprofessor die verliefd wordt op een jongere man en het is het verhaal van haar schrijfproces. Achteraf schrijft ze namelijk een roman over de mislukte relatie. Namen hebben de hoofdrolspelers niet. Het zijn de details over de relatie die verrassen. De professor heeft neuroses en obsessies die we als vintage Davis mogen bestempelen. Ze kan de man niet vergeten, blijft malen over wat er gebeurde. En dan is er de vraag: hoe vertel je het verhaal van een kapotte liefde? Dit boek is claustrofobischer dan Davis' verhalenbundels, je blijft de hele tijd rondhangen in dat ene hoofd. Een speels, eigenzinnig boek dat je aan het denken zet.

Kathy Mathys

Aimée de Jongh

De terugkeer van de wespendief

Nederland, Oog&Blik/De Bezige Bij

Een zelfdoding, een boekhandelaar in financiële problemen, en daarbovenop een verhaal over pesten op school. *De terugkeer van de wespendief*, de eerste striproman van de jonge Nederlandse Aimée de Jongh, heeft alle ingrediënten voor een onvervalste tearjerker. Toch slaagt ze erin alles op zijn pootjes te doen landen. De Jongh brouwt met al die ingrediënten een overtuigend, menselijk en geloofwaardig verhaal, dat met een strak aangehouden tempo over de pagina's dendert. Soms had het voor ons een beetje minder dik aangezet mogen zijn, en de auto's die ze tekent, zien er soms een beetje raar uit. Maar in zijn geheel genomen bevestigt De Jongh al het moois dat de voorbije jaren over haar werd gezegd. Met dit boek lijkt ze bij de grote poort aan te komen kloppen.

Toon Horsten

Maylis de Kerangal

De levenden herstellen

Frankrijk, De Bezige Bij

De levenden herstellen was dé revelatie van 2014. Dit verhaal van een harttransplantatie werd in Frankrijk bekroond met zeven literatuurprijzen, waaronder de Grand prix RTL-Lire 2014. Maylis de Kerangal, bekend om haar ongebruikelijke aanpak en originele thematiek, opent met de dood van een jonge surfer en eindigt exact 24 uur later, op het moment dat zijn hart begint te kloppen in andermans lichaam. Bij een transplantatie wordt een defect onderdeel van de menselijke machine vervangen, maar ook de nabestaanden van het slachtoffer moeten worden opgelapt. Om die dubbele dimensie was het de schrijfster te doen. Het medische huzarenstukje wordt met chirurgische precisie beschreven. Poëzie en techniek, wetenschap en actie versmelten tot een indrukwekkend geheel, in een razend origineel boek dat iets heeft van een hedendaags heldendicht.

Marijke Arijs

Joost de Vries

Vechtmemoires

Nederland, Prometheus

Hoe moet je waarachtig leven? De rode draad in deze essays is een zoektocht naar authenticiteit. En een afkeer van ironie, want dat is negatie, afstand, nooit ergens ten volle voor gaan, stelt De Vries. Als je wilt scheppen, kan ironie nooit je materie zijn. Of het nu over Tiger Woods gaat, *Jackass*, *Girls* of *Downton Abbey*, altijd gaat De Vries op zoek naar authenticiteit en ontmaskert hij de leegte en het onechte. De Vries durft te kijken, naar kunst en naar zichzelf. Zijn essays overstijgen het onderwerp dat ze behandelen, overal klinkt zijn persoonlijke stem in door. Bovendien schrijft hij jaloersmakend glashelder, soepel, grappige en bedrieglijk eenvoudig. Joost de Vries is het slimste jongetje van de klas. En dat is – zonder ironie – een compliment.

Vicky Vanhoutte

Alfred Döblin

Berlijn Alexanderplatz

Duitsland, Wereldbibliotheek

Berlin Alexanderplatz (1929) is zo'n boek dat alle literatuurlijstjes siert, maar zelden gelezen wordt; Alfred Döblin krijgt steevast een stek tussen de groten. Wie geen Duits leest, heeft nu de kans om met een nieuwe vertaling te verifiëren of die reputatie terecht is.

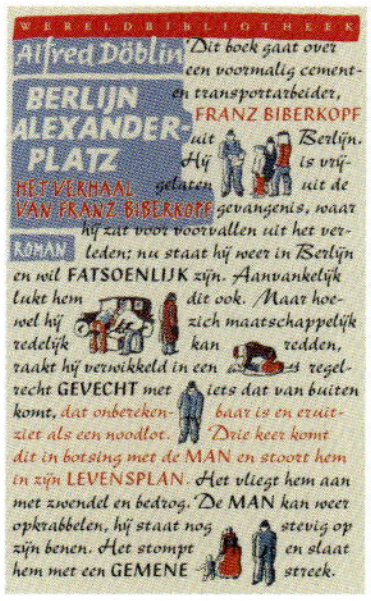

Arbeider Franz Biberkopf heeft er een gevangenisstraf wegens moord opzitten. Als vrij man wil hij er alles aan doen om een fatsoenlijk burger te worden, maar foute keuzes, naïviteit en hoogmoed, toeval en lotsbestemming beslissen er anders over. Hij blijft in de zelfkant van Berlijn steken en hervalt in de misdaad.

Döblin kleedt de magere verhaallijn op een experimentele manier aan. Het wordt een grootstadsroman waarin Berlijn een hoofdpersonage is. Hij geeft volksliedjes, reclameslogans, ambtelijke teksten, metroroutes, krantenkoppen en toogpraat weer. De kakofonie van dat knip- en plakwerk komt authentiek over. Het werd hoog tijd voor een volledige vertaling van dit meesterwerk en Hans Driessen heeft die klus perfect geklaard.

Peter Jacobs

Philip Dröge

De schaduw van Tambora

Nederland, Spectrum

De uitbarsting van de Indonesische vulkaan Tambora in 1815 werpt een lange schaduw over de geschiedenis, tot de uitvinding van de loopfiets toe. Omdat het stof het zonlicht tegenhoudt, volgen op de vulkaanexplosie drie jaar van klimaatafkoeling. Wereldwijd zakt de temperatuur anderhalve graad, met verbijsterende consequenties. In een geologische pageturner beschrijft de Nederlandse wetenschapsjournalist Philip Dröge hoe in grote delen van Europa en Noord-Amerika oogsten mislukken, voedselprijzen omhooggaan en hongersnood ontstaat – met verstrekkende sociale omwentelingen tot gevolg.

In China luidt de eruptie van de Tambora zelfs het einde van het keizerrijk in. En in Europa leidt de hongersnood tot de uitvinding van de sociale zekerheid en tot een exodus naar de VS en Canada. Dröge verpakt het tot een spannend historisch-wetenschappelijk verhaal

– en legt zelfs uit waarom Mary Shelley haar *Frankenstein* nooit zou hebben geschreven als niet die vulkaan in Indonesië was uitgebarsten.

Jean Echenoz

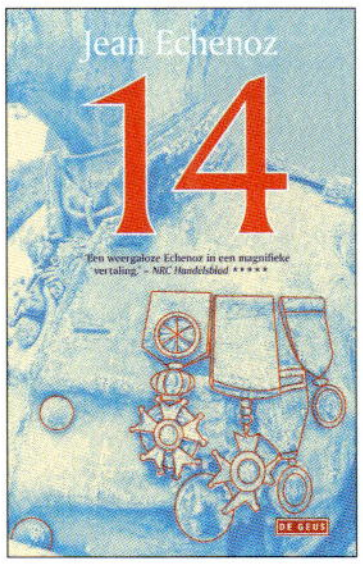

14

Frankrijk, De Geus

Over de Eerste Wereldoorlog zijn vele dikke turven bij elkaar geschreven, maar bij Jean Echenoz is het conflict in een vloek en een zucht voorbij. De auteur vertelt het verhaal van Anthime, een doodgewone Fransman, die net als Charles, zijn rivaal in de liefde, naar het Ardense front wordt gestuurd. Allebei dingen ze naar de hand van Blanche, die intussen op het thuisfront een buitenechtelijke dochter ter wereld brengt. Echenoz is een virtuoos stilist, die bekendstaat om zijn luchtige toon en zijn speelse geest. De gruwel van het slagveld inspireert hem tot het oplepelen van de gekste wetenswaardigheden. Soundtrack bij zijn filmische proza is de basso continuo van het kanongebulder op het slagveld. De grote oorlog van de kleine man wordt beschreven in een compacte, tot in de puntjes gesoigneerde roman met een verrassende ontknoping.
Marijke Arijs

Ephameron

Wij twee samen

België, Oogachtend

'Maar wat gaat het traag, dat lange verdriet tot afscheid', schrijft Ephameron. Ze heeft het over het langgerekte afscheid van haar vader, die op zijn 56ste getroffen werd door dementie. De illustratrice brengt een persoonlijk relaas in woord en beeld over wat de ziekte teweegbrengt. Ze doet dat in haar karakteristieke collagestijl, in gedempte kleuren. In de fragmenten die ze overschreef uit haar vaders dagboek zie je een man die zijn taal wanhopig probeert vast te houden. Haar commentaren zijn discreet onderaan de pagina's gedrukt. In de portretten van haar vader zie je de aftakeling: zijn blik wordt steeds leger, zijn houding steeds hulpelozer. Gaandeweg sluipt er meer leegte binnen in de prenten, de visuele expressie van een man die steeds verder ver-

dwaalt in zijn hoofd. Een poëtisch boek, dat barst van de ingehouden emotie.
Veerle Vanden Bosch

R.J. Ellory

Het kwaad en de rivier

Groot-Brittannië, De Fontein

Ellory is een van de origineelste misdaadauteurs van dit moment. Hoewel hij een Engelsman is, situeert hij zijn verhalen steevast in de VS. In *Het kwaad en de rivier* moet een sheriff achter de moordenaar van een meisje aan dat twintig jaar geleden werd vermoord. De vermoedelijke dader wordt snel gevat. Zowel de dader als de sheriff is oorlogsveteraan. De sheriff overleefde de hel van Vietnam, de aangehouden man was de enige overlevende van een bataljon dat vocht op de eilanden van de Stille Zuidzee in de Tweede Wereldoorlog. *Het kwaad en de rivier* is vooral een roman over hoe mensen die de gruwel van de oorlog aan den lijve hebben ondervonden met hun trauma's verder proberen te leven. Ellory verrast steeds opnieuw met klassieke misdaadromans met prachtige personages en sterke dialogen.
John Vervoort

Brecht Evens

Panter

België, Oogachtend

Sinds *Ergens waar je niet wil zijn* en de opvolger *De liefhebbers* weten we dat Brecht Evens zijn metier beheerst. Hij kan een verhaal vertellen, goeie dialogen schrijven en heeft een bijzonder persoonlijke tekenstijl ontwikkeld. Net als in zijn eerdere stripromans schakelt hij in *Panter* heen en weer tussen close-ups en grote panoramische tekeningen – zijn boeken zijn het ene moment intimistisch, het andere weer barok. Toch voelen ze als een vanzelfsprekend geheel aan. *Panter* doet het relaas van een meisje met een soort imaginair vriendje, een panter die haar gezelschap houdt als er niemand anders in de buurt is. Een steeds veranderende demon is hij – verleider, vertrouweling en sater in één. Evens slaagt er niet alleen in gevoelens grafisch tot uitdrukking te brengen, hij doet zelfs meer: hij slaagt erin ambiguïteit en dubbelzinnigheid weer te geven in zijn tekeningen. *Toon Horsten*

Stuart Firestein

Onwetendheid als drijfveer van de wetenschap

VS, Veen Media

In een handzaam, helder en vlot geschreven boek beschrijft Firestein, neurobioloog aan Columbia University, hoe en waarom vragen belangrijker zijn dan antwoorden. Wetenschap is een proces dat nooit af is. Een feit staat nooit vast, onze kennis is voorlopig. Dat is de kracht van de onzekerheid, het ultieme verdedigingsmiddel tegen dogma en absolute waarheid. Firestein maakt aan de hand van talloze voorbeelden duidelijk hoe de wetenschap niet wordt voortgestuwd door feiten en zekerheden, maar door vragen en onzekerheden. In dit elegante boek vinden wetenschappers veel wat hen bekend is, maar waar weinig over gesproken wordt. Niet-wetenschappers krijgen een begeesterende en leerrijke inleiding tot de ware aard van de wetenschap.

Geerdt Magiels

Richard Ford

Het had erger gekund

VS, De Bezige Bij

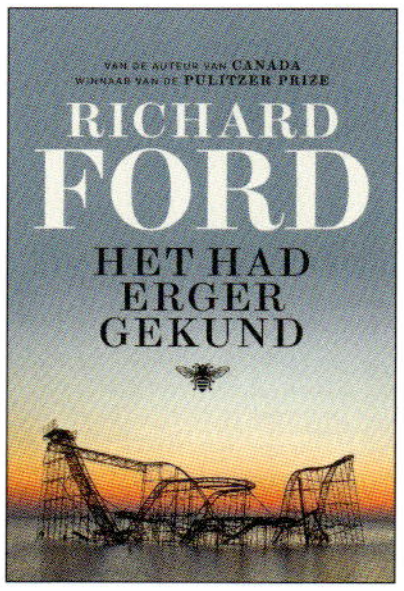

Hoe moet dat, doodgaan? Tips geeft Richard Ford niet. Maar hij antwoordt wel overtuigend op de vraag hoe je erover moet schrijven. Er staan vier verhalen in dit boek, waarin de dood de personages telkens wat dichter op de hielen zit. De achtergrond is het New England van net na orkaan Sandy uit 2012. Indringend, maar zonder pathos laat Richard Ford zijn bekende alter ego Frank Bascombe – ook hoofdpersoon uit zijn grootste romans – hier vier keer terugkijken op zijn leven, terwijl hij door zijn gepensioneerde bestaan dwaalt. Vier korte verhalen met dezelfde setting, maar andere plotlijnen, in totaal iets meer dan 200 bladzijden. Als je het zo nuchter bekijkt, dan lijkt *Het had erger gekund* geen boek dat de ruimte heeft genomen om erg diep te snijden over onze sterfelijkheid. Bascombe is als nuchtere verteller ook niet de man van de grote omhalen. Toch is de blik van de oudere Bascombe overtuigend genoeg om van zijn weifelende kijk een relevant klein boek te maken.

Jeroen Overstijns

Simon Garfield

Ode aan de brief

Groot-Brittannië, Luster/ Podium

De Britse journalist Simon Garfield schreef met *Ode aan de brief* een historisch overzicht van de briefschrijfkunst en de posterijen, vol lekkere verhalen maar ook doordrongen van een gevoel van verlies. Want brieven schrijven is stilaan finaal passé. De brief wordt, net als alle andere uitingen van papier, weggedrongen door digitale communicatiemiddelen. Whatsapp, Facebook, Twitter zijn sneller, moderner, goedkoper – maar zijn ze beter? Lees dit boek daarom bij voorkeur op papier. Om het oude te eren.

Hans Cottyn

Ben Gijsemans

Hubert

België, Oogachtend

Hubert, het hoofdpersonage van de indrukwekkende debuutstrip van Ben Gijsemans, is een man die naar schilderijen kijkt. Urenlang. Dagenlang. Zijn hele leven lijkt rond zijn passie voor schilderkunst te draaien, en hij slijt zijn dagen in het museum. Hij vindt er de rust die hij in de rest van de wereld mist. Tot een in wezen heel banale gebeurtenis zijn leven overhoop haalt, en hem uit zijn observerende rol knikkert. Gijsemans (ook actief in de animatiesector) geeft zijn verhaal beeld per beeld vorm, en bouwt met die beelden vervolgens een heel minutieus gecomponeerd geheel. Met daarbij een speciale vermelding voor de inkleuring, die aan het geheel een melancholische gloed geeft. Dat het boek meteen op de dag van verschijnen werd opgepikt door de belangrijkste Franse en Britse stripuitgevers, die het in vertaling zullen uitbrengen, is geen toeval.

Toon Horsten

Nan Goldin

Eden and after

VS, Phaidon

Nan Goldin bestormde halfweg de jaren 1980 de fotografiescene met *The ballad of sexual dependency*. We zagen haar vrienden en kennissen op foto's vol extreem leven. Emotionele climax van dat boek is een

zelfportret, gemaakt nadat ze in elkaar was geslagen door haar vriend. Goldin, twee blauwe ogen, kijkt koel de lens in, zoekt de confrontatie: doe maar, je mag alles zien, *this is my life*. Hoe anders oogt *Eden and after*, Goldins eerste boek in elf jaar. Over onze wonderlijke eerste levensjaren, waarin we nog niet geremd zijn door een zelfbewustzijn - Goldin heeft het over de autonomie van kinderen. *Eden and after* zit vol licht, uitbundigheid, warmte. Maar natuurlijk geen licht zonder donker, geen Goldin zonder pijn. Het beeld van een jongetje in camouflagekleding en -schmink: nog wel kinderlijke onschuld, maar dan toch al lichtjes vermoord. Zo gaat dit magnifieke boek niet alleen over het begin van alles, maar ook over het einde, over sterven en herinneren. Het pakkendste fotoboek van het jaar.

Jan Desloover

Günter Grass

De woorden van Grimm

Duitsland, Meulenhoff

Günter Grass' klassieker *Die Blechtrommel* zou nooit bestaan hebben zonder Klein Duimpje. Het jongetje Oskar is namelijk gebaseerd op het personage uit het gelijknamige sprookje van de gebroeders Grimm. Grass had een levenslange romance met de Grimms, en als sluitstuk van die liefde schreef hij *De woorden van Grimm*. In bijna 400 bladzijden weeft Grass het leven van de Grimms – 'klankverschuivers en woordsnuffelaars' – te samen met het zijne, én met twee eeuwen Duitse geschiedenis. Het is dus eigenlijk een dubbelbiografie, of een dubbel-dubbelbiografie. Want de Grimms waren wel degelijk twee broers met onderscheiden karakters, al deelden ze dezelfde passie voor de Duitse taal. In Grass' roman stroomt die taal, treedt ze buiten haar oevers en wordt ze met barokke verve aangewend om van zijn liefde voor de Grimms en hun levenswerk kond te doen. Zijn onbescheiden ego moet je erbij nemen.

Alexandra De Vos

Olga Grjasnowa

Een Rus is iemand die van berken houdt

Duitsland, De Bezige Bij

De Russisch-Azerbeidzjaanse schrijfster Olga Grjasnowa (1984) woont sinds haar twaalfde in Frankfurt en schreef een indringende roman over emigratie, xenofobie en rouw in een geglobaliseerde samenleving. De joodse hoofdpersoon Masja leeft in een wereld waarin uit angst voor terrorisme laptops op vliegvelden door de grenspolitie kapot worden geschoten, en is 'geworteld' in de moderne diaspora van vluchtelingen voor geweld en progroms. 'Een triptiek over nationalisme in Azerbeidzjan, Israël en Duitsland,' noemt Grjasnowa zelf haar roman, waarin haar oorlogservaringen als kind in Nagorno-Karabach meeklinken. Grjasnowa's laconieke verteltrant en haar eigenzinnige stijl vol cynische grapjes maken dat Masja's leed, zo krachtig verteld, een hoogst intelligente en geestige roman heeft opgeleverd.

Maria Vlaar

Jens Christian Grondahl

Portret van een man

Denemarken, Meulenhoff

Portret van een man van Jens Christian Grondahl is een grand tour van verliefdheden. Het verhaal is snel naverteld: een jongeman van achttien wordt een man van veertig en ten slotte een man van zestig. Hij lijdt aan het 'ongeduld van het hart' en rijdt zich keer op keer vast in amourettes en illusies. De vrouwen houden de man een spiegel voor, want zichzelf zien lukt hem niet goed. Het zou *van een* geestdodende banaliteit kunnen zijn als het door *een* minder getalenteerde schrijver als Grondahl wordt aangepakt. De Deen zet nooit toeters of bellen in. Zijn proustiaanse romans gaan over overspelige kleinburgers die, eerder *van* de geschiedenis, de speelbal worden van hun eigen ontgoocheling en herinneringen. De melancholie, de eenzaamheid en het verlies druipt *van* de pagina's.

Hans Cottyn

David Grossman

Komt een paard de kroeg binnen

Israël, Cossee

Grossman blinkt uit in het schrijven over het verdriet van Israël en heeft in zijn nieuwe roman humor gekozen als ultieme poging om te ontsnappen aan de wanhoop over de politieke situatie in Israël, het verdriet over het collectieve verleden, en de rouw in zijn

persoonlijke leven, die de ondertoon van zijn romans vormen. De grap fungeert als mandekking.

In de nieuwe roman stikt het inderdaad van de goede, harde grappen. Grossman weet de lezer meteen te grijpen: het is alsof wij allen in een achterafzaaltje zitten te kijken naar het optreden van de broodmagere, oudere stand-up comedian Dovele Grinstein. Hij vermaakt ons totdat de lachtranen opdrogen en hij de tragiek van zijn leven toont. Grossman ziet zelfs in de rokende puinhopen na een oorlog, en door de rouw heen, toekomst: in mededogen, in mildheid en liefde.

Maria Vlaar

Vasili Grossman

Een klein leven

Rusland, Balans

Moet een schrijver het geweten zijn van zijn tijd? Vassily Grossman (1905- 1964), een Russsische Jood uit het Oekraïense stadje Berditsjev, voelde zich geroepen. Hij was een goed mens én een goed schrijver, maar onder het totalitaire bewind van Stalin zou hij daar de prijs voor betalen. Na een periode van succes werd hij monddood gemaakt door het regime. De ups en downs van zijn schrijverscarrière zijn verzameld in *Een klein leven*, een collage van korte verhalen, oorlogsreportages, essays en brieven. Hoogtepunten zijn 'De hel van Treblinka', een van de eerste ooggetuigenverslagen van wat er zich afspeelde in de dodenkampen van de nazi's, en verhalen als 'Een klein leven' - waarin hij het weemoedige zielenleven van de Sovjetburger uit de doeken doet. Grossmans stijl is helder en trefzeker, zonder stilistische hoogstandjes, maar hij schudt het geweten van de lezer klaarwakker.

Alexandra De Vos

Arnon Grunberg

Het bestand

Nederland, Nijgh & Van Ditmar

Vermakelijke zedenschets van de internetgeneratie. Computernerd Lillian heeft een hekel aan haar lichaam en gaat op in wat Grunberg de betere wereld noemt: internet. In die wereld heeft Lillian wel vrienden (een anarchistische actiegroep) maar geen waarneembaar lichaam. Zelf wil ze ook niet aangeraakt worden, letterlijk 'allergisch voor mensen' als ze is. Lillian is niet zozeer een mens, alswel een vehikel waarmee de schrijver maatschappelijke fenomenen aan kan kaarten: pedofilie, internetverslaving, cyberseks, grooming, zelfmutilatie, dierenactivisme, veganisme, cyberaanvallen, achtervolgingswaan en sektevorming. Grunberg is geestig en gevat, trapt op de staart van de tijdgeest, en schrijft in een apodictische stijl. Plot en psychologie zijn daarbij ondergeschikt; Grunbergs figuren zijn half mens, half tekenfilmfiguur.

Maria Vlaar

Paula Hawkins

Het meisje in de trein

Groot-Brittannië, Bruna

Hypes zijn zelden terecht. De hype rond deze thriller is volledig gegrond. *Het meisje in de trein* heeft een spannende plot, een complex hoofdpersonage en is stilistisch sober, maar heel effectief geschreven. Hawkins, een journaliste die voordien zonder veel succes een paar chicklitromans had geschreven, bedacht in de trein het verhaal over een getroebleerde vrouw die net verlaten is door haar man en een zwaar drankprobleem heeft. Vanuit de trein die zij dagelijks neemt, observeert zij een koppel in een huis en begint over hen te fantaseren. In haar verbeelding zijn de twee het perfecte echtpaar maar de lezer, die ook het verhaal van de vrouw in het huis verneemt, leert dat het verre van waar is. Dan verdwijnt de vrouw uit het huis. Rachel, het meisje in de trein, vertelt haar versie van de feiten, maar is door haar drankprobleem een onbetrouwbare verteller, tegenwoordig erg populair in misdaadromans. Denk maar aan andere succesromans als *Gone girl* van Gillian Flynn of *Voor ik ga slapen* van S. J. Watson.

John Vervoort

Jón Kalman Stefánsson

Vissen hebben geen voeten

IJsland, Ambo Anthos

Wanneer de naar Denemarken geëmigreerde Ari

terugkeert naar het afgelegen IJslandse Keflavik, is dat vooral een zoektocht naar de verloren tijd – toen hij nog verlangde naar het onbereikbare meisje, zijn huwelijk nog een huwelijk was, hij niet vervreemd was van vader en kinderen, een grotere droom had, en IJsland niet zo nodig moest ontvluchten. Stefánsson laat het verhaal uitdijen in een fragmentarische familiegeschiedenis, van de jeugd van Ari's grootouders over zijn relatie met zijn ouders tot zijn jonge jaren in Keflavik.

Stefánsson rijgt de anekdotes en ontroerende verhalen aan elkaar met aforistische bemerkingen. Wie schrijft en vertelt, gelooft hij, houdt de dood veraf. Het is een heroïsch verzet: herinner, geef toe, kijk niet weg, haal alle verhalen boven – ook al doet het pijn.

Alexander Van Caeneghem

Frans Kellendonk

De brieven

Nederland, Querido

In zijn brieven zien we de schrijver die onderhandelt over drukproeven en over het publiceren van een lezing, en namens *De Revisor* correspondeert, bijvoorbeeld met A.F.Th. van der Heijden, maar ook de intieme vriend, die literaire en persoonlijke zaken dooreenmengt, en de broer en zoon, die netjes verslag doet van zijn wederwaardigheden – terwijl diezelfde gebeurtenis in het verslag aan een vriend gedrenkt blijkt te zijn in alcohol en one-night-stands. Naast de schrijver en intellectueel lezen we de verliefde Kellendonk – het levert de enige brief op waarin staat 'ik hou van je'. Een fascinerend boek dat een nieuwe blik geeft op zijn controversiële roman *Mystiek lichaam* (1986), waarin Joden, vrouwen en homo's ongunstig werden beschreven. In *De Brieven* lezen we dat Kellendonk zich inmiddels realiseerde dat hij aan AIDS leed, de ziekte waaraan hij in 1990 stierf.

Maria Vlaar

Tom Lanoye

Gaz

België, Prometheus

In de als novelle gepresenteerde toneeltekst *Gaz. Pleidooi van een gedoemde moeder* is de moeder van een terrorist aan het woord. Ze heeft kromgelegen om haar zoon te eten te geven en een diploma te laten behalen. Maar die zoon is gevallen voor de islam, heeft gevochten in het Midden-Oosten en pleegde bij zijn terugkeer een gruwelijke zelfmoordaanslag. Zijn moeder durft amper nog de straat op, beducht voor represailles.

Gaz is allereerst een pleidooi voor geduld en nuance: niet meteen met je oordeel klaarstaan. De moeder vertelt hoe haar zoon is herleid tot een resem clichés, en gerecupereerd door alle kanten van het debatspectrum, zijn hele leven en denkwereld samengevat in een krantenkop. De moeder doet een poging om te begrijpen wat er echt gebeurd is. Maar wat zoekt ze echt: een verklaring of een uitvlucht? Actueel en ontroerend.

Mark Cloostermans

Sinclair Lewis

Babbitt

VS, Van Oorschot

Wij zijn geen Amerikanen uit de suburbs, en toch zijn we er allemaal mee opgegroeid: het beeld van een gelukkig gezin in een groene voorstedelijke verkaveling. Met een moderne keuken, een gazonnetje afgezet met wit hekwerk en een proper gewassen auto voor de deur. Met *Babbitt* schreef Sinclair Lewis (1881-1951) een bijtende satire op die Amerikaanse droom. Daarin is de held geen romantische ridder, maar zakenman Babbitt – die pal staat voor staat, bedrijf en kerk. Om een verkoopspraatje meer of minder zit hij niet verlegen. Babbitt heeft het allemaal, een vrouw, twee kinderen en elektrische rolgordijnen, maar waarom is hij dan ongelukkig? Lewis' zonnig-ironische verslag van een midlifecrisis is behoorlijk confronterend, en het echec van de kapitalistische droom is relevanter dan ooit.

Alexandra De Vos

Rebecca Lee

Lynx en andere verhalen

VS, Nijgh & Van Ditmar

Rebecca Lee won the National Magazine Award for

Fiction, de Believer Book Award en ze schreef eerder een roman. *Lynx en andere verhalen* staat vol donkere vertellingen over moederschap, het huwelijk, de keuzes die we maken. Dat klinkt huiselijk en liefelijk, maar dat zijn deze vertellingen niet. Lee schrijft zinnen die op knappen staan, er zit een grote spankracht in haar proza. Net als Lorrie Moore combineert ze ironie met doorleefdheid. Enkele verhalen spelen in een academisch milieu, maar niet aan de Amerikaanse oostkust. We belanden op minder glorieuze campussen in het Midwesten van de Verenigde Staten. Soms beschrijft ze gewone mensen alsof ze aliens zijn, met haken in plaats van handen. Een enkel verhaal is wat voorspelbaar, maar voor het overige is dit één groot leesavontuur.

Kathy Mathys

António Lobo Antunes

Als een brandend huis

Portugal, Ambo Anthos

António Lobo Antunes geldt als de grootste hedendaagse Portugese schrijver. Zijn jongste roman staat letterlijk als een huis. Het boek is niet opgetrokken uit hoofdstukken, maar uit acht appartementen, die zijn verdeeld over de vier etages van een gebouw in hartje Lissabon. De levensverhalen van de bewoners schetsen samen een somber beeld van de Portugese samenleving van de afgelopen vijftig jaar. De personages barsten om de beurt los in een onstuitbare woordenstroom en voor de lezer zit er niets anders op dan zich te laten meevoeren op de kolkende maalstroom van hun gedachten. Heden en verleden lopen voortdurend door elkaar, zodat een bizar soort gelijktijdigheid ontstaat. Aan intriges met een keurige ontknoping heeft de auteur een broertje dood. Deze duizelingwekkende meerstemmige roman zit net zo complex in elkaar als het leven zelf.

Marijke Arijs

Loisel & Tripp

Magasin General 9

Canada, Casterman

De hartverwarmende reeks *Magasin Général* van de Franse, in Canada wonende tandem Régis Loisel en Jean-Louis Tripp is een zeldzame uitzondering: het is een stripreeks die je letterlijk aan iedereen kan aanbevelen, zelfs aan mensen die niks met strips hebben. In de nu afgeronde reeks van negen albums vertellen Loisel en Tripp de lotgevallen van Marie, die na de vroege dood van haar man in haar eentje de dorpswinkel draaiende moet houden. We bevinden ons in een afgelegen dorpje in het Quebec van de jaren 1920, waar godsdienst zwaar tegen de hanenbalken hangt, om het met Gerrit Achterberg te zeggen. Het leven van Marie, en uiteindelijk van het hele dorp, wordt overhoop gehaald door de komst van Serge, een vreemdeling met een aanvankelijk onbestemd verleden. *Magasin Général* vertelt het verhaal van een emancipatie, en is een warme, goedgemaakte strip die ongegeneerd sentimenteel durft te zijn.

Toon Horsten

Joris Luyendijk

Dit kan niet waar zijn

Nederland, Atlas Contact

Antropoloog Luyendijk bracht in opdracht van *The Guardian* twee jaar door bij een bijzondere mensensoort: bankiers in de Londense City. Hij bestudeerde hen zoals hij een onbekende stam op een afgelegen Zuidzee-eiland zou bestuderen, observeerde hun gewoontes, analyseerde hun uitspraken en probeerde zich te verplaatsen in hun denkwereld. Dit alles om een antwoord te zoeken op de vraag: wie zijn de mensen die de kredietcrisis op hun geweten hebben, en hoe gaan ze om met de vaststelling dat ze het systeem hebben laten ontsporen? Het resultaat

is een ontluisterend beeld van een sector die zwelgt in hoogmoed, en er niet in slaagt zich aan te passen aan een samenleving met gewijzigde morele normen. Luyendijks boek biedt een verhelderend inzicht in de zoektocht naar waar het precies is fout gegaan.
Ruben Mooijman

Henning Mankell
Drijfzand
Zweden, De Geus

Henning Mankell werd wereldberoemd met een reeks misdaadromans rond de wat norsige speurder Kurt Wallander. Maar hij is meer dan een misdaadauteur. Al vele jaren pendelt hij tussen Zweden en Mozambique, waar hij in de hoofdstad Maputo een theatergezelschap leidt. Begin 2014 maakte hij bekend dat hij kanker had. Hij was toen net begonnen aan een boek waarin hij de nefaste invloed van kernenergie op het milieu wilde aankaarten. Toen de ziekte zich manifesteerde, werden die overpeinzingen steeds persoonlijker. *Drijfzand* is geen klassieke biografie, maar een verzameling mijmeringen waarin hij vertelt over zijn kindertijd, de reizen die hij maakte en de liefdes die hij kende. Hij schrijft mooi over het prachtige continent dat Afrika is, maar ook wat de levensbedreigende ziekte met hem doet. *Drijfzand* is een onsentimenteel boek vol levenswijsheden. Opvallend is dat de naam Kurt Wallander amper valt, alsof hij wil zeggen dat het leven onnoemelijk veel belangrijker is dan de literatuur.
John Vervoort

Hilary Mantel
De moord op Margaret Thatcher en andere verhalen
Groot-Brittannië, Meridiaan

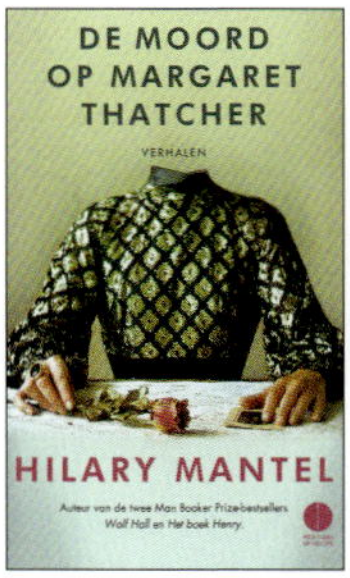

Bij ons is Mantel bekend als schrijfster van epische romans, niet van miniaturen. Nochtans bereikt ze ook op de vierkante centimeter maximaal effect.
Met het titelverhaal uit *De moord op Margaret Thatcher* ontketende Mantel een rel in haar thuisland. Gortdroog en spitsvondig is deze vertelling over een scherpschutter die binnendringt in het huis nabij de oogkliniek waar Thatcher zich liet opereren. 'Ze leeft op de walm van whisky en op het ijzer in het bloed van haar prooi' schrijft Mantel over de heerseres. Het fysieke en zintuiglijke – vaak aanwezig in Mantels werk – gaan hier hand in hand met dialogen die uit een satire lijken gevist. Mantel schrijft over de dood, over het menselijk lichaam. Ze kampt al lang met gezondheidsproblemen, is vertrouwd met de binnenkant van ziekenhuizen en ze lacht om menselijke aftakeling. Uit verschillende van deze verhalen spreekt een groot engagement, maar prekerig wordt het bij de schrijfster van de historische romans over Thomas Cromwell nooit.
Kathy Mathys

Javier Marías
Terwijl zij slapen. Alle verhalen
Spanje, Meulenhoff

Terwijl zij slapen bevat alle verhalen die Javier Marías de afgelopen veertig jaar bij elkaar heeft geschreven. De favoriete personages van de Spaanse schrijver zijn huurmoordenaars, nachtdokters, lijfwachten, vertalers en dubbelgangers, en de reeks sterfgevallen in zijn oeuvre is bepaald indrukwekkend te noemen. Er wordt gemoord en gezelfmoord dat het een lieve lust is en het sterft van de geestverschijningen. Sommige verhalen zijn duidelijk vingeroefeningen voor het grotere werk en we lopen ook een aantal oude bekenden tegen het lijf. Bovendien is er sprake van kruisbestuiving tussen de vertellingen onderling. De bundel biedt, kortom, een fraaie staalkaart van de stokpaardjes en obsessies van een begenadigd verteller.
Marijke Arijs

Eimear McBride
Een meisje is maar half af
Ierland, Hollands Diep

Tien jaar lang lag het manuscript van dit debuut stof te vergaren omdat geen enkele uitgever het aandurfde om dit op de markt te brengen. In 2014 won het boek de Women's Prize for fiction. In het begin schrikt het af, er staan geen komma's, de normale syntaxis ontbreekt. De woorden tuimelen over elkaar heen, het lijkt alsof de schrijfster een bom heeft laten ontploffen.

Na die eerste momenten van bevreemding neemt dit proza je toch mee. De naamloze ik-verteller groeit op in Ierland. Haar moeder is koud en wreed, haar broer heeft een hersentumor. De plot is door en door Iers, het katholicisme is een drukkende kracht in het leven van het meisje, dat misbruikt wordt door een oom. Als tiener en studente stort ze zich in seksuele escapades in de hoop de pijn vanbinnen te verzachten. Dit is een intens boek dat onder de huid kruipt. De taal gonst van het leven en van de originaliteit. Rauw en schokkend leesvoer.
Kathy Mathys

Paul Mennes

Niets bijzonders

België, Nijgh & Van Ditmar

Als Andy Warhol opeens weer door de straten van Pittsburgh wandelt, neemt iedereen aan dat het een gek is. Alleen de lezer weet beter. Andy verzeilt in een instelling voor geesteszieken. Tegelijk arriveert in Pittsburgh de depressieve schrijver Kasper Lazarus, voor een verblijf als *writer in residence*. Beiden zijn zombies, on-doden, verzeild in doelloze levens.
Het nieuwe aan dit boek, is dat *Niets bijzonders* voor één keer een Mennes met gevoel is. Met name in de Kasper Lazarus-hoofdstukken laat Mennes zich van zijn zwartgalligste kant zien. In een interview in *Humo* vermeldde Mennes een scheiding; het is verleidelijk om die privé-omstandigheden te betrekken op de depressieve Lazarus. Dat geeft een zekere 'aarding' aan de gebruikelijke Mennes-gekte. Dit is een nihillistisch boek, waarin zelfs de dood geen uitweg biedt.
Mark Cloostermans

Dror Mishani

De verdenking

Israël, De Bezige Bij

Misdaadromans uit Israël bereiken ons zelden. Mishani werkt voor een Israëlische uitgeverij die veel internationale misdaadromans uitgeeft. Daardoor kreeg hij de smaak te pakken. *De verdenking* is na *De verloren zoon* de tweede in een reeks rond de wat slome speurder Avraham Avraham. Het verhaal begint wanneer in een kinderdagverblijf in Tel Aviv een nepbom ontdekt wordt. Even later komt er een telefoontje binnen waarin verteld wordt dat dit slechts het begin is. Opvallend is dat Mishani amper de complexe politieke situatie in Israël ter sprake brengt. Dat is bewust. Hij wilde vertellen over 'gewone' misdaden en 'gewone' speurders en niet over de superspeurders van de Mossad die vaak in thrillers opduiken en even vaak op superterroristen jagen. Mishani schrijft in de beste klassieke traditie van de misdaadliteratuur.

John Vervoort

Patrick Modiano

Om niet te verdwalen

Frankrijk, Querido

Patrick Modiano kreeg in 2014 de Nobelprijs voor Literatuur voor zijn 'kunst van het herinneren', maar de hoofdpersoon van *Om niet te verdwalen* bekwaamt zich vooral in de kunst van het vergeten. Jean Daragane probeert een pijnlijke gebeurtenis uit het verleden op een veilige afstand te houden. Wanneer twee louche types zijn zoekgeraakte adresboekje terugvinden, raakt hij tegen wil en dank betrokken bij hun naspeuringen naar een zekere Guy Torstel. Er wordt heen en weer gependeld naar het najaar van 1951 en we maken kennis met een wereldje dat draait om paardenraces, goktenten en Amerikaanse cabrio's, valse paspoorten en onfrisse zaakjes. Deze ongewoon melancholische roman, waarin een adresboekje fungeert als teletijdmachine, baadt in een onheilspellende sfeer en is alleen al om de hartverscheurende ontknoping het lezen waard.

Marijke Arijs

Bart Moeyaert

De hemel

België, Querido

De hemel is het sluitstuk van de trilogie die Bart Moeyaert schreef bij muziek van Joseph Haydn. Ondanks die hemelse titel is het een heel aards verhaal over een oudere, vereenzaamde man - treffend getekend door Gerda Dendooven – die vaststelt dat er aan zijn leven 'niks meer toe te voegen' is, 'behalve een laatste dag'. Die wil hij graag aan zee doorbrengen, in gezelschap van de Dood, die hij goed heeft leren kennen. Zachte paniek overvalt hem wanneer hij denkt dat de Dood hem in de steek heeft gelaten.

Op de bijbehorende cd is te horen hoe aangrijpend de wisselwerking is tussen de lichtvoetige tekst en de dramatiek van de muziek, de serene stem van Bart Moeyaert en de uitvoering door het Nederlands Blazersensemble. De dood als een dutje op het strand, met thee, bramenjam en een boek binnen handbereik: dat is een troostrijke gedachte.

Veerle Vanden Bosch

Alice Munro

Levens van meisjes en vrouwen

Canada, De Geus

Deze romanachtige bundel uit 1971 verscheen lang voor Alice Munro de Nobelprijs voor Literatuur ontving. Alle verhalen gaan over het leven van Del Jordan. Ze kunnen los van elkaar gelezen worden of samen. Het meisje woont ergens tussen de *bush* en het stadscentrum in een landschap vol schommelstoelen en verkrotte huizen waarvan de ramen met krantenpapier zijn afgeplakt. We ontmoeten Del als kind in de eerste verhalen, in de laatste is ze jongvolwassen. Laat je niet opvallen, hou je gedeisd, dat is de levensles die dit meisje voortdurend te horen krijgt. Wie zich bezondigt aan uiterlijk vertoon is schaamteloos, vinden de dorpsgenoten van Del. Sterke dialogen, psychologische verfijning en filosofische diepgang zijn de ingrediënten van deze uitmuntende collectie.

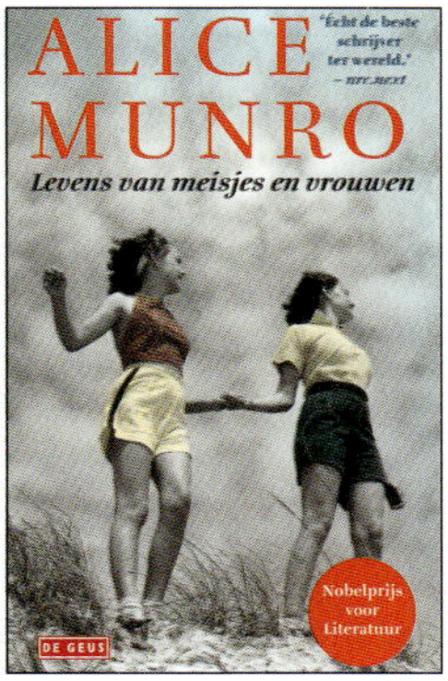

Kathy Mathys

Martha Nussbaum

Politieke emoties. Waarom een samenleving niet zonder liefde kan

VS, Ambo Anthos

We zijn doorgaans geneigd terug te schrikken voor emoties in de politiek, want die geven alleen maar ruis en zijn niet zonder gevaar. Goed beleid is redelijk beleid, vinden we. Ten onrechte, stelt de invloedrijke Amerikaanse filosofe Martha Nussbaum in dit boek. Het is fout om te denken dat politiek enkel bedreven moet worden op basis van de rede, en emoties uit te bannen. Een samenleving heeft meer nodig dan een goede wetgeving en goed beleid. Zonder emoties maakt rechtvaardigheid en al het goede dat de politiek nastreeft geen enkele kans. Empathie kan een samenleving sterker en solidairder maken. Een inspirerend pleidooi voor meer emotie in het politieke denken.

Karel Verhoeven

Jenny Offill

Verbroken beloftes

VS, De Geus

Laat u niet misleiden door de melodramatische titel van de Nederlandse vertaling. Jenny Offill doet niet aan tranerigheid en toch is haar tweede roman aangrijpend. Speels is hij ook, filosofisch en meeslepend. Een naamloze ik-verteller heeft een man, een baby. Ze komt niet toe aan het schrijven van haar tweede roman, terwijl ze maar wat graag een kunstmonster zou zijn dat zich niet hoeft bezig te houden met alledaagse dingen. Zo gewoontjes als de verhaallijn aandoet, zo avontuurlijk en sprankelend is de vorm. Offill schrijft in korte paragrafen, sommige tellen een of twee regels. Tussen alle paragrafen staat een witregel. Een observatie over de huilbaby van de schrijfster wordt gevolgd door een versregel van Rilke of een wetenschappelijke quote. Dit personage doet denken aan die uit het werk van Lydia Davis: slim, snel denkend, obsessief, bedolven onder angsten. Toch is dit boek niet enkel indrukwekkend vanwege de vorm. Offill weet een verhaal te vertellen over ontrouw, intimiteit en kunstenaarschap.

Kathy Mathys

Sofi Oksanen
Een bundel haarspelden
Finland, Ambo Anthos

Vijf jaar voor *Zuivering* was Sofi Oksanen al gedebuteerd met *Een bundel haarspelden*: het verhaal van drie generaties vrouwen, van de Tweede Wereldoorlog tot de Estse onafhankelijkheid. De grootmoeder beleeft de terreur van nazi's en sovjets vanop het armoedige Estische platteland, de moeder wordt ingenieur en krijgt een dochter in Finland. De moeizame vorming van de identiteit van die dochter, die boulemie heeft, weergalmt in de vorming van de nationale Estse identiteit en staat.

Oksanen wil vertellen hoe de Esten geleden hebben onder de bezettingen, maar door te schakelen tussen de jaren veertig en zeventig en de jongste decennia, laat ze zien dat het lijden overal is. Zo gebruikt ze literatuur om extreme historische gebeurtenissen begrijpbaar te maken en, hopelijk, trauma's op te lossen.

Alexander Van Caeneghem

Willem Otterspeer
De zanger van de wrok
Nederland, De Bezige Bij

De tweede helft van de Willem Frederik Hermans-biografie, over een van de belangrijkste na-oorlogse Nederlandse schrijvers. Deel 2 bevat zowel *the rise* als *the fall*: de meesterwerken én het verlies aan creativiteit, de veelbelovende academische carrière én het verbitterde vertrek naar Parijs. Dat is fijn voor de lezer, want een conflictrijk leven maakt een biografie altijd een stuk boeiender. Al dat lof voor *De donkere kamer van Damokles* en *Nooit meer slapen* is mooi, maar boeiender is Otterspeers beschrijving van Hermans' jaren in Parijs. Hier zien we de 'menselijke Hermans': de vader die het moeilijk heeft om zijn zoon achter te laten in Nederland, de echtgenoot die liever geen mens ziet, maar zijn vrouw toch meeneemt op reisjes. Van de weeromstuit voelt de lezer eerder deernis dan ergernis, als Hermans zich zo onmogelijk heeft gemaakt dat hij alleen nog ja-knikkers in zijn buurt overhoudt.

Mark Cloostermans

Jamal Ouariachi
Een honger
Nederland, Querido

In *Een honger* demonstreert de Nederlandse Marokkaan Jamal Ouariachi nogmaals zijn stilistische talent én zijn talent om de maatschappelijke temperatuur te peilen. Deze op ware feiten gebaseerde roman draait rond Alexander Laszlo, 'de Nederlandse Bob Geldof', een ontwikkelingswerker die plots de cel ingaat op beschuldiging van kindermisbruik. Tien jaar later aanvaardt zijn ex, de journaliste Aurélie LIndeboom, Laszlo's voorstel om zijn autobiografie te schrijven.

Ouariachi's roman waaiert uit (Laszlo's jeugd, diens eerste reis naar Ethiopië in 1984, Aurélies eerste reis naar datzelfde land in 2003...), de onderwerpen vermenigvuldigen zich (communisme en andere geloofsystemen, de valkuilen van ontwikkelingshulp en van opvoeding...) en in de tweede helft krijgen we ook enkele stijlwissels voorgeschoteld. Hoogstaand en meeslepend.

Mark Cloostermans

David Peace
Rood of Dood
Groot-Brittannië, De Bezige Bij

Rood of dood verscheen rond de tijd waarin de verdoemde tifo van een onthoofde Steven Dufour te zien was. 'Rood of dood' was de slogan die daarop prijkte. *Rood of dood* is tegelijk een meedogenloze roman over voetbal. Dat komt vooral door de stijl. Peace schrijft staccatoproza, met korte zinnen en talloze herhalingen. De roman is gebaseerd op de figuur van Bill Shankly (1913-1981), de legendarische manager van Liverpool, die met de club in de jaren zestig en zeventig hoge toppen scheerde. Maar *Rood of dood* is geen brave biografische roman, het is

een enerverende, maar unieke leeservaring door het pulserende, ritmische en haast poëtische proza. Het hoofdstuk waarin Shankly en de toenmalige Britse premier Harold Wilson voor de radio een historisch gesprek hebben, is briljant.
John Vervoort

Gustaaf Peek
Godin, held
Nederland, Querido

Godin, held is het zinnelijke verslag van een levenslange affaire, achterstevoren verteld: het boek start met hoofdstuk 50 en eindigt bij 0. De tijd volgt de nummering. Door het al te bekende patroon van een relatie om te keren, maakt Gustaaf Peek van zijn lezer een wachtende minnaar die zich vastklampt aan details en herinneringen aan wat was. Dat geeft een bevreemdend, maar verwarmend effect: Peek introduceert de relatie niet in de roze-wolk-fase, maar begint met het nakijken. Hij confronteert je eerst met de pijnlijke eenzaamheid van de achterblijver, de ups en downs van hun jarenlange affaire, de hindernissen die het volwassen leven voor hen in petto heeft. Het voordeel van deze op het eerste gezicht sombere aanpak is dat je gaandeweg maar één ding zeker weet: dit is het verhaal van een lange ware liefde.
Sofie Gielis

Arturo Pérez-Reverte
Schaduwtango
Spanje, Wereldbibliotheek

Arturo Pérez-Reverte (Cartagena, 1951) is Spanjes meest vertaalde auteur. Literaire thrillers en avonturenromans zijn de specialiteit van deze voormalige oorlogscorrespondent. *Schaduwtango* speelt in het Buenos Aires van 1928, het Nice van 1937 en het Sorrento van 1966, en wemelt van de spionnen en dubbelspionnen, avonturiers en messentrekkers, schakers en tangodansers. Max Costa, mondain danser en gentleman-oplichter van beroep, loopt op een oceaanstomer de steenrijke Mercedes tegen het beeldschone lijf. Tussen de twee

bloeit iets heftigs op, maar het water is veel te diep. Tot tweemaal toe zal Costa de vrouw van zijn leven laten ontglippen. *Schaduwtango* gaat over dromen en desillusies, liefde en verraad. Uit deze wervelende liefdes- en avonturenroman spreekt een ongeneeslijk heimwee naar een teloorgegane wereld van elegantie en raffinement.
Marijke Arijs

Peter Pomerantsev
Niets is waar en alles is mogelijk, het surrealistische hart van het nieuwe Rusland
Groot-Brittannië, Hollands Diep

Peter Pomerantsev is een Brit van Russische afkomst die in Moskou heeft gewerkt voor Russische televisieprogramma's. Hij hing rond in de betere bars van Moskou, waar prachtige jonge vrouwen de aandacht van rijke mannen proberen te trekken, om dan als minnares in een chique appartement te worden geïnstalleerd. Hij praatte met Jana Javovleva, een jonge succesvolle zakenvrouw die plots, zonder aanleiding, achter de tralies verdween. Pomerantsev ontdekte ontluisterende verhalen die op de montagetafel van de televisiezender werden geamputeerd. 'We hebben gelukkige verhalen nodig, Pieterrr', zei de baas van het programma. Gelukkig heeft Pomerantsev zijn verhalen neergeschreven. Zijn boek leest als een surrealistische roman, doorspekt met droge waarnemingen van Pomerantsev. Helaas is dit geen fictie, maar wel harde, Russische realiteit.

Corry Hancké

Richard Powers
Orfeo
VS, Atlas Contact

De elfde roman van de auteur van *Het zingen van de tijd* en *De echomaker* gaat over een avant-gardecomponist die leeft voor de kunst. Hij heeft een voorliefde voor dissonante muziek. In *Orfeo* blikt hij terug op zijn leven en zijn liefdes. Hij verliet vrouw en kind, toen die hem niet meer

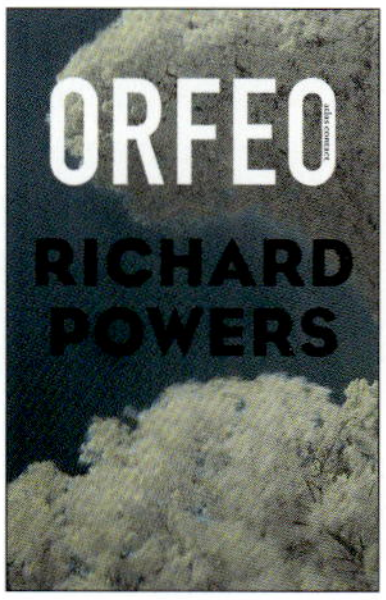

konden volgen op zijn muzikale queeste. De componist is ook scheikundige. Hij onderzoekt of hij muziek kan opslaan in menselijk DNA en krijgt last met Homeland Security, dat vreest voor een aanslag met een bacterieel virus. De beschrijvingen van talloze klassieke topwerken zijn weergaloos en doorleefd; de herinneringen van de componist beklijven. Powers schreef een roman met een hartslag die zich ook laat lezen als een thriller over paranoia in het Amerika van na 9/11.
Kathy Mathys

Michael Pye
Aan de rand van de wereld
Groot-Brittannië, De Bezige Bij

De Noordzee is bepalend geweest voor het Europa zoals we dat nu kennen, stelt Pye in dit originele boek over de geschiedenis van de Noordzeekusten. Maar doordat we met een renaissancebril naar die periode kijken, hebben we het idee dat de bewoners van die kusten eeuwenlang in duistere middeleeuwen waren gehuld. In een aanstekelijk, caleidoscopisch boek vol wetenswaardigheden en onverwachte verbanden wil Pye het tegendeel bewijzen. Hij gaat op zoek naar wat er gebeurde in de duizend jaar tussen de val van het Romeinse rijk en de opkomst van Antwerpen, Amsterdam en andere grote handelssteden. Met de zee, eerder dan het land, als grote motor.

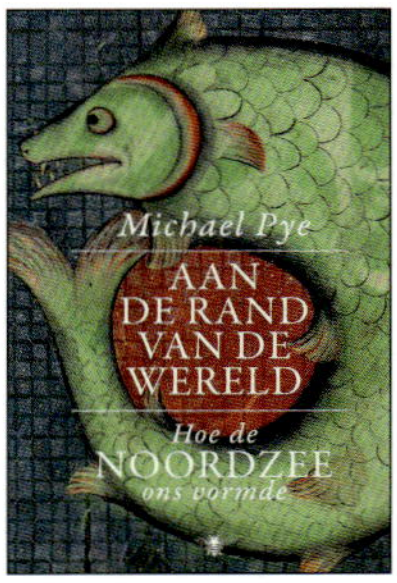

Veerle Vanden Bosch

Ludwig Renn
Oorlog
Duitsland, De Bezige Bij Antwerpen

Oorlog lezen is vergelijkbaar met een kennismaking met de kubistische kunst. De kurkdroge titel zegt veel over de inhoud en de stijl. Je krijgt de actie hoekig voorgeschoteld vanuit het beperkte perspectief van de soldaat die overzicht en inzicht mist. Zijn horizon is het landschap waardoor hij eindeloos en schijnbaar doelloos marcheert.

Renn evoceert sober de chaos en de adrenaline, maar evengoed de verveling en de opstandigheid. De zinloosheid van de oorlog wordt nauwelijks becommentarieerd, maar schokkerig geregistreerd als door een camera op de schouder. Soldaten worden schijnbaar willekeurig heen en weer gesleurd als jonge honden aan de leiband.
Renn schrijft zonder opsmuk in korte, bijna zakelijke zinnen, wat het effect prangend maakt. De sterkte van *Oorlog* zit hem in de details. Om zo realistisch mogelijk te zijn gebruikt Renn bijvoorbeeld klanknabootsingen zoals in strips. Je hoort het fluiten van de kogels, het knallen van de obussen.
Peter Jacobs

Marilynne Robinson
Lila
VS, De Arbeiderspers

Samen met *Gilead* en *Thuis* vormt *Lila* een trilogie over een predikant. In dit deel leren we meer over zijn jonge vrouw Lila. Hij huwt haar op hoge leeftijd. Zijn eerste vrouw en kind stierven in het kraambed en de predikant leidde een rustig leven voor de komst van Lila. Zij is een zwerfkat die een wild en grillig bestaan heeft gekend voor ze bij hem belandde. Robinson schrijft niet in klassieke scènes, haar stijl is associatief. Lila keert in gedachten terug naar vroeger, we krijgen geen strikt chronologisch verslag. Sommige gebeurtenissen overpeinst ze vaker dan andere. Lila vertrouwt haar man aanvankelijk net zo min als zichzelf. Het enige wat ze vertrouwt, is haar eenzaamheid en wanneer die afneemt, begint ze te panikeren. Waarom gaan de dingen zoals ze gaan? Kan een mens veranderen? Een grote roman, geschreven in een ietwat formele en zintuiglijke stijl.

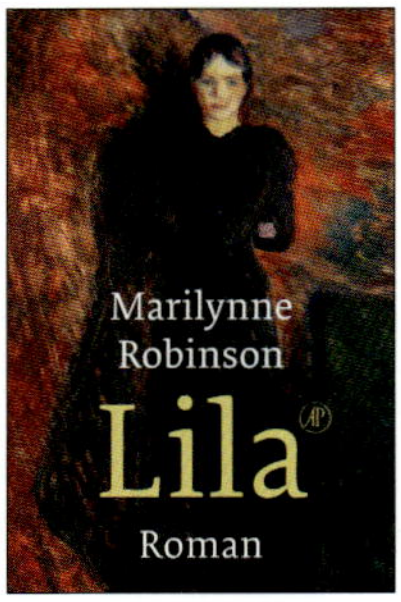

Kathy Mathys

Joseph Roth
De blonde neger en andere portretten
Oostenrijk, Bas Lubberhuizen

Als het aan vertaalster Els Snick ligt, dan is de revival van Joseph Roth (1894-1939) geen gril. Na *Hotelmens*, een bundel verhalen van de rusteloze hotelburger, is er *De blonde neger en andere portretten*, nog een fijne selectie uit Roths journalistieke werk.

De 'portretten' dateren van de jaren 20 en 30 en zijn kort, maar maken meestal een onuitwisbare indruk. De personages, bijna allemaal 'gewone' mensen in Wenen, Berlijn, München en Parijs, komen in enkele pennentrekken tot leven. De tatoeëerder die tatoeages zet, en weghaalt. De twee zigeunerinnen die bang zijn om de straat over te steken. De toiletmeneer die in de kelder van een dansclub werkt. De eeuwig thuisloze, balalaika zingende kozakken... Hij maakt er flink aangezette miniaturen van, geschilderd met mededogen en empathie, maar ook met een zekere afstand en ironie. Als er al een rode draad is, dan zijn het de steeds grimmiger wordende tijden.
De illustraties zijn een prachtig extra. Ze zijn van Frans Masereel (1889-1972), de geëngageerde Belgische kunstenaar met wie Roth plande samen te werken. Maar het is er nooit van gekomen.
Peter Jacobs

Jean-Christophe Rufin
De rode halsband
Frankrijk, De Bezige Bij

Een vernieuwer van de romankunst zal Jean-Christophe Rufin nooit worden, maar in het vertellen van spannende verhalen kent de voormalige diplomaat en arts zonder grenzen zijn gelijke niet. De Franse auteur maakte naam met lijvige historische romans als *De Abessijn* en *Braziliaans rood* (Prix Goncourt 2001). *De rode halsband* speelt in het Frankrijk van 1919. Een hond zit te janken voor de kazerne waar zijn baasje, een oorlogsheld, opgesloten zit. Stukje bij beetje wordt duidelijk wat Jacques Morlac heeft uitgespookt en waarom. Rufin maakt gehakt van begrippen als heroïsme, moed en vaderslandsliefde. Goed en kwaad lopen door elkaar en niets is wat het lijkt in dit spannende, goed gedoseerde verhaal over heldendom en trouw, mens en dier, individueel belang en collectieve idealen.

Marijke Arijs

Edward St Aubyn
De Patrick Melrose romans
Groot-Brittannië, Prometheus

Deze band bevat de vijf romans over Patrick Melrose, het alter ego van St Aubyn. Als kind werd de schrijver verkracht door zijn vader en dat leidde tot een drugsverslaving en zware depressies. St Aubyn begon zijn helletocht te beschrijven in *Laat maar,* waarin we de jonge Patrick zien. Net als de schrijver komt hij uit een adellijk milieu. Aanvankelijk was St Aubyn van plan om een trilogie te schrijven; tussen deel drie en vier zat een lange adempauze. Deze romans zijn geschreven in een stijl die op elke bladzijde begeestert. Gedachten van kinderen die nog niet kunnen praten omschrijft St Aubyn als 'verfspatten op een vel papier'. St Aubyn is schatplichtig aan Proust, zoals hij de details van een mensenleven in woorden giet. Net als de Franse schrijver ontleedt hij de tijd. In het geval van St Aubyn houdt die hem in een wurggreep. Aan het slot van deel vijf is er uitzicht op verlossing. Ondanks de zware thematiek zijn deze boeken geestig. Ze zijn ook woest, fijnzinnig en hartverscheurend.

Kathy Mathys

James Salter
Dwars door de dagen
VS, De Bezige Bij

In 2015 overleed de Amerikaanse schrijver James Salter, het is ook het jaar waarin zijn autobiografie in het Nederlands werd vertaald. Het boek verscheen voor het eerst in 1997. Salter schrijft over de mensen die belangrijk voor hem waren. Sommigen speelden jarenlang een sleutelrol in zijn leven, anderen kende hij slechts voor één avond.
Dit boek lijkt daarom op een reeks portretten, aan elkaar geregen door een ik-verteller, de schrijver zelf. Na een beschermde jeugd trok Salter naar de militaire academie van West Point, net als zijn vader. Hij was piloot in de Koreaanse oorlog, daarna begon hij te schrijven. Salter vertoefde ook in Hollywood en het boek bevat mooie portretten van onder meer Robert Redford en Roman Polanski. Salter zet al deze personages neer in een weergaloze stijl. Het is een genot om deze prachtig vertaalde zinnen te lezen. Vooral in de laatste hoofdstukken wordt dit een boek over schrijverschap. Volgens Salter kan een auteur zijn werk nooit echt bevatten.

Kathy Mathys

Riad Sattouf

De Arabier van de toekomst

Frankrijk, De Geus

De Franse tekenaar Riad Sattouf maakte naam met humoristische strips die vooral in bladen als *Fluide Glacial* en *Charlie Hebdo* verschenen. Voor *De Arabier van de toekomst* gooide hij het over een totaal andere boeg. Hij verdiepte zich in zijn persoonlijke geschiedenis, en brengt een bijzonder openhartig getekend verslag van zijn eigen jeugd, die zich grotendeels in het Libië van Khadafi en het Syrië van vader Assad afspeelde. Centraal staat zijn eigen (Syrische) vader, een erg dubbelzinnig personage dat tegelijkertijd aandoenlijk, bizar en geweldig koppig is. Vader Sattouf blijkt vóór de moderniteit en de vooruitgang te zijn, maar niet voor de democratie of de vrijheid. Hij dweept met Arabische leiders als Assad, Khadafi, Nasser en Saddam Hoessein, en wil als docent de 'Arabier van de toekomst' mee vormgeven. In het Frans verscheen al een vervolg.

Toon Horsten

Mark Schaevers

Orgelman. Felix Nussbaum, een schildersleven

België, De Bezige Bij

Dit levensverhaal van Felix Nussbaum volgt hetzelfde parcours als zijn artistieke nalatenschap. Van deze man, die ooit de troonopvolger van de Berlijnse kunstscene was, maar wegens zijn Joodse afkomst werd opgejaagd, waren na de Tweede Wereldoorlog amper vijf schilderijen bekend. Door veel speurwerk zijn het er inmiddels vijfhonderd.

Net zo verging het de kunstenaar (1904-1944). Mark Schaevers heeft zich dat verdampte bestaan aangetrokken. De schaarse overgeleverde sprokkeltjes informatie heeft hij geduldig aan elkaar geboetseerd, bronnen heeft hij nagetrokken en getuigen opgezocht. Regel na regel verschijnt Nussbaum uit de vergetelheid.

Orgelman is meer dan een biografie. Het is een literaire vertelling, een spannende zoektocht. Het heeft de schwung van een reisverhaal. En de pijnlijke afloop van een tragedie.

Geert Sels

Karel Schoeman

Dit leven

Zuid-Afrika, Brevier

De anonieme stem van een oude, stervende vrouw neemt ons in deze roman mee naar het Zuid-Afrika van de tweede helft van de 19de eeuw. De vrouw ijlt en droomt, maar doorheen de scherven van haar herinnering ontstaat een hard en uitgepuurd beeld van het boerenleven in de Roggeveldbergen van de Karoo. Dit is vooral een existentiële roman met daarin centraal de mythe van het pioniersleven en de verbeten strijd om land en bezit. Door de ogen van de oude vrouw beschrijft Schoeman het proces van die meedogenloze strijd: hoe het land van de oorspronkelijke bewoners wordt geconfisqueerd, hoe kleinere boeren worden uitgekocht, hoe stukje bij beetje de eigendommen groeien en de schapenkudden groter worden. Tot uiteindelijk de familie van de stervende vrouw kinderloos achterblijft en enkel het land, de stenen, de eindeloze vlakte blijft voortbestaan. Maar wat nog het meest beklijft in deze stilistisch meesterlijke roman zijn de beelden van het landschap en zijn wrede schoonheid.

Ludo Teeuwen

Olivier Schrauwen

Arsène Schrauwen

België, Bries

Olivier Schrauwen is een stripmaker die het erg goed doet bij de stripkritiek, en zo mogelijk nog beter bij collega-tekenaars. Zelfs Art Spiegelman zong uitgebreid zijn lof. Met *Arsène Schrauwen*, een gefingeerde biografie van zijn grootvader, maakte Schrauwen zijn beste en ook

geestigste boek tot nog toe. Dat heeft veel met de grafische uitwerking te maken (Schrauwen beperkt zich tot blauw en rood), maar ook met de tekst. Schrauwen laat overtuigend zien dat hij kan schrijven. Het hoofdpersonage blijkt bovendien een wat vreemd, intrigerend personage. Hij doet eigenlijk niks, het overkomt hem allemaal, en al wat er uiteindelijk gebeurt, wordt in gang gezet door de personages om hem heen. Tot op zekere hoogte kan je hem vergelijken met de karakterloze tuinman uit *Aanwezig*, de verfilmde roman van Jerzy Kosinski, die een hele weg aflegt zonder er iets voor te moeten doen. Hij moet er gewoon maar zijn, dat volstaat.
Toon Horsten

Steve Sem-Sandberg
De kinderen van Spiegelgrund
Zweden, Ambo Anthos

De kinderen van Spiegelgrund speelt in een voor euthanasie ingericht hospitaal tijdens de Tweede Wereldoorlog. Spiegelgrund had een rol in de verbetering van de raciale hygiëne: dokters kregen de vrijheid om zieken de 'gnadentod' te schenken. Steve Sem-Sandberg verkent de plek via twee betrokkenen: patiënt Adrian Ziegler, een zigeunerjongen, en verpleegster Anna Katschenka. Net als in *De onzaligen van Lodz* vertrekt Sem-Sandberg van officiële dossiers en interviews met overlevers, maar ook *Spiegelgrund* is expliciet een roman: het waarheidsgehalte verleent het verhaal legitimiteit en urgentie, terwijl de verdichtingen onze empathie aanspreken. Het resultaat is claustrofobisch, keihard en nauwelijks te verdragen, maar altijd meeslepend en nergens emotioneel.
Alexander Van Caeneghem

Maggie Shipstead
Verbaas me
VS, De Bezige Bij

Joan Joyce behoort tot het *corps de ballet*, een soliste zoals haar vriendin Elaine zal ze nooit worden. Joan valt in Parijs voor een Russische ster die ze later helpt te vluchten naar het Westen. *Verbaas me* is een roman die bestaat uit fragmenten. De vroegste spelen in 1977, de meest recente in 2002. Dit is een verhaal over het dansende lichaam, het vrijende lichaam, het stervende lichaam. Hoeveel offer je op voor je droom? Dat is de centrale vraag en toch beperkt de schrijfster zich niet tot dit thema. Ze schrijft over vriendschap en moederschap in de meest scherpe bewoordingen. De balletwereld in deze grandioos gecomponeerde roman is geen sprookjesachtige biotoop. De dansers beloeren elkaar als roofdieren.
Kathy Mathys

Michael Sjisjkin
Venushaar
Rusland, Querido

Geestig, ontroerend en verbluffend belezen vertelt Sjisjkin, jarenlang tolk bij interviews met vluchtelingen, over de *condition humaine* van Russische ballingen en hun verdwenen wereld. Het staatsgeweld dat in veel landen – de voormalige Sovjetunie voorop – aan de orde van de dag is, maakt dat er weinig vertrouwen is in het rechtvaardigheidsgevoel van officials.

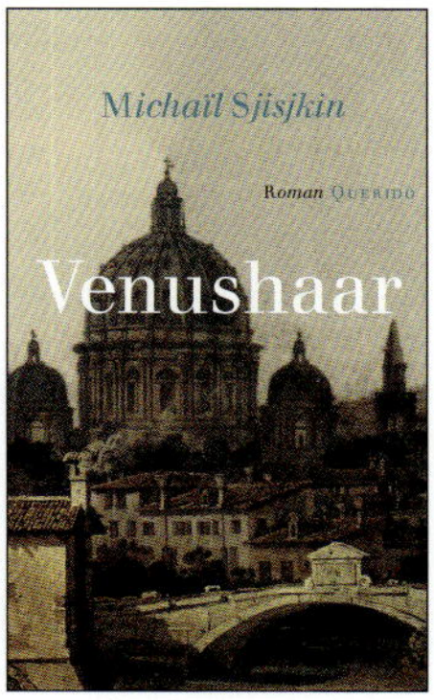

Sjisjkin speelt een virtuoos en machtig spel met de vergankelijkheid. Want bij hem is dood niet dood; hij toont dat er een krachtig middel is tegen de dood: de verbeelding. Sjisjkin weet zelfs de meest sceptische lezer te verleiden om te geloven dat er twee wezenlijke dingen zijn in het universum: de dood en zijn tegengif de liefde. Dat verleiden doet hij ook door zijn stilistische brille. Steeds weer is hij de lezer een stap vooruit, met onverwachte zwenkingen en subtiele en verrassende beelden.
Maria Vlaar

Fredrik Sjöberg
De vliegenval
Zweden, Ad. Donker

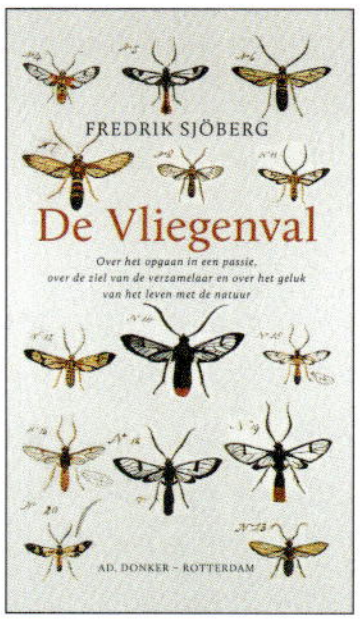

De vliegenval van de Zweedse vertaler, journalist en amateurentomoloog Fredrik Sjöberg is een persoonlijke geschiedenis, een excursie in de insulaire insectenkunde, een essay over de geneugten van traagheid, een onderzoek naar de oorzaken van verzameldrift, een kunsthistorische

whodunit - een verstrooide biografie van de Zweedse entomoloog en avonturier René Malaise (1892-1972). En het gaat over zweefvliegen, godbetert. Soms erg curieus, soms droogkomisch, altijd veelknopig. Sjöberg maakt van een weinig belovend onderwerp een pageturner.
Hans Cottyn

Sjón

De jongen die nooit heeft bestaan

IJsland, De Geus

Net als in de rest van zijn oeuvre heeft Sjón de verhaallijnen en personages in *De jongen die nooit heeft bestaan*, dat speelt in 1918, gemodelleerd op basis van uitvoerige research. Toch heeft hij een onverholen minachting voor realisme: zijn fictieve universum is een weerspiegeling van de IJslandse overtuiging dat de menselijke wereld overloopt in de magische. In die ongrijpbare mengwereld hebben mensen nood aan verhalen, om hun bestaan begrijpelijker en draaglijker te maken. Die nood is extra hoog in 1918: het jaar dat de Spaanse griep op IJsland duizenden slachtoffers maakte, de vulkaan Katla uitbarstte, en het eiland een koninkrijk werd.
Amper 124 pagina's telt *De jongen die nooit heeft bestaan*, maar in de beperking toont zich hier de meester.
Alexander Van Caeneghem

P.F. Thomése

De onderwaterzwemmer

Nederland, Atlas Contact

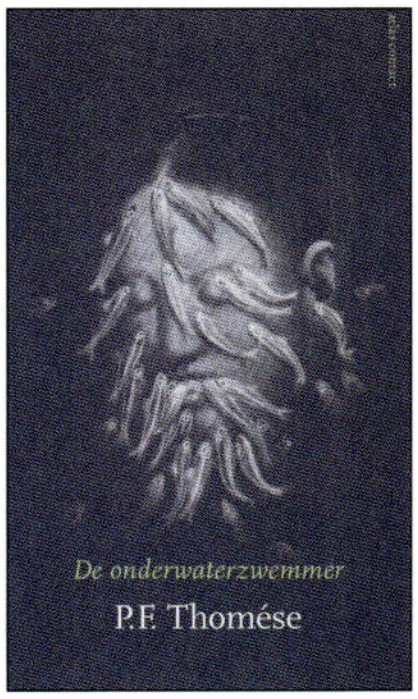

Return to form van een veelzijdig schrijver die de laatste jaren een beetje de weg kwijt was. De hoofdpersoon, Tin, is tijdens de oorlog zijn vader kwijtgeraakt, bij het overzwemmen van een rivier. Diens lijk is nooit gevonden; Tin is zich schuldig blijven voelen. Deze oude demonen komen weer tot leven als Tin en zijn vrouw naar Afrika vliegen voor een ontmoeting met hun adoptiekindje. De expeditie loopt flink uit de hand en als Tins vrouw uit het zicht verdwijnt, is het duidelijk: Tin zal alles op alles moeten zetten om te voorkomen dat de geschiedenis zich herhaalt.
Thomése is erin geslaagd zijn verschillende vertelstemmen onder te brengen in één meeslepend verhaal: het gedragen proza van de oorlogsherinnering wordt gevolgd door wrang-komische bladzijden, waarna *De onderwaterzwemmer* opeens trekken van een avonturenroman krijgt. Spannend boek.
Mark Cloostermans

Jean-Philippe Toussaint

Naakt

Frankrijk, Prometheus

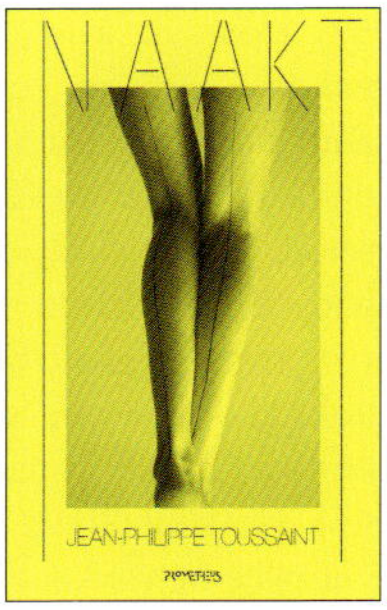

In 2002 publiceerde Jean-Philippe Toussaint *Liefde bedrijven*, het eerste deel van een vierdelige cyclus over een aflopende liefdesgeschiedenis, onder de titel *Marie Madeleine Marguerite de Montalte*. Sindsdien ondernemen de verteller en zijn Marie, een exuberante modeontwerpster, vruchteloze pogingen om uit elkaar te gaan. Hun geschiedenis, die begint met een einde, eindigt in *Naakt* met een nieuw begin. Het sluitstuk van de reeks is een virtuoze roman met een metafysische inslag. De auteur stuurt zijn personages eens te meer naar Japan en Elba, met tussenstop in Parijs. Verschillende tijdlagen schuiven over elkaar heen en in kunstige, golvende zinnen probeert de Belgische schrijver het verglijden van de tijd voelbaar te maken. *Naakt* is een tijdmachine, een grandioze finale, waarin heden, verleden en toekomst naadloos in elkaar overvloeien.
Marijke Arijs

William Trevor

Heilige beelden

Ierland, Meulenhoff

Hij is veel minder bekend dan Alice Munro of Jonathan Franzen en toch hebben de verhalen van William Trevor dezelfde psychologische diepgang. De Ierse auteur schrijft romans en korte verhalen. *Heilige beelden* is een heruitgave van een

van zijn toppers. De verhalen gaan over doodgewone mensen die hopen op een kleine verschuiving in hun leven. Sommigen hebben een rijke fantasie, spuien verzinsels, zoals het meisje in 'Rose huilde'. Ook in 'Grof geld' vormt een levendige fantasie de motor van het verhaal. Trevor schrijft over een landelijk Ierland waar de macht van de pastoor afbrokkelt en mensen dromen van iets nieuws. De meeste verhalen zijn in de derde persoon en hebben een eenvoudige, ietwat gedragen stijl.
Kathy Mathys

Christos Tsiolkas

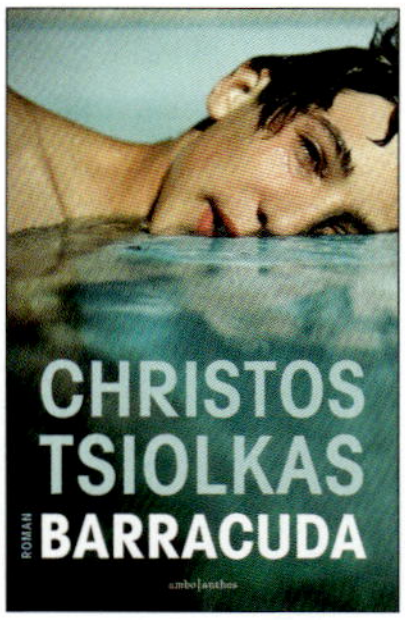

Barracuda

Australië, Anthos

Tsiolkas is een Australische schrijver van Griekse afkomst die met *De klap*, een roman over multicultureel Australië aan het begin van de eenentwintigste eeuw, een bestseller scoorde. Opvolger *Barracuda* gaat over een arbeidersjongen die als zwemmer de wereldtop wil bereiken. Het is een meeslepende vertelling over wat het betekent om succesvol te zijn of te falen. Dit boek kreeg minder aandacht dan zijn voorganger. Nochtans is het beter geschreven en minder volgepropt. De manier waarop de schrijver de strijd van een aanstormend atleet laat kantelen tot een bespiegeling over zingeving overtuigt. *Barracuda* is geschreven in nerveus, ritmisch proza; de passages over het atletenlichaam zijn magistraal. Het sociale engagement uit *De klap* zit ook in dit boek.
Kathy Mathys

Dubravka Ugresic

Europa in sepia

Kroatië/Nederland, Nijgh & Van Ditmar

De Europese Unie kraakt in al haar gewrichten. De eenmaking heeft de Europeanen niet rijker of gelukkiger gemaakt, of tenminste: zo voelen ze dat aan. Europa zit gevangen in een spiraal van consumentisme en nationalisme. De Kroatische Dubravka Ugresic, die in Amsterdam woont, reist heel Europa rond en doet in deze essays verslag van haar omzwervingen.
Verwacht van haar geen oplossingen voor de Europese malaise, maar ze schetst wel prachtige, intrigerende tafereeltjes met figuren die lijken weggelopen op schilderijen van Jeroen Bosch. En ze heeft het talent om al die ellende vederlicht en met veel gevoel voor humor op te tekenen.
Dominique Minten

Sana Valiulina

De kinderen van Brezjnev

Nederland/Estland, Prometheus

De vijfde roman van de Nederlandse, in Estland geboren Sana Valiulina (1964) verbeeldt virtuoos en meeslepend het lot van de Esten en hun buurvolk de Russen. Valiulina's intelligente en ironische toon fileert het moraalloze tijdperk van de jaren tachtig en negentig. In het nachtmerrie-achtige slot wordt een naamloze 'Boekhouder' meedogenloos vermorzeld door het systeem. De 'Overste', Poetin ten voeten uit, zit als een spin in zijn web door iedereen verlaten in zijn paleis en is het zicht op de burgers van zijn land Gazolia kwijt. Toch schopt Valiulina zélfs hem een geweten. Met een 'teder hart' en Dostojevski als leermeester probeert zij de menselijkheid en de liefde weer op te diepen. Zodat zelfs wie voorgoed ongeschikt lijkt de kans heeft zijn ziel te redden.
Maria Vlaar

Liefdesdood in Kamara en andere Japanse verhalen Samengesteld en vertaald door Luk Van Haute

Japan, Atlas Contact

Een bloemlezing met eenenveertig auteurs, waarvan meer dan de helft niet eerder in het Nederlands verscheen. De vertaler-samensteller-docent deelt zijn kennis en voorkeuren met innemende toewijding. Naast een algemene inleiding en een lijvig nawoord, krijgt elke auteur een aparte inleiding, waarin het verhaal dat we zullen lezen wordt geduid in de tijd en als typisch of net afwijkend binnen het oeuvre van de auteur. Dat het om een cinefiele vertaler-samensteller gaat, maakt die ontdekkingstocht nog boeiender. Alsof je een cursus twintigste eeuwse Japanse literatuur- en cultuurgeschiedenis doorloopt, die je op basis van de aanwijzingen in dit boek nog lang zult kunnen verderzetten. En voor wie

dat betwijfelde: Japanse humor bestaat.
Annelies Verbeke

Ernest van der Kwast

De ijsmakers

Nederland, De Bezige Bij

De auteur van het lachtranen verwekkende *Mama Tandoori* is terug, met een roman over drie generaties Italiaanse ijsmakers. Centraal staat de familie Talamini. Grootvader Giuseppe is de man die, tegen de wil van zijn vader in, zijn passie voor ijs gevolgd heeft. Zijn zoon Beppi stapt tegen heug en meug in het familiebedrijf, ziet daardoor zijn eigen dromen vervluchtigen en verzuurt langzaamaan. En ten slotte is er Beppi's zoon Giovanni, de verteller van de roman, die zijn vader en broer in hun zaak achterlaat en zich in de poëzie werpt. De Indisch-Nederlandse Ernest van der Kwast heeft zich goed gedocumenteerd: de roman bevat weetjes over de geschiedenis van het roomijs, maar eigenlijk is het speelvlak groter. Van der Kwast schrijft over de ervaring van het nieuwe in brede zin. En dat maakt van *De ijsmakers* uitstekende feelgood-literatuur.

Mark Cloostermans

Adriaan van Dis

Ik kom terug

Nederland, Atlas Contact

De 'schatbewaarder' van de trauma's van zijn ouders was Adriaan van Dis geworden met zijn eerdere boeken. Nu hij de 65 gepasseerd is stelt hij het in beton gegoten beeld van zijn verschrikkelijke ouders bij, in een eerlijk, ontluisterend en ontroerend verslag van het aftakelingsproces van zijn moeder, dat tegelijk een monument is voor een vrouw die alsnog weet op te rijzen uit haar zoons boeken. Een boerenmeisje uit Zeeland dat een halve koekenpan paling voor ontbijt kreeg, verliefd werd op een donkere Indische officier, na het Jappenkamp met haar drie donkere dochters en haar nieuwe man naar Nederland vluchtte, om vervolgens nooit meer ergens bij te horen. Van Dis beschrijft met humor de innerlijke zoektocht naar zijn eigen identiteit. En zo zal de schrijver altijd het kind van zijn moeder blijven, zelfs als ze dood is.

Maria Vlaar

Etienne Van Heerden

Klimtol

Zuid-Afrika, uitgeverij Podium

Met Klimtol heeft deze weergaloze woordkunstenaar zowaar een whodunit geschreven. Het werd geen klassiek detectiveverhaal, maar wat de blanke Zuid-Afrikaanse schrijver zelf een 'doorleefde, morsige Westkust-noir' noemt. Het hoofdpersonage Ludo is een professionele jojospeler die maar niet in het reine komt met het feit dat hij een halve eeuw geleden een jongetje doodreed en vluchtmisdrijf pleegde.

Het verhaal speelt zich af in de droge, rurale Karoo, waar Van Heerden is opgegroeid. De rotsen, de zee en het dorp zijn zo ongeveer een personage op zich. Als lezer voel je de textuur van de rotsen en ruik je de ziltе geur van de lucht. Het proza is sober, maar bijzonder doeltreffend en de wereld die zich in *Klimtol* ontvouwt, is tegelijk herkenbaar en oorspronkelijk.
Catherine Vuylsteke

Guido van Heulendonk

En dan, als ik weg ben

België, Arbeiderspers

Guido van Heulendonk volgt in *En dan, als ik weg ben* drie personages. Eenzame Reinoud die zijn vrouw verloor in een domme aanrijding en gefascineerd raakt door een losse draad uit haar familiegeschiedenis. Intelligente Angelo die zelden zelf een beslissing neemt en zo ondanks zijn diploma wijsbegeerte rekkenvuller in een discount-supermarkt werd. En Eleonora, een docente op een hogeschool die een relatie begon met de populaire vakgroepvoorzitter, maar haar gedachten laat afdwalen naar haar vorig lief.
Een compositie met drie ver-

haallijnen en de raakpunten daartussen is natuurlijk niet nieuw, maar dit gelaagde boek is met zijn precieze, frisse observaties en oog voor detail een mooie toevoeging aan het genre. Geen roman over grote verhalen, maar over de grootsheid van kleine verhalen.
Sofie Gielis

Willem van Zadelhoff
De nachten van Hofman
Nederland/België, Atlas Contact

Nederlands theatercoryfee Max Hofman is onderweg naar Antwerpen. De ervaren acteur wordt er verwacht voor de repetities van *De meeuw* van Anton Tsjechov. Maar het echte leven neemt het al snel over van de bühne. Met hoofdrollen voor een sputterend geheugen, de dwingende wetten van afkomst, spijt en angst voor het finale afscheid.

De nachten van Hofman wordt voortgedreven door een subtiele spanning. Er hangt drama in de lucht, maar er zijn bijna geen wolken te bespeuren. Ook als je de stille verwijzingen naar Hofmans lekke geheugen of de linken met Tsjechov niet (bewust) ziet, sleurt Willem van Zadelhoff je in zijn verhaal. En als er uiteindelijk toch een misdaad in het spel blijkt te zijn, is dat geen allesverklarende ontlading, maar een zachte troost.
Sofie Gielis

Juan Gabriel Vásquez
De reputaties
Colombia, Signatuur

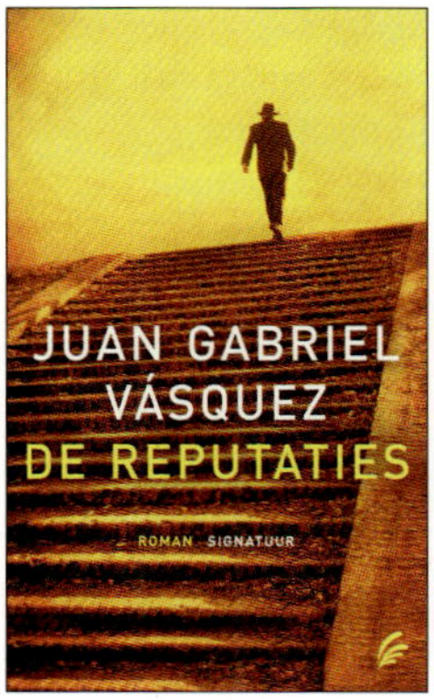

Ruim tien jaar na zijn romandebuut, *De informanten*, lijkt het broodje van Juan Gabriel Vásquez gebakken. In 2014 werd de Colombiaanse schrijver nog bekroond met de Impac Dublin Literary Award. *De reputaties* is een knap gestructureerde novelle over de onbetrouwbaarheid van het geheugen, de macht van de media en de kwetsbaarheid van reputaties. Mallarino's reputatie is gevestigd op het breken van de reputatie van anderen. De held kan regeringen doen vallen en carrières breken, want nergens zijn spotprenttekenaars zo machtig als in Colombia, maar op zijn vijfenzestigste begint zijn geweten op te spelen. Heeft hij een onschuldig mensenleven verwoest? De twijfel knaagt, het geheugen blijkt onbetrouwbaar. Wat gebeurt er met de toekomst als het verleden verandert? Juan Gabriel Vásquez blijft op zijn heel persoonlijke, herkenbare wijze vragen stellen waar geen antwoord op komt.
Marijke Arijs

Annelies Verbeke
Dertig dagen
België, De Geus

Alphonse Badji, een klusjesman geworden muzikant met Senegalese roots, heeft een gave. Mensen vertellen aan hem dingen die ze anders niet over hun lippen krijgen. Ze laten hun kwetsbaarheid zien. Dertig dagen lang volgen we Alphonse Badji, terwijl hij door de Westhoek rijdt, de problemen van zijn klanten oplost, soldatenkerkhoven bezoekt, oud zeer overpeinst en de relatie met zijn vriendin Kat op orde probeert te krijgen. Het is een afwisselend parcours, met veel verhalen-in-het-verhaal, maar toch met een grote drive, omdat Alphonse een sterk personage is. *Dertig dagen* is een roman over de noodzaak om verbindingen te leggen, contact te maken. Zonder ooit nadrukkelijk politiek te worden, zonder zelfs maar venijnig te worden, levert de som van Alphonse' ontmoetingen niettemin een weinig aantrekkelijk portret van de hedendaagse Vlaming op.
Mark Cloostermans

Robert Verhoogt
De wereld vanuit een luchtballon. Een nieuw perspectief op de negentiende eeuw.
Nederland, Amsterdam University Press

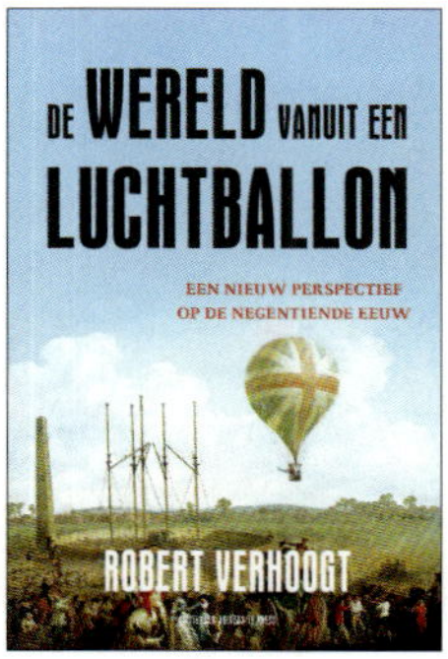

Ballonnen waren een geesteskind van de verlichting en stonden voor alles wat de mens boven zijn lot kon verheffen: wetenschap en techniek, inzicht en onderzoek. Historicus en jurist Robert Ver-

hoogt beschrijft in een boeiende cultuurhistorische biografie de veelzijdige geschiedenis van de ballonvaart. In *De wereld vanuit een luchtballon* verzamelt hij een schat aan ballonverhalen, thematisch bijeengebracht van 'het opstijgen' tot 'de droom' en geïllustreerd met vele prachtige beelden, van schilderijen van Goya tot Alpenluchtfoto's van Spelterini. Uit alles blijkt hoe de ballon een combinatie is van toegepaste natuurkunde en feestelijke goochelarij.
Geerdt Magiels

en een luchtje gaat scheppen, in de stad en op het platteland. Waar de *wandeltocht* eerst nog alle hoop en lichtheid in zich draagt, pakken zich stapvoets de donkere wolken samen. De flaneur wordt een zwerver, de lanterfanter een losgeslagene. Verwacht je niet aan een plot, Walser lees je voor zijn bizarre originaliteit, het is een warm kruidenbad van woorden. Het is wijdlopig, verdicht en pompeus, en evengoed onweerstaanbaar grillig, bijtend en amusant.
Hans Cottyn

Sandro Veronesi
Zeldzame aarden
Italië, Prometheus

In het diepgravende *Zeldzame aarden*, het vervolg op zijn succesroman *Kalme chaos*, laat Sandro Veronesi zijn veelgeplaagde hoofdpersonage Pietro Paladini nog één keer aan het woord. Paladini was immers nog niet klaar met zijn identiteitscrisis na het overlijden van zijn vrouw. *Kalme chaos* bevatte nog veel onopgehelderde passages en onbeantwoorde vragen. Is Pietro nu een held of een lafaard, een empathische vriend of egoïstische macho? Zijn demonen vertroebelden het beeld.
Inmiddels zijn we acht jaar verder en is Pietro verhuisd naar de periferie van Rome om zijn 'horizon te versmallen, inkomen en macht te verminderen, dagelijks op te gaan in banale, gewone taken'. Maar is dat romantisch ideaal van een authentiek leven haalbaar in een land waar bedriegers al eens op sympathie kunnen rekenen, en in een informatiemaatschappij waar je je niet meer uit kàn terugtrekken?
Michaël Bellon

Sarah Waters
De huisgenoten
Groot-Brittannië, Nijgh & van Ditmar

Frances Wray voelt zich een geest in eigen leven. Vier jaar na het einde van de Eerste Wereldoorlog zien haar moeder en zij zich gedwongen een deel van hun huis te verhuren aan een jong stel. Lilian en Len Barber zijn exotische vogels in Frances' ogen. Het eerste deel van dit boek speelt in de villa waar de verhuurders 's avonds de voetstappen op het plafond proberen te negeren. Het tweede deel speelt in een rechtbank. Toch is dit geen thriller, of toch niet in de eerste plaats. Waters haalt het maximum uit de locatie en dat doet ze ook met de buitenscènes. Dit is een roman over hoe de oorlog zijn tanden zet in het leven van de achtergeblevenen, ook lang nadat het laatste schot is gevallen. Voor de oorlog had Frances een vriendin, na de oorlog voelt ze zich verplicht bij haar moeder te blijven. *De huisgenoten* is een verhaal over moeilijke dilemma's, over waanzin en angst. Uiterst beklijvend.
Kathy Mathys

Robert Walser
De wandeling
Zwitserland, Lebowski

Robert Walser (1878-1956) schreef de novelle *De wandeling* in 1916, op het toppunt van zijn kunnen en, vooral, van zijn geestelijke gezondheid. Het gaat over een schrijver die, omdat het schrijven niet goed lukt, zijn 'schrijf- en spookkamer' ontvlucht

Niña Weijers
De consequenties
Nederland, Prometheus

Onder lovende recensies en prijzennominaties bedolven debuutroman van een jonge Nederlandse. *De consequenties* draait rond Minnie Panis, een jonge kunstenares die naam heeft gemaakt met een installatie van 'afvalfoto's' en zich nog

altijd afvraagt hoe ernstig ze haar kunstenaarschap wenst te nemen. Of eender wiens kunstenaarschap, want ze heeft intussen ingezien dat het in de kunstwereld altijd gaat over dezelfde buzzwords. Een inbreuk op haar privacy doet Minnie een nieuw idee cadeau. Er is plenty drama in deze roman, maar je moet er wel even op wachten: Weijers schreef ook ruim honderd bladzijden met bedenkingen over en kritiek op hedendaagse kunst, mijmeringen over identiteit (is een mens bijvoorbeeld niet pas echt zichzelf als hij zichzelf vergeet en opgaat in muziek?), over intimiteit, het taoïsme, en nog veel meer.
Mark Cloostermans

Samantha Weinberg
Een vis uit andere tijden. De zoektocht naar de coelacant
Groot-Brittannië, Atlas Contact

Men dacht dat de coelacant miljoenen jaren geleden was uitgestorven. In 1938 werd een exemplaar van deze prehistorische vis gevangen. Samantha Weinberg verweeft de geschiedenis van dit levend fossiel met de levens van vissers, visdeskundigen, natuurbeschermers, politici en avonturiers. Het is een verhaal van vasthoudendheid en inventiviteit, van serendipiteit en onderzoek, maar ook van politiek en ambitie. Het genoom van de coelacant werd ondertussen gepubliceerd en hij bleek geen voorouder van de vierpoters. Hij is wel nauwer verwant aan de mens dan de zalm. Ondertussen zwemmen deze verre neven van het leven op het land in alle rust verder in de diepe zeeën, zoals ze dat nagenoeg onveranderd de laatste 400 miljoen jaar hebben gedaan.
Geerdt Magiels

Jirí Weil
De hartslag van Moskou
Tsjechië, Cossee

De Joods-Tsjechische schrijver Jirí Weil (1900-1959) werd pal in de waanzin van de twintigste eeuw geworpen. Hij overleefde de Holocaust op een onderduikadres, en schreef over die periode in *Mendelssohn op het dak* en *Leven met de ster*. Hij deed dat in oprecht, van drama verstoken proza met veel nuance. Toen hij in 1933 naar Moskou verhuisde, kwam daar de pakkende roman *De hartslag van Moskou* bij. Hij volgt de lotgevallen van de Europese bourgeoise Ri en Weils dubbelganger Jan Fischer in de proletarische hoofdstad van de USSR. Ze zijn er radertjes in de machine van een bruut, chaotisch Moskou dat zich opwerkt naar het gedroomde arbeidersparadijs. Als het Stalinregime zijn politieke zuiveringen opdrijft, is Jan een makkelijk slachtoffer. Ri zal moeten kiezen tussen de staat en haar vriend. Dat mensen niet altijd helden zijn, maakt Weil pijnlijk duidelijk.
Alexandra De Vos

John Williams
Augustus
VS, Lebowski

John Williams had tijdens zijn leven weinig succes, behalve met zijn vierde boek, *Augustus*, winnaar van de National Book Award in 1973. Dat is een briefroman over de Romeinse keizer die vrede bracht, die de slaven bevrijdde en niet van luxe hield. Augustus verbande wel zijn enige dochter, Julia, om een burgeroorlog te vermijden. Deze roman bestaat uit geschreven documenten: brieven, dagboekfragmenten, stukken uit memoires – alle fictief. Deze documenten – of ze nu neergepend zijn door Cicero of door een anonieme soldaat – hebben hun eigen stijl en klankkleur. De eerste paar hoofdstukken doen wat afstandelijk aan, maar Williams weet de lezer ten volle te vervoeren van zodra hij Julia's dagboekfragmenten presenteert. In essentie gaat *Augustus*, net als Williams' beroemdste boek *Stoner*, over het intieme en het publieke leven en de spanning tussen die twee. Wanneer je de woorden van de oude vader en diens dochter leest, vergeet je dat ze duizenden jaren geleden leefden, zo intens klinkt hun stem.
Kathy Mathys

BLIKSCHADE

DIETMAR ECKELL

7 februari 1950 - 10/10 overleefden
Douglas C-47D, nabij Haines Junction, Yukon, Canada
US Air Force 45-1037

WOORD GEERT STADEUS BEELD DIETMAR ECKELL

Hoe haalde fotograaf Dietmar Eckell het in zijn hoofd om wereldwijd vijftien vliegtuigwrakken te fotografen en het project Happy End te noemen? Een poging tot macabere humor? Nee: bij geen van deze crashes heeft iemand het leven gelaten. Al scheelde het vaak niet veel.

Deze foto's van Dietmar Eckell, in bossen, op stranden en in woestijnen, zijn in de eerste plaats prachtige illustraties van hoe de natuur altijd aan het langste eind trekt. De mens pikt haar in en eigent zich haar toe. Maar in de afgelegenheid, in de uithoeken, demonstreert ze haar grootste geduld. Wij kunnen er onze machines op afsturen, maar als die daar in moeilijkheden komen en gedoemd zijn om er te blijven koestert Moeder Natuur haar trofeeën. Bomen groeien in het gangpad, hele biotopen claimen laadruimten. Het glimmende metaal wordt zo roestig dat logo's beschaamd afdruipen. Zand, zout en zaden – het is een ongelijke strijd. Begin er niet aan.

On behalf of the staff

Voor wie in afschuw wegkijkt vanwege het

13 juli 1994 - 19/19 overleefden, Avro Shackleton, in de door vrijheidsbeweging Polisario gecontroleerde Westelijke Sahara, South African Air Force 1716

leed dat zich moet hebben afgespeeld; vanwege het verdriet van familie en vrienden die hun geliefden moeten zijn verloren: treur niet langer. Voor dit project zocht Eckell speciaal naar die crashes waarbij alle passagiers en bemanningsleden levend uit het wrak zijn gekropen. Hij kwam op het idee toen hijzelf in de Mojavewoestijn, in zuidelijk Californië, op een haar na was verongelukt met een paramotor. Eckell kwam er met een gebroken been vanaf, en meteen wist hij wat een happy end vermag. Zijn wrakkenreeks mag tevens opgevat worden als een huldebetoon aan de piloten, die hachelijke situaties zodanig wisten te keren – vaak in een split second – dat er geen doden vielen. Doorgaans was er van het vliegtuig niet veel meer over, en de riedel 'thank you for flying with us' zal achterwege gebleven zijn, maar iedereen was er tenminste nog. Zo ook de tien bemanningsleden van de Douglas C-47D die in 1950 neerstortte in Yukon, noordwestelijk Canada.

Douglas C-47D

Het luchtmachttoestel was op zoek naar een ander vliegtuig van de Amerikaanse luchtmacht, een Douglas C-54 Skymaster, al bijna twee weken spoorloos. De combinatie van lage vlieghoogte, dichte mist en vele bergtoppen maakte de operatie uiterst riskant. Een plotselinge valwind drukte het toestel omlaag en dwong piloot Donald King tot een

noodlanding op een besneeuwde bergflank. King zelf ging hulp halen. In de ijzige kou liep hij tot de Alaska Highway, kreeg een lift van een trucker, en keerde uiteindelijk terug met een reddingsploeg. En die C-54? Die werd helaas nooit teruggevonden.

Avro Shackleton

De Avro Shackleton met roepnaam Pelican 16 vond zijn laatste rustplaats in de Westelijke Sahara, in 1994. Het toestel had tien jaar niet gevlogen toen negentien Britse luchtvaartadepten hem van een Zuid-Afri-kaans luchtvaartmuseum naar de fameuze Farnborough Airshow in Engeland wilden vliegen. Boven de woestijn vielen, vlak na elkaar, twee van de vier motoren uit, maar dankzij een geslaagde buiklanding kwam iedereen er met slechts wat schrammen vanaf.

Grumman HU-16 Albatross

De Grumman Albatross was een uitstekend reddingsvliegtuig, populair bij kustwachten wereldwijd. Toen het toestel met registratiecode XB-IHH na onderschepping door twee

deze en volgende foto: 9 augustus 2004 - allen overleefden
Grumman HU-16 Albatross, nabij Puerto Escondido, Mexico
eigenaar onbekend, EX 49074

Mexicaanse regeringstoestellen – was het bezig met een drugstransport? – gedwongen was te landen crashte het. De bemanning sloeg op de vlucht; in het wrak werd geen verdachte lading aangetroffen.

Fairchild C-82

In ,raturen van min 45 °C, drie etmalen lang. Ze warmden zich bij een kampvuur, gemaakt van de bomen die hun vliegtuig had gemaaid. Bij het ophalen van herinneringen, ruim veertig jaar na het voorval, zei één van de piloten: "No one was injured, other than their pride."

Curtiss C-46 Commando

Toen een Curtiss C-46 Commando met één motor in plaats van twee moest landen in Churchill, Manitoba (Canada) miste hij de landingsbaan op een kilometer. Twee jaar daarvoor, in 1977, crashte ook al een Curtiss C-46 Commando, ook in Manitoba, óók door motorproblemen. Dit toestel, van North Coast Air, belandde in een bos. Een Q op de staartvin verwijst naar een vorige eigenaar, Quebecair. Dat logo was overschilderd maar werd na al die jaren onthuld door de tijd. ■

29 september 1977 - 2/2 overleefden
Curtiss C-46 Commando, nabij Thompson, Manitoba, Canada
North Coast Air Services CF-CZH

CARGO

16 januari 1965 - 3/3 overleefden,
Fairchild C-82 Packet, nabij Beaver, Alaska
Interior Airways Inc. N208M

13 november 1979 - 3/3 overleefden
Curtiss C-46 Commando, Churchill, Manitoba, Canada
Lamb Air C-GYHT

Lilith

“Fotograferen is dansen voor mij”

Two red jackets (2), 2008

Springish, 2010

WOORD GEERT STADEUS BEELD LILITH

In 2006 begon de Nederlandse fotografe Lilith aan een opvallende reeks zelfportretten die nooit is opgehouden. Eerst vormden haar huis en tuin het decor, later de huizen van anderen. Tegenwoordig slaat Lilith haar vleugels uit en landt ze waar ze wil voor een nieuwe foto. In de aanloop naar tien jaar Lilith, polst Snoecks waar het in hemelsnaam allemaal over gaat.

Tien jaar geleden begon je met snelle zelfportretjes om je blog te illustreren. Kreeg je vlug door dat je daarmee een boeiend artistiek project had aangevat?

Lilith: "Ik schreef verhalen en wilde er plaatjes bij maken. Toen kreeg ik een tweedehandse webcam en begon ik mezelf te fotograferen. Zo kwam ik erachter dat ik ook met mijn gezicht verhalen kon vertellen. Ik dacht er niet over na wat mijn doel was. Verhalen vertellen en emoties delen, dat wilde ik. De ene keer deed ik dat met woorden, de andere keer met mijn lichaam en dat ben ik altijd blijven doen. Maar ik plan niet ver vooruit. Het einddoel van mijn kunst moet zijn dat ik doodga want het is voor mij ook een dagboek."

Je hebt vijf jaar lang alleen foto's genomen in je huis en tuin. Praktisch is dat, maar er zat ook meer achter.

Lilith: "Een huis is heel erg persoonlijk. Ik wil al mijn kanten kennen en laten zien. Een rol spelen doe ik niet. Ik wil alles van mezelf weten dus het is een soort zoektocht. Het is ook vrijheid. Als kind wilde ik danseres worden maar dat mocht ik niet, ik had heel strenge ouders. Omdat ik nu zo veel met mijn lichaam doe, voelt fotograferen als dansen voor mij. Ik ben helemaal niet exhibitionistisch, ik loop zelfs niet graag in een bikini rond het zwembad. Maar voor mijn foto's gebruik ik mijn lichaam omdat ik dat nuttig vind. Ik leer door mijn fotografie heel veel over en van mezelf. Als ik niet kan fotograferen ben ik ook heel ongelukkig."

En dan deed je ineens een oproep omdat je in huizen van wildvreemde mensen een foto wilde gaan maken. Praatte je dat vooraf door met de bewoners?

Lilith: "Neen, want ik wist vooraf ook niet welke foto ik daar zou maken. Ik wilde blanco binnengaan en me door de huizen laten inspireren. De bewoners mochten niet thuis zijn. Ik wil alleen werken. Ik nam een wasmand vol kleren mee. Soms gebruikte ik daar wat van en soms niet maar ik liet toch vooral de indrukken van het huis op me afkomen."

Voor je jongste tentoonstelling en boek *Over hoeren & madonna's* werkte je samen met schrijver Paul Sterk rond het thema Bijbelse vrouwen.

Lilith: "Paul Sterk vroeg me of ik geen zin had om twaalf foto's van Bijbelse vrouwen te maken en hij zou er dan sonnetten bij schrijven."

Geen wonder, die vraag: jouw werk zit sowieso al vol Bijbelse verwijzingen.

Lilith: "Precies. Ik ben heel streng katholiek opgevoed en ik merk dat de symboliek van die religie in veel van mijn foto's een grote rol speelt. Wat mij stoort aan godsdiensten is dat ze bijna allemaal zo overduidelijk door en voor mannen zijn bedacht. Ik begrijp ook dat geruzie tussen religies niet. Waar gaat dat over? Niemand weet toch wat klopt? Godsdienst is een veruiterlijking van macht, ego en gelijk willen hebben. En vrouwen komen er altijd slecht van af. Ook die Bijbelse vrouwen, Judit, Eva, Delila, noem maar op: allemaal kommer en kwel. Voor enkele van die vrouwen had ik vroeger al een foto gemaakt die door ze was geïnspireerd. We werkten onafhankelijk van elkaar en achteraf bleek toch dat bij de meeste vrouwen Paul en ik dezelfde elementen hadden onthouden en gebruikt, hij in het gedicht en ik in mijn foto. In het verhaal van de Samaritaanse vrouw komt een sjaal voor, echt niet belangrijk. Maar hij noemde de sjaal en ik had de sjaal mee gefotografeerd. Mooi is dat. Een beetje raar ook. Het is goed geworden maar opdrachten doe ik liever niet. Het moet dan ineens. Laat mij maar gewoon mijn gang gaan."

Jouw nieuwe serie *Bit player* verrast omdat je ineens samen met anderen op de foto te zien bent. Is dat alweer een volgende stap?

"Voor *Bit player* fotografeer ik mezelf met iemand uit mijn kennissenkring. Toen ik mijn huis fotografeerde vond ik dat heel persoonlijk. Hoe je woont laat zien wie je bent, enkel je lichaam is persoonlijker dan je eigen huis. In de huizen waar ik later fotografeerde communiceerde ik met de afwezige bewoners. En mijn kennissenkring laat ook zien wie ik ben. Ik vind altijd dat ik nergens bij hoor dus ik heb heel erg diverse kennissen. Dat vind ik een grote rijkdom. Er zijn kunstenaars bij, een slager, een chirurg, een leraar handenarbeid... en Harry, belangenbehartiger en woordvoerder van gehandicapten. Harry is bovendien naturist, vroeger punker, gelukkig getrouwd, heeft een meisjestweeling van veertien jaar. Kortom, Harry is gelukkig zoals hij geboren is en ik wilde een foto die zijn levensvreugde uitstraalt. Dus heb ik hem onder de kantelemmer van een sauna gefotografeerd. (lacht) Veel van mijn vrienden kennen weinig of geen van mijn andere vrienden. Ik wil laten zien welke vreemde vogels er bij mijn kennissen zijn en bij die foto's gaat het om hen. Ik speel de bijrol."

Een bijrol! Het is jouw initiatief, jij maakt de foto...

Lilith: "Ik doe *alles*! (lacht) Maar in het beeld ben ik de bijrol. Soms lig ik achter een kast. Gemakkelijk is het niet want ik blijf dus alles zelf doen. Het beeld heb ik van tevoren in mijn hoofd. Ik moet de ander ook regisseren en ik zie zelf soms niet wat er gebeurt. Ik wil bijvoorbeeld niet dat ze gaan poseren, ze moeten een echt gezicht hebben. Dan zeg ik: 'Eén stapje naar voren. En denk aan je gezicht!' Maar ik zie niets want ik lig achter een kast. Als er niet één maar drie mensen naast mij op de foto staan wordt het pas echt lastig. Dan moet ik naar mijn camera stappen, kijk ik op het schermpje of er een goede foto bij zit. Daarna vaak een aantal keren opnieuw proberen. Maar het is heerlijk om zo samen te werken."

"*Bit player* begon met een pastoor die in het parochieblad mijn werk afkraakte toen in het gemeentehuis veertig foto's van mij hingen. Ik ben altijd van de dialoog dus ik stelde hem voor om eens naar mijn foto's te komen kijken. Want hij had dus nog nooit een tentoonstelling van me bezocht. Hij ging alleen af op het ene beeld dat voor de uitnodiging was gebruikt. We hebben toen anderhalf uur gepraat. Ik merkte dat er begrip ontstond en ik flapte er uit: 'Zullen we samen een foto maken?' Ik wilde aan de buitenwereld laten zien dat mensen uit twee werelden best van mening konden verschillen en toch samen iets moois kunnen neerzetten. Eerst vond hij het maar niks, maar uiteindelijk stemde hij ermee in toen ik zei dat hij het beeld mocht kiezen. Hij dacht meteen aan dat stereotiepe beeld van Maria-Magdalena die met haar lange haren de voeten van Jezus afdroogt, maar ik kon de pastoor overtuigen om dat beeld om te draaien. Want volgens hem ben ik die gevallen vrouw. Dus werd het de pastoor die mijn voeten wast. En ineens was ik begonnen aan een nieuwe serie met telkens andere mensen erbij." ■

Smooth Operator (2), 2009

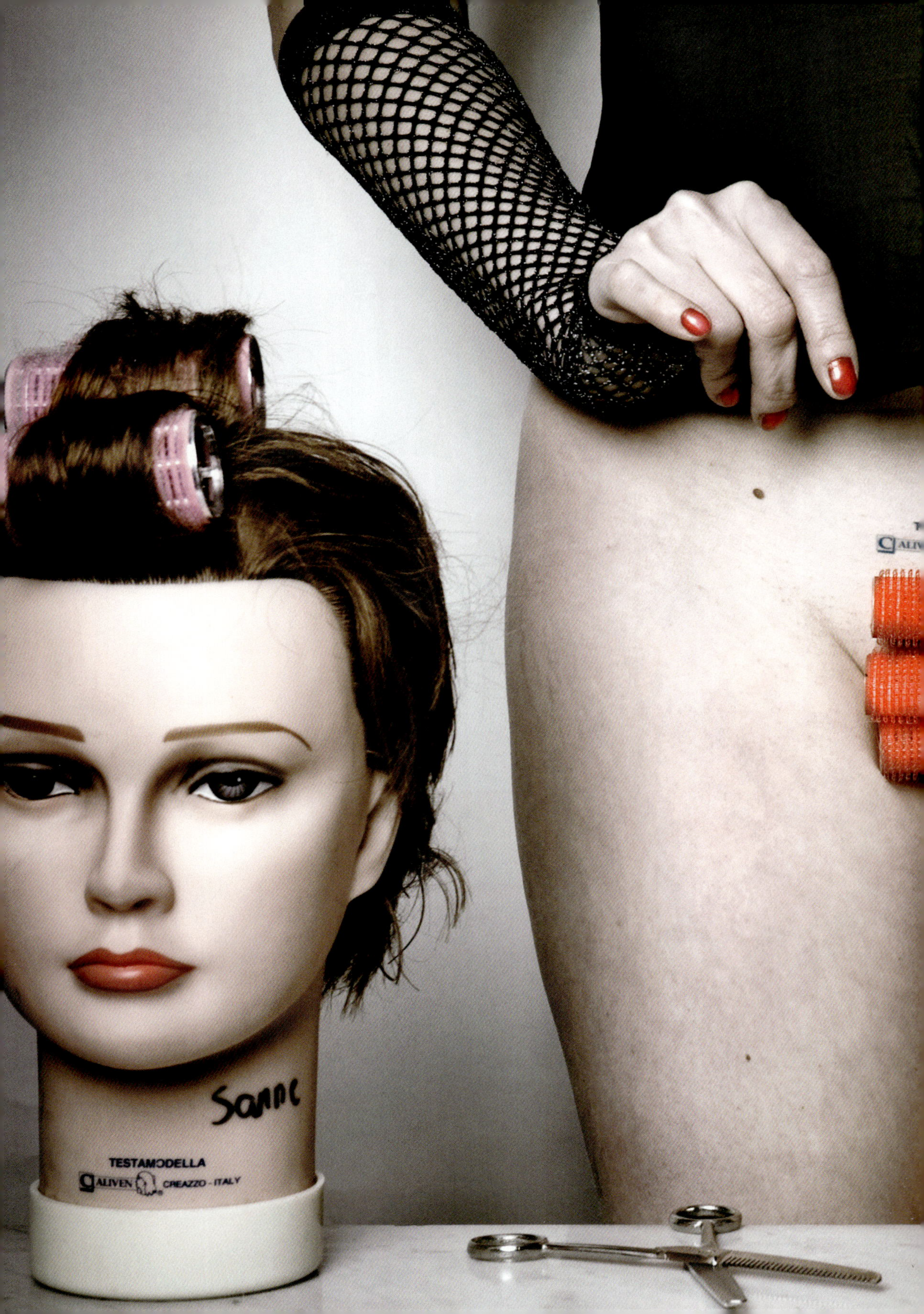
Sanne
TESTAMODELLA
GALIVEN CREAZZO - ITALY

The Brazilian Hairdresser, 2010

Plastic, 2013

Hot Pants, 2012

Penis Deviation, 2012

CK

..CK the teacher, 2009

Defender (Bit Player), 2014

Aestethic Surgeon (Bit Player), 2014

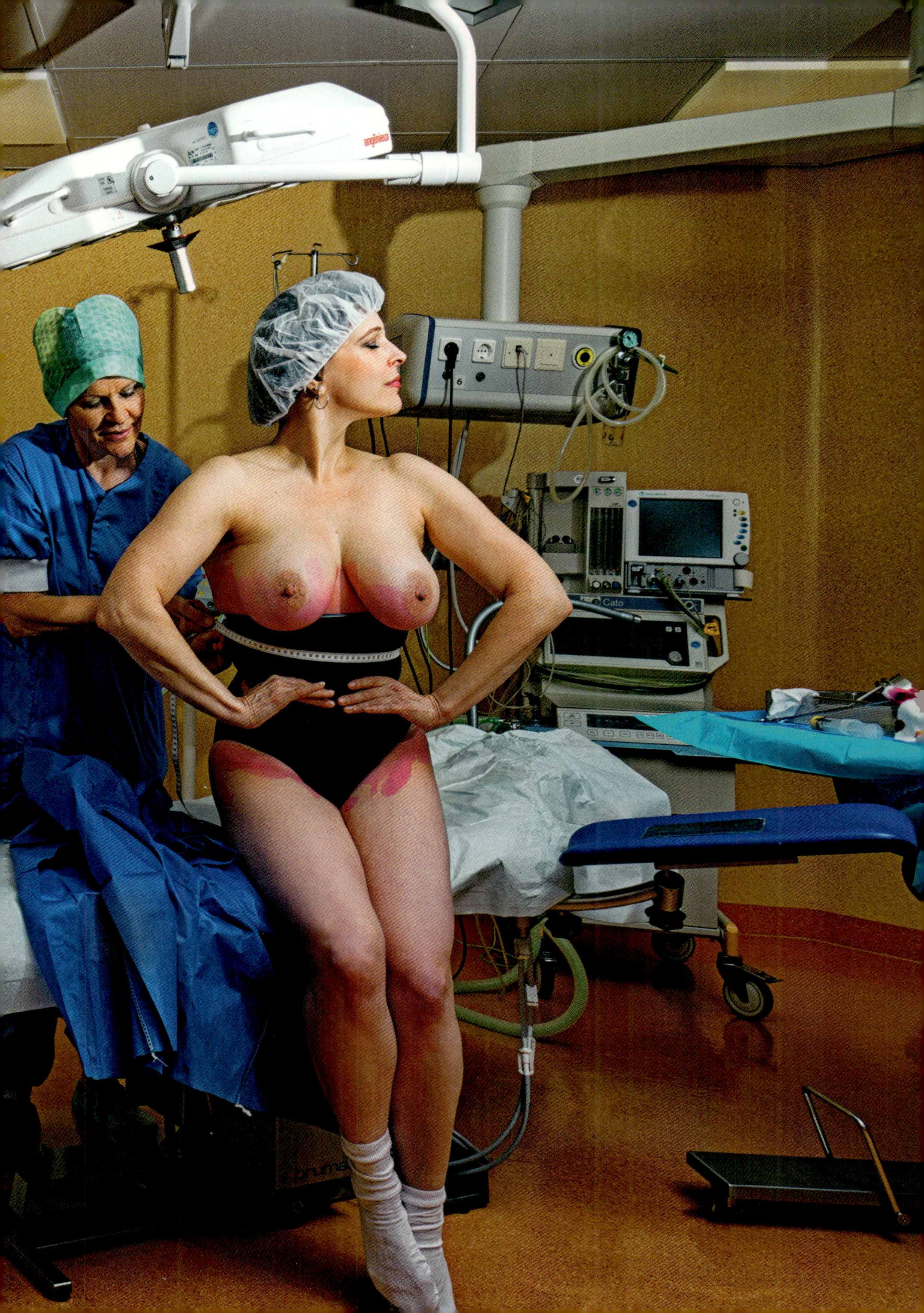
Cato

Hoe zielig!

Dan Burn-Forti krijgt geen prijs voor zijn dierenportretten

WOORD AN OLAERTS BEELD DAN BURN-FORTI

Een hond met een hoed is antropomorfisme en antropomorfisme is mensenfantasie van de goedkoopste soort. Dan Burn-Forti moet het geweten hebben toen hij in de studio op de juiste blik van een konijn zat te wachten. Canonieke prijzen zal hij met zijn dierenportretten niet binnenrijven. Hoogculturele lieden herkennen zichzelf liever niet in zielige beesten.

Een commerciële jongen is het, die Dan Burn-Forti. Hij fotografeerde huisdieren voor de campagne van een telecomreus. De reus bestelde. De fotograaf leverde, geen beeld, maar een prentje van een kat die reclame maakt voor een beltarief. In plaats van de kunst komt vulgaire marketing. Pluizige poesjes verkopen. Zijn fotografenziel doet Dan Burn-Forti er gratis bovenop. Hij is de rouwnagel die gretig aan de gevoelige snaar plukt. Waardeloos! En toch is zijn portretreeks de moeite van de reflectie waard. Want voor je het weet zie je het beest in jezelf, zoals Annie M.G. Schmidt destijds rijmde:
Vroeger woonden we in bomen
We hadden er nooit uit moeten komen
Nuja, wat de-ouwe-tante-met-de-dikke-bril deed is natuurlijk nooit literatuur geweest. Het mens schreef kinderboeken! Over poezen die konden spreken! Grote kunst gaat over andere dingen.

Sterkte aan de dierenvriend

Om kunst te bedrijven kun je je beter ver van beesten houden. Gelukkig heeft Thomas Mann een boek over zijn hond geschreven: Herr und Hund, met prachtige illustraties van professor Gunter Böhmer. De hond heette Bauschan. Zijn baas was Nobelprijswinnaar. Mogelijks kan het de dierenvriend sterken in zijn beschaving. Het is niet altijd ordinair om een portret te maken van een hond. Op het flapje van de Nederlandse vertaling uit 1956 staat: Voorname eenvoud kenmerkt dit juweel van een boekje – een aristocratische gewoonheid, die de grootheid en het verborgen wonder van alledaagse voorvallen blootlegt en doet glanzen. Kortom, Thomas Mann ging met zijn hond wandelen en maakte er kunst van. Het kan. Overigens had Mann ook twee poedels, die beide Nico heetten, maar voorts door de grootmeester niet nader werden beschreven.

Veel literatoren hielden openlijk van een hond, maar schreven er niet over. Het is zoals Midas Dekkers opmerkt in Piep, een kleine biologie der letteren. Als er in de literatuur geen beesten voorkomen kan iets waar beesten in voorkomen geen literatuur zijn. Hij raadt dan ook iedereen om niet over dieren te schrijven. En komt er toch een hond voor in je boek, laat hem dan nooit iemand zijn. Laat hem hoogstens de hond van iemand zijn.

Donna Tartt had een mops, Pongo, en de chowchow van Pablo Neruda heette Chu Tuh. Het zijn weetjes die een zeker intellect kunnen bewijzen, maar verder dragen huisdieren zelden bij tot literair cachet. Ook al schreef Doris Lessing over katten en ook al deed Guido Gezelle poëtisch over duiven (Klap-klap-klap) en vijverkevers (O krinklende winklende waterding). Het letterkundige sérieux dat hun te beurt is gevallen is even groot als zeldzaam. Grote chroniqueurs laten zich over het algemeen niet in met dierenportretten.

Hond met oorbellen

Er is natuurlijk de haas van Albrecht Dürer, en in Göteborg hangt de Acrobatenfamilie van Picasso, mét aap. Maar de meeste dieren schoppen het niet tot de canon van de beeldende kunst. Of ze nu worden geschilderd dan wel gefotografeerd. Er bestaat een hele trits natuurfotografen wier palmares bestaat bij de gratie van de rariteit van het afgebeelde beest. De portretten worden geroemd om de volharding en de risico's van de fotograaf. Hij heeft wekenlang op de loer gelegen, in de kou en in het nat, met een diadeem van kreupelhout. De fotografie van Dan Burn-Forti heeft er geen uitstaans mee. Een kalkoen voor je lens krijgen is geen kunst. Een muis is een plaag. En met het portret van een salonpoes oogst een fotograaf evenmin bijval. Accessoires erbovenop zijn de doodsteek. Een labrador met een anorak en een schaapshond met attitude gaan losjes voorbij aan iedere artistieke uitdrukking. Dieren hebben geen accessoires nodig. Ze zijn zélf het accessoire. Jan Van Eyck schilderde een griffonnetje bij het echtpaar Arnolfini omdat het hondje meer kleur gaf aan de huwelijkstrouw. Leonardo da Vinci portretteerde Cecilia Gallerani met een hermelijn op schoot om de puurte van het meisje aan te dikken. En in de Pinacoteca van Bologna hangt een portret van de familie Gozzadini, een vader, zijn twee dochters, hun echtgenoten en helemaal in het midden een schoothondje, mét oorbellen. Als dat geen antropomorfisme is van de schilderes, Lavinia Fontana. In 1584! Met de Gozzadini's op het doek scheelde behoorlijk wat. Een scheef gezin, dat waren ze. De hond met de oorbellen maakt het alleen maar erger.

Kortom, de dieren zijn een verlengstuk van de mensen. Aan onze beschaving hoeft niet te worden getwijfeld. Maar sommige lieden draaien de zaak om, en dan wordt het link. Want wat als mensen op dieren lijken? Hoe moet het dan met de sokkel van onze beschaving? Hoe exclusief zijn onze emoties? En zijn wij wel de uitverkorenen met onze ziel? Een mens moet het durven om in de ogen van de dieren van Dan Burn-Forti de bezieling te zien.

Tussen held en varken

Wat in die wetenskap siel *genoem word, is iets geheel en al buite die bereik van al ons sintuie. Geen mens het nog ooit 'n siel (of 'n stukkie van 'n siel) geruik, gesien, gesmaak, gehoor of gevoel nie.* Zo schreef Eugène Marais in 1925 in zijn boek Die Siel van die Mier. Het is een dappere studie over termieten in Zuid-Afrika waarin Marais betoogt dat deze kruipdieren een gemeenschappelijke ziel hebben. Hij kreeg er geen Nobelprijs voor. Die was voor Maurice Maeterlinck die niet veel later Die Siel van die Mier overschreef in het Frans. Marais joeg zichzelf een kogel door de kop op een boerderij bij Pretoria. Zo hard kan naturalisme zijn.

Misschien is het soms beter om een dier te zijn. Hoe onverstoorbaar sterft bijvoorbeeld een zieke duif op het trottoir. Hoe wezenlijk zichzelf is het konijn van Dan Burn-Forti. Dieren kleuren nooit buiten hun eigen definitie. Het is alsof ze alleen maar ziel zijn, zonder meer. Het is een comfort waar veel mensen niet van zouden durven dromen. Gryllus, één van de twee maten van Odysseus, had er nochtans geen moeite mee. In het verhaal van Plutarchus komen de avonturiers aan op een eiland met een tovenares. Zij verandert een aantal mannen in varkens; Gryllus ook. Het gesprek tussen Odysseus de held en Gryllus het varken is klassiek. Odysseus verstaat niet waarom Gryllus per se een betoverd varken wil blijven, in plaats van opnieuw een mens te worden. *Zwijg toch*, zegt het varken van Dan Burn-Forti. *Als varken geef ik nooit op. Mijn bestaan bestaat zonder illusies. Ik streef nooit naar medelijden. Ik wil niemand overtuigen. En ik weet niet wat het is om iets te verliezen. Mensen gaan altijd buiten hun perken op zoek naar prijzen. Hoe zielig is dat!* ■

DE BIJTENDE WRAAK

Ann-Christine Woehrl

I AM NOT
PERFECT
BUT I AM
LIMITED
EDITION

WOORD SUZANNA GOUDA BEELD ANN-CHRISTINE WOEHRL

Natuurlijk had hij 's nachts toegeslagen: dan sliep ze. Het aankoopbedrag van zijn wapen – minder dan een dollar – stond in grotesk contrast tot de aangerichte ravage. Ze was overgoten met een fles zoutzuur. Gillend van de onhanteerbare pijn was ze gaan rondrennen. In paniek probeerde ze iets ervan met haar handen weg te halen, maar ze verspreidde het vernietigende goed alleen maar meer. Daar stokte de herinnering, om verder te gaan in het ziekenhuiszaaltje (vertelden ze haar, zelf kon ze niets meer zien), waar ze zich bleef verbazen over hoe het voelde om haar hoofd aan te raken. Zo vet en plakkerig, en was het nou huid of verband?

De slachtoffers van zuuraanvallen zijn overwegend vrouwen, en de daders mikken vooral op het gezicht. Misvorming en verminking zijn de vaste uitkomst, en (partiële) blindheid komt daar geregeld bovenop. Meestal leidt een zuuraanval niet tot de dood, maar de fysieke, psychische en sociale schade zijn ernstig. Het gebeurt in landen waar de toegang tot adequate medische hulp pover is en waar rechtssystemen niet uitblinken in krachtdadige vervolging. Aanvallen met zuur zijn een wijdverbreid fenomeen, niet beperkt tot een bepaald geloof, ras of geografische locatie.

Fysieke impact

De schade hangt van verschillende zaken af: het soort zuur, de concentratie, de aard en de duur van de blootstelling, de geboden hulp. Gemiddeld wordt zo'n vijftien procent van het lichaamsoppervlak aangetast, en daarbij gaat het voornamelijk om gezicht, hoofd, nek, schouders, bovenarmen en borst. Zacht weefsel is het kwetsbaarst – geconcentreerd zuur vernietigt het – en uiteindelijk kan zelfs bot aangetast en vervormd raken. Het grote probleem is dat de aangetaste lichaamsgebieden niet op zichzelf staan. Als ogen een aanval al hebben doorstaan kunnen ze vanwege weggevreten of vervormde oogleden alsnog uitdrogen, met blindheid tot gevolg. Als lippen al niet verdwijnen raken ze op zijn minst grotendeels kapot. De mond krimpt en vervormt, en eten wordt voortaan problematisch. Door gekrompen huid en littekenvorming op kin en nek kan het zijn dat schudden en knikken met het hoofd tot het verleden behoort. Bij meisjes en jonge vrouwen kan de ontwikkeling van borsten tot stilstand komen.

De tijd in het ziekenhuis en de kwaliteit van de geboden zorg zijn afhankelijk van wat de getroffene zich kan permitteren. Als plastische chirurgie tot de mogelijkheden behoort neemt het traject van transplantaties en correcties doorgaans tientallen operaties in beslag. De behandeling (en de bijbehorende kosten) stoppen niet bij het verlaten van het ziekenhuis. Zuurslachtoffers hebben een lange weg te gaan met pijnlijke verbandwisselingen, het consequent en steeds opnieuw reinigen van de wonden, het aanbrengen van antibacteriële zalven en gels. Als behandeling uiteindelijk niet langer nodig is zullen twee zaken nog lang na-ijlen: bewegingsongemak door de gekrompen huid en ernstige jeuk.

Verdere schade

De psychische consequenties van een zuuraanval zijn verstrekkend. Slachtoffers krijgen te maken met depressie en slapeloosheid, aangewakkerd door de angst dat het opnieuw zal gebeuren. Het is niet moeilijk voor te stellen wat het met een slachtoffer doet als de

aanvaller nog rondloopt of – erger nog – al weer vrijuit gaat. Zuuraanvallen laten vrijwel niet te maskeren sporen na, en daarom zijn ze funest voor iemands zelfbeeld. Uit angst voor de blikken die hun ten deel vallen – van nieuwsgierig tot huiverend tot walgend – kiezen veel slachtoffers voor isolement. Nog een consequentie, in al haar gruwelijke begrijpelijkheid: veel slachtoffers kunnen nooit meer met hun handen werken omdat ook die ernstig aangetast raakten in de eerste, instinctieve pogingen het spul weg te vegen.

Waarom?

Voor het zó beschadigen van iemand anders is geen enkele reden ooit geldig. De gronden die de daders niettemin ter rechtvaardiging wagen aan te voeren staan vaak in verband met (land)eigendomskwesties, hoogte van bruidsschatten, en, met afstand op de eerste plaats, zedelijkheid. Op dat punt is iets het al gauw waard om gewroken te worden. Langzaamaan sijpelt het besef door dat er tegen zulke waanzin opgetreden moet worden. In de landen waar zuuraanvallen vaak voorkomen (India, Pakistan, Cambodja, Bangladesh, Nepal en Oeganda) gaat langzaam maar zeker de strafmaat omhoog. Internationale organisaties, de in Londen zetelende Acid Survivors Trust International voorop, pakken het onderwerp meer en meer op, en bieden veel praktische steun, bijvoorbeeld het betalen van alle medische kosten. Voor de naar schatting vijftienhonderd (geregistreerde) slachtoffers per jaar is dat een troost, zij het een uiterst schrale.

Ann-Christine Woehrl

De half-Franse, half-Duitse fotografe Ann-Christine Woehrl (1975) werkt als freelancer, vanuit München. Sociale, culturele en religieuze onderdrukking had altijd al haar belangstelling. Afrikaanse heksen, Indiase prostituees, vrouwengevangenen in Colombia … Snoecks toont een selectie uit haar laatste boek *In/Visible*, over slachtoffers van zuuraanvallen.

Neehari, India
Een ongelukkig, gearrangeerd huwelijk, een sadistische man, en niemand die zich van haar lot iets aantrok. Ze vluchtte naar haar ouders, zwanger, depressief. Niet veel later besprenkelde ze zichzelf met petroleum en stak zichzelf in brand. Ze overleefde het, en twee jaar lang hield ze zich schuil, bang om haar ouders te schande te maken. Uiteindelijk besloot ze de openbaarheid te zoeken en andere slachtoffers bij te staan.

Sokneang, Cambodja
Ze werkte in een karaokeclub. Een jaloerse echtgenote van een vaste bezoeker overgoot haar met zuur. Tegenwoordig is ze kleermaakster. De opleiding volgde ze met steun van de Cambodian Acid Survivors Charity. Vroeger was ze een schoonheid, iets wat nog altijd door de foto heen schemert.

Vanna, Cambodja
Ze had een buurman geld geleend. Omdat die de vijftig dollar niet kon terugbetalen viel hij haar vroeg in de ochtend aan. Na een paar maanden kwam hij al weer vrij. Vanna is blind aan beide ogen. Ze maakt zich zorgen over haar negentienjarige zoon die al langer dan een jaar niets van zich heeft laten horen. Ze is bang dat hij slachtoffer van mensenhandel is geworden. Vanna is weduwe.

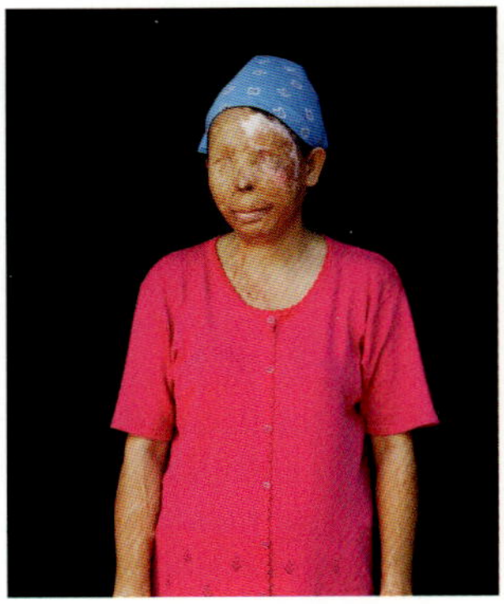

Sahera, Nepal
Op haar veertiende werd ze uitgehuwelijkt aan een neef. Omdat haar schoonfamilie ontevreden was over de bruidsschat was jarenlange mishandeling haar deel. Dat haar ouders destijds niet meer kónden bijdragen deed niet ter zake. Op een dag overgoot de echtgenoot haar met petroleum en stak haar aan. De zaak kwam nooit voor het gerecht; zij werd gedwongen af te zien van een aanklacht. Nu drijft ze een klein winkeltje en woont ze bij haar ouders.

Christine, Oeganda
Christine werd op haar zestiende aangevallen door een jaloerse ex van haar vriend. Ze mocht van geluk spreken: haar vriend bleef bij haar. Nu, drie jaar later en getrouwd, heeft ze een dochtertje. De daderes werd tot een gevangenisstraf van acht jaar veroordeeld. Een zeldzame genoegdoening voor het slachtoffer.

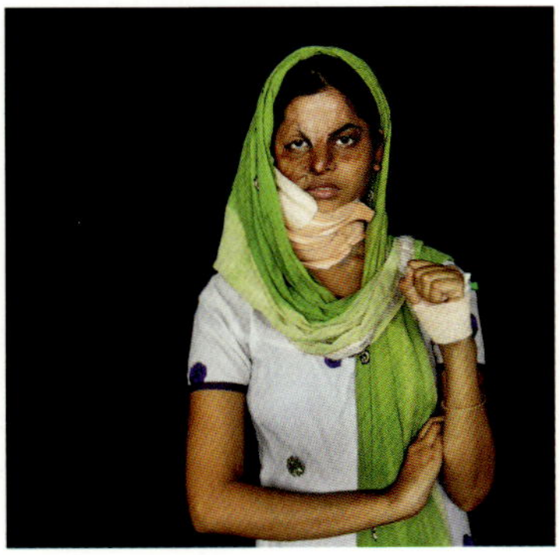

Makima, India
Een buurman wilde trouwen met de jonge Makima. Ze weigerde. De moeder van de buur drong ’s nachts haar huis binnen en goot zuur over Makima’s gezicht. De familie van de daderes betaalde haar compensatie opdat ze geen aanklacht zou indienen. Makima droomt ervan om bij de politie te gaan en onrecht te bestrijden.

Sidra, Pakistan
In 2011 bleef Sidra, vijftien, een nachtje slapen bij haar vriendin. Schreeuwend schrok ze wakker toen de broer van de vriendin haar probeerde te verkrachten. De moeder van de jongen was bang dat Sidra een schandaal zou veroorzaken en ze droeg hem op zuur over het meisje te gooien. Sidra was na de aanval nagenoeg blind. De dader werd veroordeeld tot vijfentwintig jaar cel; zijn moeder kreeg drie jaar.

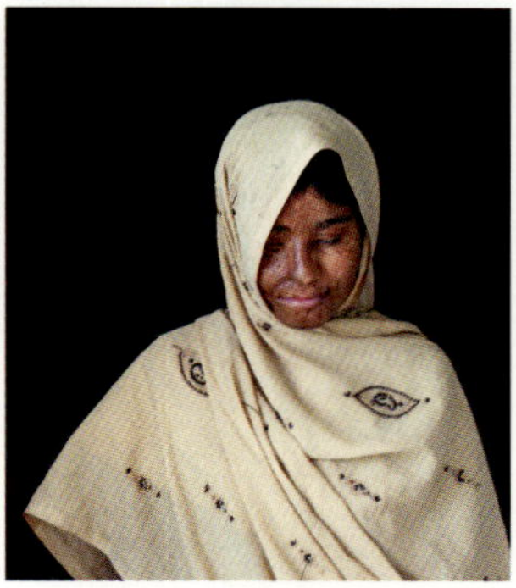

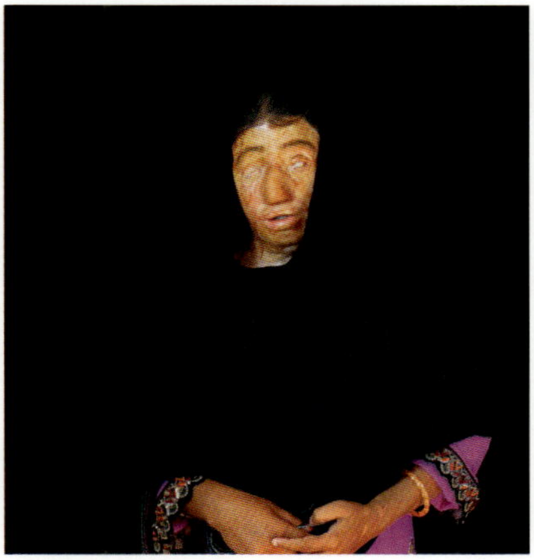

Naziran, Pakistan
Toen Nazirans eerste echtgenoot stierf dwong haar schoonmoeder haar om met haar andere zoon te trouwen. Maar die was al getrouwd en zijn jaloerse vrouw gooide zuur over Naziran. Ze moest vijfendertig operaties ondergaan. Ondanks haar blindheid kan ze zorgen voor haar twee kinderen, samen met haar nieuwe man. De daderes werd nooit vervolgd.

Api, Bangladesh
Api is taai. Ze overleefde twee aanvallen van de vrouw van haar ex-man. Api liet zich van hem scheiden omdat hij al een vrouw had; iets wat ze vernam nadat ze met hem getrouwd was.

Farida, Bangladesh
Farida's man, drugs- en gokverslaafd, had zo veel schulden dat hij hun huis moest verkopen. De nacht nadat ze hem vertelde dat ze bij hem weg zou gaan gooide hij bijtend zuur over haar heen. De slaapkamer vergrendelde hij zodat ze geen hulp kon halen. Farida, toen vierentwintig, moest een half jaar in het ziekenhuis blijven. Eén oog was verdwenen, het andere wilde niet meer open. Ze had gangreen, en gaten in haar wangen. Ze leed vreselijke pijnen en verspreidde een ondraaglijke geur. Na ontslag uit het ziekenhuis lag ze nog drie jaar onder een muggennet in het huis van haar vader. Farida is nu veertig en ze kan weer zorgen voor haar, vlak voor de aanval geboren, zoon. Haar man kreeg twaalf jaar cel. De dag dat hij vrijkwam bedreigde hij haar. ■

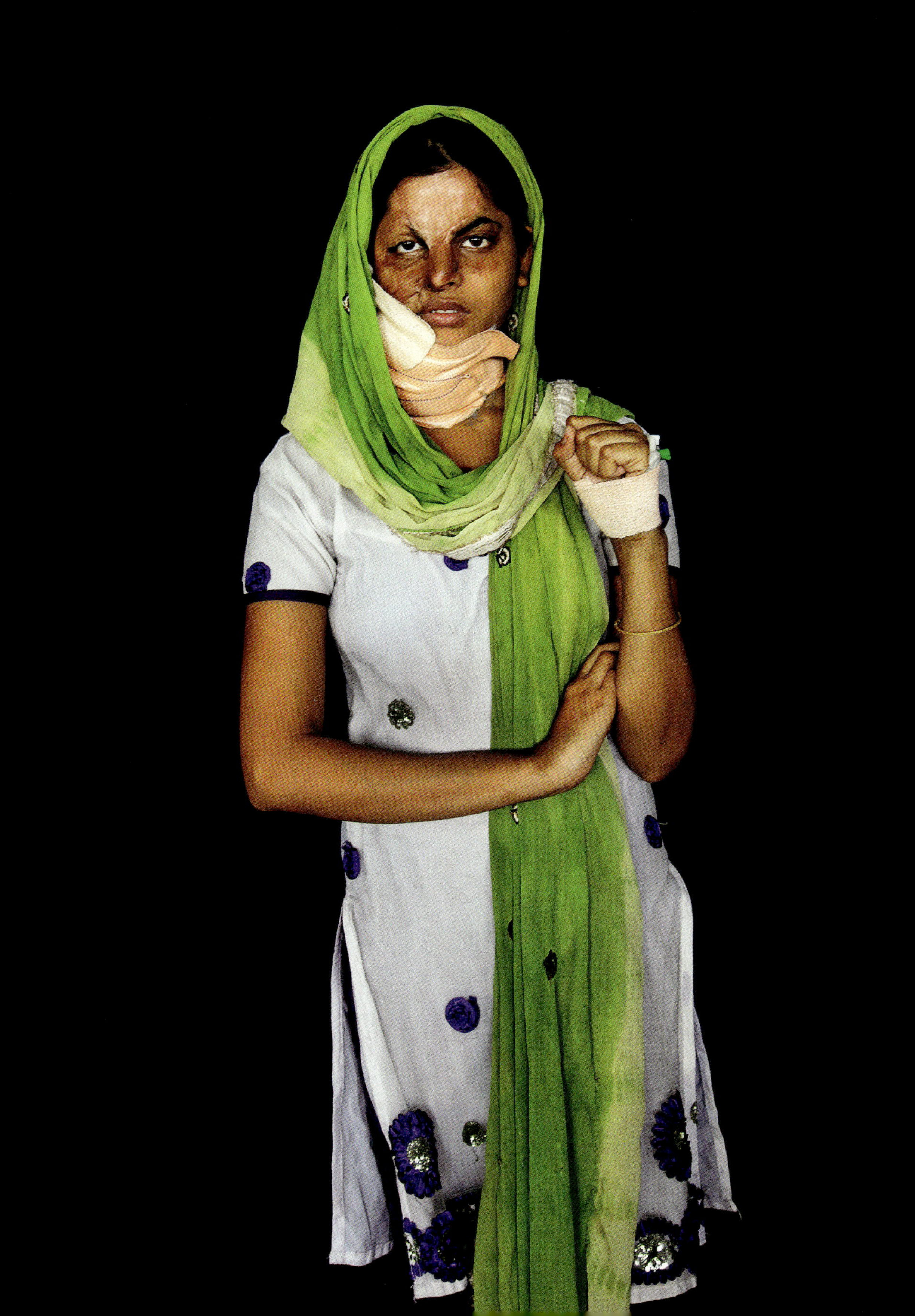

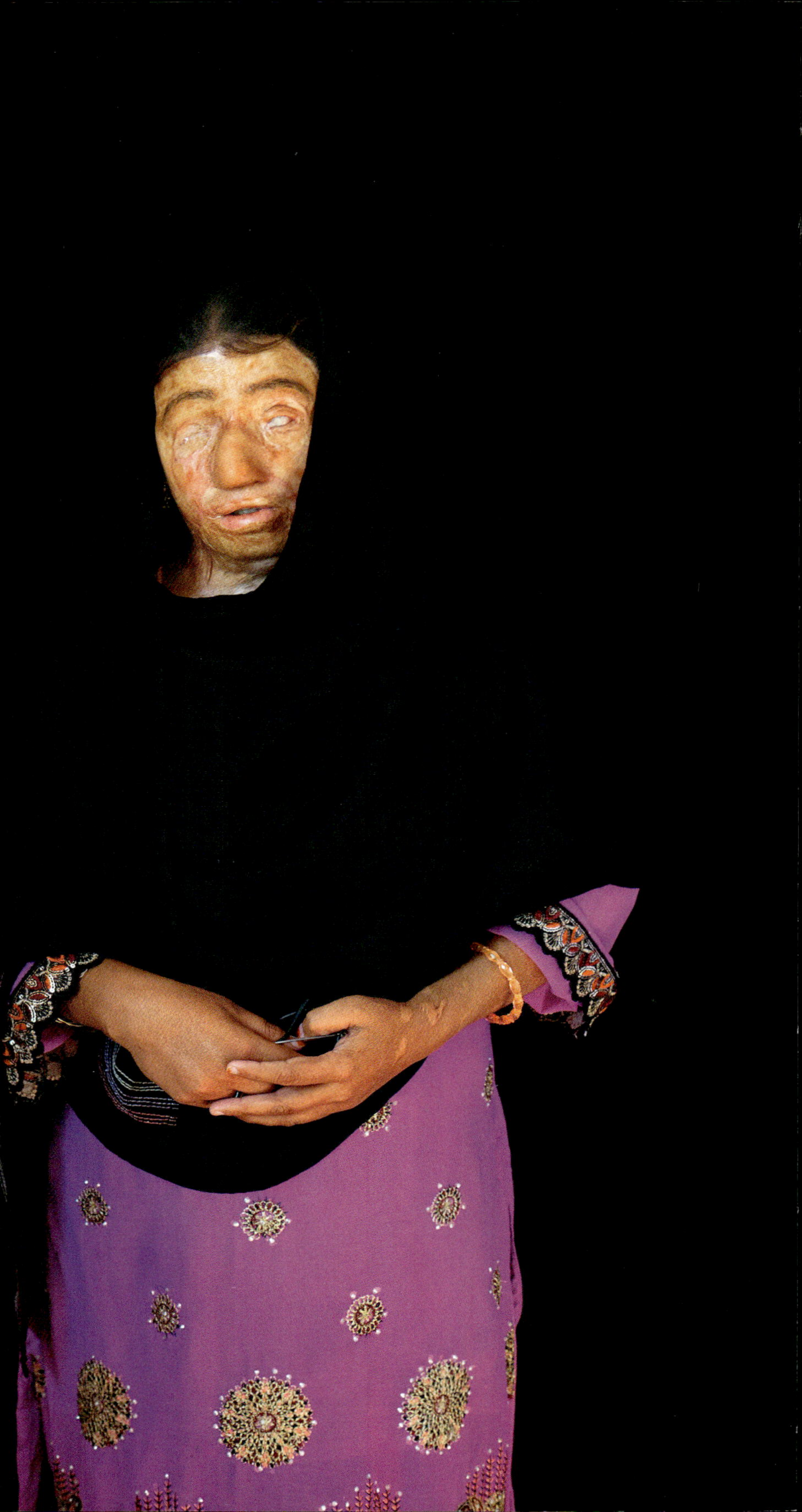

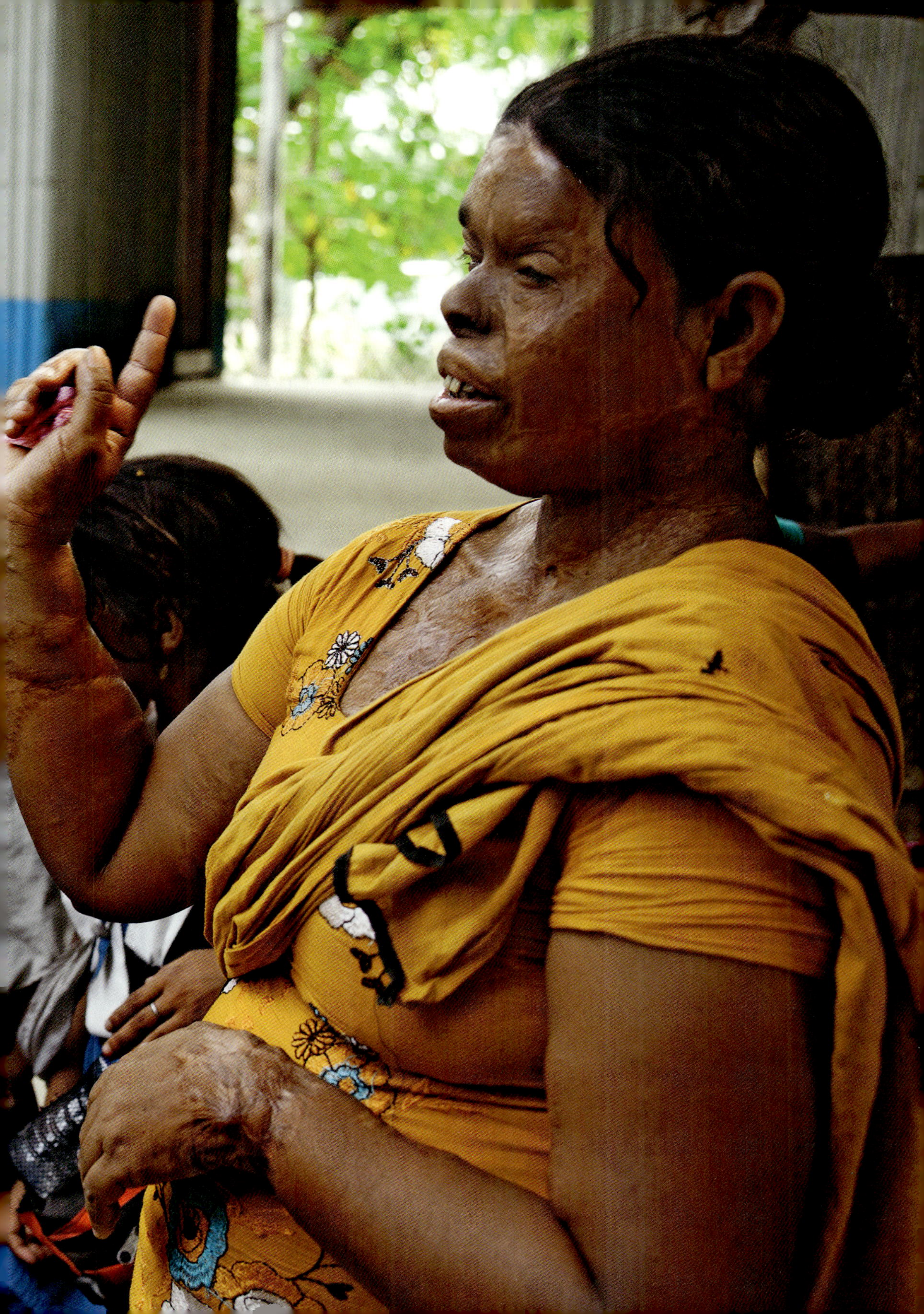

The Pretty Grown-together Children

MEGAN MAYHEW BERGMAN

DE MOOIE, AAN MEKAAR GEGROEIDE KINDEREN

Ik wil het vertellen, zei ik.

Nee, jij bent een dronken leugenaar, zei ze. Of ik zei dat.

Onze stemmen leken soms te versmelten. Ik voelde die van haar in mijn botten, vooral als ze zong, ze was een krachtige, temperamentvolle sopraan. We waren aan de heupen met mekaar vergroeid en deelden hetzelfde bloed, maar geen vitale organen. Vier armen, vier benen, dat was voldoende om hoofden te doen omdraaien.

Eén van ons moet het vertellen, zei ik, en ik ga dat doen.

Een impresario was ons komen opzoeken. Hij beweerde tenminste dat hij een impresario was. Een talentenjager. Ik wist zijn naam niet meer. Hij droeg een blauwe blazer met zware gouden knopen, een jeans en instappers. Zijn haar glansde van de producten en hij wist hoe hij een hand moest schudden. Mijn botten zinderden nog na van zijn greep.

Luister, zei ik tegen Violet, ik kan beter verhalen vertellen dan jij. Jij zingt, ik vertel verhalen.

Violet antwoordde niet. Ze was verdwenen, zoals de grote Harry Houdini ons dat geleerd had in de cafetaria van RKO Studios. Als je mekaar beu bent, zei hij, doe dan alsof je je terugtrekt in een denkbeeldige schelp. Een reusachtig slakkenhuis. Harry was klein en hij had kromme benen. Zijn krulhaar lag hartvormig uitgespreid op zijn voorhoofd. Ga *geestelijk* uit mekaar, zei hij.

En wat als Daisy indiscreet is met mannen, had Violet gevraagd. Wat moet ik dan doen?

Hetzelfde wat je altijd al doet, had ik gezegd. Wegkijken.

Zo was Violet wel. Haar stem ging de hoogte in als ze zich onschuldig wou voordoen. Ze deed alsof ze verlegen was. Maar ik voelde hoe haar bloed verhitte als ze met mannen praatte die ze bewonderde. Ik voelde haar polsslag versnellen.

Toen we in de cafetaria van RKO Studios werkten droegen we enkellange wasbeerbontjassen en hadden we een kofferset, schildpadkammen en dure lippenstiften. Er stond geld op onze bankrekening. We konden een taxi nemen. We reisden en kusten beroemde mannen. We speelden mee in films. In de jaren dertig, veertig en zelfs nog in de jaren vijftig. Dat was onze glorietijd.

Toen we bij RKO werkten dachten mensen dat ons lichaam het werk van God was.

Maar nu waren we twee oude variétémeisjes die boodschappen inpakten in de kruidenierszaak Sack and Save in Aberdeen. Er waren geen echtgenoten of vriendjes meer. Enkel dikke vrouwen met kinderen met een snotneus die naar ons wezen in de file bij de kassa.

Kunnen jullie onze tassen naar de auto brengen, vroegen ze dan.

Ik had nog nooit in mijn leven zo veel gemene vrouwen ontmoet. Violet en ik waren nog gezond van lijf en leden, maar we werden oud. Onze gewrichten deden pijn door het inladen van al die tassen. Onze knieën waren opgezwollen door de hele tijd rechtop te staan. Maar we deden het om de baas tevreden te houden en zeulden papieren zakken naar de stationwagens op het parkeerterrein.

Ik wil gewoon zien hoe het stapt, fluisterden de kinderen.

We woonden achter het gebouw van de kruidenier in een kleine caravan met een dubbel bed en een kookplaat. Muizen kwamen door de wanden heen en maakten gaten in de dozen van onze ontbijtgranen.

Luister, zei de impresario. Ik wil morgen terugkomen en dan praten we over de projecten die ik in gedachten heb.

Kom na het avondeten, zei ik.

Houdini had ons gezegd dat we nooit te gretig mochten overkomen als het om roem ging.

De impresario kwam dichterbij. Hij droeg een fris geurtje. Hij maakte Violet zenuwachtig, maar mij niet. Hij pakte onze handen vast en kuste onze knokkels.

Tot dan, zei hij, en weg was hij. Typische zomeravondgeluiden drongen door de hor naar binnen. Cicaden, het laatste ritselen van bladeren, af en toe een auto op de zandweg.

Soms zaten Violet en ik 's avonds buiten op het trapje van cementblokken. Dan woelden we met onze blote tenen in de koele aarde en lakten onze nagels. Net als de meeste tweelingen hoefden we niet te praten. We waren ergens tussen enkelvoud en meervoud in.

Nadat de impresario vertrokken was zetten Violet en ik ons neer op de oude fluwelen sofa. We zaten enigszins van mekaar weggedraaid, omdat onze lichamen ons daartoe verplichtten. Ik weet niet meer hoelang we daar zo gezeten hebben. Aan de wand hingen ingelijste foto's van mensen die we niet kenden. De keukentafel had maar drie poten. Eentje was aangevreten en zweefde boven het linoleum als een waardeloze voet. De gordijnen roken naar tabak. Op de radio werd verslag gedaan van een stockcarwedstrijd.

Rex White rijdt in tweede positie.

Violet zat stil, met haar handen op haar knieën. Ze zat vast te denken aan een vriendje dat ze vroeger had. Ed. Violet had veel van Ed gehouden. Hij was een bokser met een gehavend gezicht en vreemde oren, die ik maar niks vond. Hij paste niet bij een ster, zei ik tegen haar. Toen ze zich terugtrok in haar schelp nam ik aan dat ze dat met hem deed.

Ik was duizelig door de hitte. Onze caravan had geen airconditioning.

De nasleep van de menopauze, vermoedde ik. Ik moest water drinken.

Ik stond op.

Violet kwam uit haar denkbeeldige schelp.

We moeten aan geld zien te komen, zei ze, terwijl we naar de gootsteen liepen. We moeten hier weg. Ik snijd me voortdurend aan de papieren boodschappentassen. Mijn enkels zijn opgezwollen. Waarom wil jij nooit gaan zitten?

Ik broed op een plan, zei ik. Trouwens, we zijn beroepsentertainers. We hebben de wereld nog iets te bieden.

Ik liet de kraan sputteren tot het water helder begon te stromen.

Een van ons zou kunnen sterven, zei ik. En dan moeten ze de ander lossnijden.

Als het daarmee lukt, zei Violet, en ze trok zich weer terug in zichzelf.

* * *

Ze hadden me verteld dat onze moeder van ons walgde toen ze ons de borst probeerde te geven.

We waren een slap kluwen van armen en benen. Te veel hoofden om tevreden te houden, zei Miss Hadley. Overal lippen. Vreemde kreten.

Miss Hadley was onze voogd. We woonden in haar bouwvallige huis dat half geel, half wit was – een doorn in het oog van de chique buurtbewoners. De magnoliabomen waren te hoog opgeschoten en krasten tegen de ramen. De met horren afgezoomde veranda was volgestapeld met tijdschriften, verroeste fietsen, kapotte lampen, dozen met oude kleren en boeken uit de bibliotheek.

Zonder mij waren jullie dood, zei Miss Hadley. Ik heb jullie *gered.*

Net als haar stapels kortingsbonnen en tijdschriften waren wij een van de dingen die Miss Hadley verzamelde om haar nest mee te bekleden.

Op een dag, toen jullie nog peuters waren, liepen jullie naakt naar buiten en zetten de buurt op stelten, zei ze. Ze herinnerde ons, of misschien zichzelf, graag aan haar grootmoedigheid. Haar vermogen om ons te *verdragen.*

Miss Hadley, geboren in Carolina, leek wel honderd jaar oud. Ze had ingevallen wangen. Ze had een vlezige kin en een mond vol rotte tanden.

Daisy, zei ze soms, ik zet het je nog betaald.

En dat deed ze ook. Ze heeft ooit een rauwe aardappel naar mijn voorhoofd gegooid toen ze me in de voorraadkamer zag rondsnuffelen, op zoek naar iets eetbaars. Miss Hadley sloeg met de vliegenmepper op mijn knieën en armen als ik een grote mond opzette. Soms raakte ze Violet per ongeluk.

Zij heeft je niks misdaan, zei ik dan. Laat haar met rust.

Niet zo brutaal jij, zei ze dan. Jij hebt een vreselijk grote mond voor een meisje van jouw leeftijd.

Toen we nog jong waren hadden we ons haar in een kaarsrechte pony. We droegen fluwelen linten om onze polsen, op maat gemaakte kanten jurken, we zaten op muziekles. We waren bijna mooi.

We leerden bevallig te glimlachen en ons te koesteren in de liefdadigheid van de christelijke vrouwen uit de buurt. Het lukte om samen naar het toilet te gaan. We hielpen mekaar met ons huiswerk en onze klussen.

Miss Hadley woonde in een vuil huis met gore borden in de gootsteen. Er lagen haren op de vloer, het toilet werkte niet, er lagen overal uitwerpselen van de honden die ze gered had en die de bank inpalmden. De ramen met glas in lood waren gebarsten. De voordeur liet tocht door. Sommige kamers waren compleet volgestouwd met kranten. Haar man was dood (als ze ooit echt al een man had gehad) en behalve ons had ze geen andere kinderen. Als ik er nu op terugkijk waren we ook helemaal niet haar kinderen. We waren een bedrijfje.

We losten het startschot bij de racewedstrijden van Terrapin, reikten prijslintjes uit aan de winnaars van varkens- en koolverkiezingen. We tapdansten met Bob Hope. We plaatsten de kroon op het hoofd van de Miss Tabak van sigarettenfabrikant Wilson, we waren het voorprogramma van de Bluegrass Boys in verscheidene variétézalen. We kenden elegante volksdansers, wedstrijdschransers, de plaatselijke krachtpatsers. We waren showmensen in hart en nieren.

Ik herinner me mijn tekst van de races nog: *En dan nu, dames en heren, de schildpaddenrace.* Als ik jaren later 's nachts wakker werd door een opvlieger schoot die tekst me te binnen.

Het kwam niet bij ons op ongelukkig te zijn. Violet en ik, we beseften niet dat we kaalgeplukt werden. We wisten niet dat we zo veel geld verdienden voor Miss Hadley.

Ik reken jullie geen huur, zei ze aan tafel. Maar ik zou je moeten laten betalen voor wat je allemaal eet.

We geloofden dat we bij haar in het krijt stonden. We waren haar zelfs *dankbaar.*

De tuin van Miss Hadley was overwoekerd door klimop, kamperfoelie en ranken met muskaatdruiven. Als we haar maaltijden niet lustten – ze was een rotslechte kokkin – gingen we op zoek naar muskaatdruiven, we aten ze vers van de ranken. Ik vond ze het lekkerste als ze eruitzagen als kleine aardappelen, zacht, goudkleurig en stoffig. Ik moest Violet meesleuren naar de voordeur om ervan te eten. Als we weer binnenkwamen en naar fruit roken kwam Miss Hadley achter ons aan met de roede.

Jullie hebben weer van de muskaatdruiven gegeten, zei ze dan, terwijl ze de achterkant van onze benen raakte. Druiven zijn voor arme kinderen.

We woonden in de kamer die vroeger van het dienstmeisje was geweest, achter de keuken. We deelden een tweepersoonsbed en sliepen rug tegen rug. Er was een affiche van president Hoover tegen de muur gespijkerd. Violet legde muziekpartituren op de bodem van onze laden en verstopte drop in haar ondergoed. Miss Hadley had de kamer bekleed met tapijtstalen. Ik bewaarde bioscoopkaartjes en tijdschriften in een koekjesblik.

Violet en ik lagen 's nachts in bed te praten over de meest recente partituren of over jongens die met hun ouders naar ons optreden in het variété waren komen kijken. We praatten over kanten sokken, naar Spanje reizen, hoe we onszelf ooit op de radio zouden horen en prachtig zouden leren dansen, elk met onze eigen partner.

Ik wil walsen, zei Violet.

Ik wil eerst een nieuwe jurk, zei ik. Of 'April in Paris' op een podium zingen.

Jullie leren stappen was een akelige zaak, zei Miss Hadley vaak. Dansen, ik kan het me amper voorstellen. Jullie moeten keurig stil leren zitten. Daarom hebben jullie noten leren lezen.

Violet en ik, we hadden een dikke huid.

's Nachts sliep er een legertje geredde hazewinden, sierlijk maar vol vlooienbeten, bij ons in bed. We voerden ze broodjes, legden onze vingers op hun stompe tanden en waren blij dat ze ons verwarmden.

* * *

Er waren geen geheimen. Stel je voor dat je niets zou kunnen zeggen, niets doen, niets eten, niets aanraken, niets liefhebben zonder dat de ander dat ook zou weten.

* * *

Net als het dodenmasker van Toetanchamon werden we tentoongesteld.

Ons visitekaartje, zoals ik het me herinner: "Als u ons interessant vond, wees dan zo vriendelijk uw vrienden ook naar ons toe te sturen." *De Mooie, Aan Mekaar Gegroeide Kinderen.*

Er stonden dozen vol met die kaartjes in de kelder van Miss Hadley. In elke kruidenierszaak en elke wassalon van de stad vond je wel een stapeltje.

Luister hoe de tweeling 'Dream a Little Dream of Me' zingt. Luister hoe de tweeling 'Fare Thee Well' van Lord Byron voordraagt.

Miss Hadley plaatste ons op een pianobankje of een leren kist zodat we ons instrument konden bespelen. We kruisten onze benen ter hoogte van onze enkels. Ze zette er een blauwe glazen vaas bij en droeg de bezoekers op daar geld in achter te laten.

Ik ben zo goed geweest deze meisjes in mijn huis op te nemen, zei ze, en ik zou het op prijs stellen als u zo goed zou zijn iets bij te dragen, zodat ze muzieklessen kunnen blijven volgen.

Lieve hemel, zeiden de dames, terwijl ze dichterbij kwamen om ons te bekijken.

Kinderen vroegen meestal: doet het pijn? Maken jullie vaak ruzie? Heb je er al aan gedacht zelf die huid door te snijden?

Het deed geen pijn dat we aan mekaar vastzaten, we hadden het nooit anders geweten. We maakten inderdaad wel ruzie, maar we waren heel bedreven in compromissen sluiten: *Ik zal nu mee een boek lezen, als jij straks mee gaat wandelen. Jij kiest deze week de film en ik volgende week. We kunnen al in bed gaan liggen, maar het licht blijft aan, zodat ik nog kan lezen. We kunnen uitslapen, maar ik krijg dan een dollar van je.*

's Nachts waren onze benen in elkaar verstrengeld. Het voelde niet alsof ik het been van iemand anders aanraakte. Het voelde ook niet als mijn eigen been aan. Het was geruststellend en warm. Ook al probeerde onze geest dat te ontkennen, we waren één lichaam.

Je stampt, zei Violet tegen me. Je hebt agressieve dromen.

Jouw armen trillen, zei ik, ook al was dat niet waar.

Toen de verhuizers, na Miss Hadley's dood, haar woning leegmaakten, werden onze folders gebruikt om het servies te beschermen. We werden samengepropt en in theekopjes gestopt. Onze advertenties lagen in haar dorre tuin verspreid. Her en der op het gras lagen geplette muskaatdruiven waar de vogels aan pikten. De windhonden waren vastgebonden aan de veranda. Ik zag de zon door de doorzichtige huid op hun hielen schijnen. Ik weet nog dat ik toen dacht: wat nu?

* * *

Toen Miss Hadley bezweek aan koorts werden we, met de andere inboedel van het huis mee, nagelaten aan haar neef Samson. Ik wil je niet vertellen wat voor een man hij was, hoe we een nog dikkere huid kregen. Ik wil je één ding wel zeggen. Zijn huis was donker, niet geschilderd, en het rook er naar pijp. Samson douchte niet en schoor zich niet. Hij liep niet met ons te pronken in het openbaar en vroeg geen geld om ons te horen spelen. Meer nog, we volgden geen muziekles meer.

Hij wou dat we binnen bleven. Hij had andere interesses.

Kom eens hier, lieverdjes, zei hij dan en klopte op zijn schoot.

Er heeft nooit iemand echt van jullie gehouden, zei hij.

Er waren maanden dat we het huis alleen verlieten om naar school en de kerk te gaan. We beseften dat onze situatie een reden was om neerslachtig en bang te zijn. Voor het eerst waren we diep ongelukkig.

We waren zestien. Op een avond hebben we onze mooiste kleren ingepakt, en haar saxofoon en mijn viool. We wachtten tot Samson stomdronken was, glipten weg door de achterdeur, en namen de bus naar New York. Zo snel en vloeiend hadden we nog nooit bewogen.

De tas is zwaar, zei Violet. En mijn voeten doen pijn in die pumps.

Het is elke blaar waard, zei ik. Geloof me.

Bij elke stap dacht ik aan zijn adem. Bij elke stap dacht ik aan zijn vingers. De pijn verdween.

We kwamen aan bij het station, zwetend op onze hoge hakken, met omgeslagen enkels en een lege maag.

Violet en ik zwoeren, op de achterbank van die bus naar New York, dat we het nooit meer over Samson zouden hebben. We zouden doen alsof de dingen die hij gedaan had nooit gebeurd waren. De kneuzingen op onze dijen zouden genezen en ons haar zou teruggroeien op de kale plekken. Intussen zouden we een hoed dragen. We zouden op eigen houtje muziek studeren. We zouden weer gaan optreden.

Omdat we de buschauffeur niet konden betalen zette hij ons af bij het politiebureau. We hadden het ijskoud. We hadden nooit een jas op maat laten maken.

Doe lippenstift op, zei ik tegen Violet.

Ik denk nog altijd graag terug aan die lippenstift uit de bazaar. Hij was zacht en vuurrood en als ik hem ophad voelde ik me mooi.

Neem me niet kwalijk, zei ik tegen een man die een sigaret zat te roken op het cementen trapje.

Hij keek vol ongeloof naar ons op. Hij droeg een driedelig pak en een pet in tweed. Hij had dikke lippen en het raakte me toen ik zag hoe hij zijn voortanden in zijn onderlip plantte.

Ik zag mijn adem in de lucht kringelen. New York klonk heel anders dan de achtertuin van Miss Hadley. De straat lag er nat bij, er waren overal stenen, het trottoir was afgezoomd met lampen. We waren verstijfd van angst. Ik voelde de bloeddruk van Violet stijgen.

Ik heb nog nooit zoiets moois en vreemds gezien, zei hij.

En zo zijn we in contact gekomen met Martin Lambert.

* * *

Morgen komt de impresario terug, zei ik tegen Violet.

Ik kan niet lezen als jij blijft ijsberen, zei ze, terwijl ze een oud exemplaar van *Reader's Digest* probeerde uit te krijgen en ik door de slaapkamer stormde.

Op ons bed in de caravan van de kruidenier lagen een versleten laken en een lichtroze sprei. Ik pulkte aan de uitgerafelde uiteinden als ik niet kon slapen.

Ga je nóg een koekje eten, vroeg ik.

Van de oude voorraad, zei Violet, met kruimels om haar mond. Iemand moet ze opeten. De kruidenier wou ze weggooien.

Onze kast was gevuld met gedeukte soepblikken en bonen die voorbij de houdbaarheidsdatum waren. Elke week mochten we van de kruidenier een tas met overtijdse voedingswaren meenemen.

Ik zag de lijntjes om de ogen van Violet. Ik nam aan dat ik die net zo goed had. Onze huid werd dunner, onze botten brozer.

Help me de koffer op het bed te leggen, zei ik.

Violet gebruikte één hand om me te helpen.

We hadden samen één bruine leren koffer vol op maat gemaakte kleren. Er zaten avondjurken bij, broeken, rokken en badpakken. De kleding die we al tientallen jaren hadden, vol mottengaten en tot op de draad versleten.

We moeten ze verstellen, zei ik. En we mogen niet aankomen.

Niemand kijkt naar ons, zei ze, met haar mond vol oudbakken havermoutkoekjes.

Die impresario kijkt naar ons, zei ik.

Het was niet de eerste keer dat Violet ons succes probeerde te saboteren. Ooit had ze haar haar blond geverfd. Toen probeerde ze dikker te worden. In de jaren veertig kon ik me niet omdraaien of ze at cupcakes met witte chocolade.

Je tanden worden bruin van al die kleurstoffen, waarschuwde ik haar.

We hadden al genoeg tegenvallers als het om ons uiterlijk ging. Violet had één oog dat naar beneden afliep, alsof het van haar gezicht kon glijden. Ik had een hekel aan dat oog. Ik had het gevoel dat we zonder dat oog meer hadden kunnen bereiken. Zoals Virginia Mayo of Eve Arden of iemand met een degelijke garderobe en een contract of twee.

Geef me de koekjes, zei ik. We kunnen er niet naakt bij lopen. We kunnen ons niet vertonen in ons kruideniersschort.

Violet hield de koekjesdoos vast met haar rechterarm. Ik kon haar ervan langs geven, onderuithalen of in een kringetje achter haar aan lopen. Ik was te moe voor dat spelletje. We hadden het als kind al vaak genoeg gespeeld.

Goed dan, zei ik. Eet die verdomde rotkoeken maar op.

We hadden elk onze talenten. Violet kon zich terugtrekken in haar denkbeeldige schelp. Ik kon dagenlang geen hap eten.

* * *

Martin Lambert was die eerste avond in New York van plan geweest ons naar het huis van zijn zus te brengen.

Ik kan jullie niet mee naar huis nemen, zei hij. We bedenken wel wat.

Hij hield een taxi aan.

Ik voel mijn voeten niet meer, fluisterde Violet.

Ik vroeg me af of we ooit zo laat waren opgebleven. De lichten van de Brooklyn Bridge dobberden op de East River. De mensen op straat droegen prachtige jassen. Sigarettenrokende soldaten paradeerden met hun liefje aan hun arm. In de restaurants werden na middernacht nog maaltijden opgediend.

Ik hoopte dat Violet hem niet zou zeggen dat het onze eerste taxirit was. Een verschaalde tabaksgeur steeg op uit de bekleding. Martin stak nog een sigaret op en wreef met zijn handpalmen over zijn broek. Hij keek ons de hele tijd vanuit zijn ooghoeken aan. Hij staarde zonder echt te staren. Ongeloof. Nieuwsgierigheid.

Ik wou dicht bij hem zijn. Ik wou zijn aftershave ruiken, het haar onder zijn pet aanraken.

Wij zingen, zei ik. We kunnen zwemmen en rolschaatsen, of saxofoon spelen, als je wilt.

Asjemenou, zei hij. Een showbizztweeling. Hardwerkende meiden.

Martin schudde zijn hoofd en beet op zijn lip. Eén ding wist ik intussen wel, iedereen zag iets anders in ons. Sommigen zagen griezels, anderen zagen liefde. Nog anderen zagen een buitenkans.

Violet was stil.

We willen in films meespelen, zei ik.

Hoe oud zijn jullie, vroeg hij.

Achttien, loog ik.

Ik trok de zoom van mijn jurk op tot boven mijn knieën.

Violet gaf me een por in mijn ribben.

Echt waar, zei ik.

Violet sloeg haar hand voor haar mond en giechelde.

Chauffeur, zei Martin. Stop bij McHale's. Het ziet ernaar uit dat we nog wat gaan drinken.

* * *

Onze hoeden waren gedateerd en pasten niet bij het seizoen, maar we waren het gewend op te vallen in een menigte.

Martin liep meteen naar een gedrongen man die bij de bar stond.

Ed, zei hij. Mag ik je voorstellen aan Daisy en Violet?

Ed knikte, maar zei niets. De twee mannen draaiden zich weg en praatten stilletjes boven hun bier.

Ik voelde honderden ogen op mijn rug branden.

Kijk naar de lichamen, niet naar de gezichten, zei ik tegen mezelf.

Miss Hadley had gezegd: je moet van die aandacht leren houden. Je hebt geen keuze.

Er is niemand in de wereld zoals jij, zei ik tegen mezelf.

We staan in de schijnwerpers, zei Violet.

Er is niemand in de wereld zoals jij.

We moeten een hotel zoeken, zei Violet. En morgen keren we terug naar het Zuiden. Als we vroeg genoeg vertrekken kunnen we Richmond halen. Of zelfs Atlanta. Een *fijne* plek.

Met welk geld, vroeg ik haar.

Een gin-tonic later trok ik Violet mee op het podium. De band was aan het opwarmen. Mensen konden naar ons kijken en ons aangapen of ze konden ons waarderen en bewonderen. Ik wist wel wat ik het liefste had.

* * *

De eerste nacht dat Martin en ik samen sliepen heeft Violet achttien keer het Onzevader opgezegd.

... geheiligd zij Uw naam. Uw rijk kome, Uw wil geschiede ...

Violet!

Op aarde als in de hemel.

Ga gewoon verder, zei ik.

Weet je het zeker, vroeg Martin.

Violet had haar hand op haar ogen gelegd, een halfslachtige poging om niet te kijken. Ze hield haar kleren aan, zelfs haar schoenen.

Ja, zei ik tegen hem.

De kamer was donker, maar Martin hield zijn ogen dicht. Hij heeft me nooit op mijn mond gekust. Toen niet, en later ook niet.

* * *

Overdag werkten Violet en ik aan de industriële mengmachine in een bakkerij. Na de middag maakten we stokbroden. 's Avonds zongen we in McHale's. Ik begon te drinken. Ed en Martin nipten van hun whisky aan een hoektafel en begeleidden ons terug naar onze flat in het prille ochtendlicht.

We tutten ons op voor onze optredens als filmsterren. In de douche stonden we beurtelings onder het water. Inzepen, draaien, spoelen, herhalen.

Vanavond gaan we voor een natuurlijke look, zei Violet. Ze zat bij het tweedehandsbureautje dat we omgevormd hadden tot onze kaptafel.

Ik dacht net aan een lichtekooi, zei ik. Rode lippen en ogen zoals Dietrich.

Het ziet er beter uit als we op mekaar afgestemd zijn, zei Violet.

Ik tekende een dikke zwarte lijn op mijn ooglid.

Ik zal het ook bij jou doen, zei ik, en draaide me naar haar.

Op sommige avonden voelde ik me een vrouw, met de warme toneellampen op mijn gezicht en de juiste lippenstift, als de klank van mijn stem de zaal vulde en Violet in harmonie meezong. Op andere avonden voelde ik me twee vrouwen. En soms voelde ik me een monster met twee hoofden. Dat riep een of andere dronkaard toen Violet en ik opkwamen. Ed stond op vanachter zijn tafel en haalde naar hem uit.

We waren het soort vrouwen dat vechtpartijen ontketende. We waren niet het soort vrouwen dat een schip mocht dopen.

* * *

Er gingen een jaar en een fles Johnnie Walker overheen voor Ed Violet zijn liefde kon verklaren.

Kun jij, euh, de krant lezen of wegkijken, vroeg hij me.

Ik sloeg de krant open bij het kruiswoordraadsel en beet op een potlood.

Ik heb zo zitten denken, zei Ed. Jij bent een lieve vrouw. Een goede vrouw.

Violet raakte zijn wang aan.

Kent iemand een woord van vier letters voor een groot meer, vroeg ik.

Ik zie je elke avond zingen en elke avond neem ik me voor dat ik je op een dag zal kussen, zei hij.

Violet sloeg haar handen om zijn nek.

Erie, zei ik. Het woord is Erie.

Een uur later waren ze op het bed gaan liggen. Ik keek naar de klok op de muur en zei een gedicht van Byron op in mijn hoofd.

Ed huilde na afloop en legde zijn gehavende gezicht op de borst van Violet.

Ik huilde ook.

* * *

Wanneer die impresario komt, zei ik tegen Violet, voer ik het woord.

We stonden ons af te sponzen voor de gootsteen in de keuken, spiernaakt. Tegenwoordig was het te moeilijk om in en uit de douche te stappen.

Ergens vlakbij zat een cicade te gonzen.

Moet je nog wat zeep hebben, vroeg Violet.

Het is mijn plan om ons hier weg te halen, zei ik. We bieden hem de rechten op ons levensverhaal. Met een paar duizend dollar redden we ons wel.

Ik doopte mijn washandje in het koude water en hield het tussen mijn borsten.

Violet raakte de huid tussen ons aan.

Het komt wel goed, zei ze. Je moet je geen zorgen maken.

* * *

Martin was nooit blijven slapen. Hij was getrouwd. Ik vroeg me af wat voor iemand zijn vrouw was, wat ze zou denken van de dingen die we deden.

Normale mensen doen niet wat jullie in bed doen, zei Violet.

Sinds wanneer zijn wij normaal, vroeg ik.

Doe je ogen dan dicht, zei ik.

En mijn oren, zei Violet blozend.

Martin is een echte man, zei ik tegen haar. Hij wist wat hij wou.

Hij was bruut, soms greep hij me vast in mijn nek of trok aan mijn haar. Na afloop praatte hij over de films waarin we zouden meespelen, hoe hij onze impresario zou worden.

The Philadelphia Story, zei hij, maar in plaats van Hepburn krijg je Daisy en Violet.

Dan waste hij zijn handen, spoelde zijn mond, maakte zijn haar nat en vertrok.

Op een keer was ik niet ongesteld geworden.

Godverdomme nog aan toe was het enige wat Martin toen zei.

’s Nachts in bed vroeg ik me af wat ik zou doen met een baby. Wat Violet en ik zouden doen. Ik overtuigde mezelf ervan dat we dat zouden aankunnen. We hadden genoeg handen.

Ed bleef in die tijd wel slapen. Ik keek hoe Violet zijn haar streelde en de vorm van zijn vreemde oren volgde met haar vingertop. Ze sliep vast op zijn borst.

Op een avond sleurde Martin ons mee naar een lege flat in de buurt van McHale’s.

Blijf hier, zei hij, en ging weer naar buiten.

Er kwam een man binnen. Mijn lichaam doet nog pijn als ik eraan denk. Hij opende een tas met medische instrumenten en spreidde een mat uit op de grond.

Ga liggen, zei hij. Trek je benen zo op.

Ik wou het juiste doen voor Violet, en Martin tevreden houden.

Ik bloedde. Violet viel flauw. Ik voelde me niet langer menselijk. Ik voelde me alsof ik uit mijn eigen lichaam kon kruipen.

We zijn klaar, zei de man. Je zult dat probleem nooit meer hebben.

We hebben toen nog weken in bed gelegen.

* * *

Martin verdween.

Hij bewandelt weer het rechte pad, zei Ed. Je operatie heeft hem twee maandlonen gekost. Hij zit nu ergens in Cleveland.

Ed bracht ons soep en oud brood uit de bakkerij terwijl ik nog herstelde.

Hij bleef aan zijn hoektafel drinken op de avonden dat Violet en ik zongen. Hij was zenuwachtig en beschermend.

Op een avond, nadat we 'Tennessee Waltz' hadden gespeeld, wenkte de barman me.

Er is nog verjaardagstaart over, Daisy, meisje, zei hij, en goot een gin-tonic voor me uit.

Ik at een halve taart op tussen twee nummers door.

Daisy, zei Violet. Dat is walgelijk.

Ik schoof mijn lege glas naar voren zodat hij het kon bijvullen.

De grote Houdini heeft gezegd dat we ons in een denkbeeldige schelp moeten terugtrekken als we mekaar beu worden, zei ik tegen de barman, en rolde met mijn ogen naar Violet.

We hebben Houdini nooit ontmoet, zei Violet.

Voor ik het wist, stond Violet mijn vinger uit mijn mond te wringen in de toiletten.

Hou op, zei ze.

Je drinkt te veel en je eet nooit, zei ze. Wat heb je gisteren gegeten? Een halve boterham met pindakaas? Een appel?

We lieten ons tegen de muur van het wc-hokje zakken. Ik zie het patroon van de tegels nog voor me. Muntkleurige rechthoeken met zwarte vierkantjes. Roomijs, dacht ik. Tegels die op een ijsje leken.

En al die leugens, Daisy, zei ze. De leugens.

Ik keek hoe enkels en schoenen voorbij ons hokje liepen. Sommige vrouwen hadden prachtige enkels. Sommige vrouwen liepen op twee voeten in plaats van vier.

Er zat nog glazuur op mijn vingers.

Ik moet hier een tijdje blijven zitten, zei ik.

Violet stak haar hand onder de deur van het hokje uit en vroeg een glas water aan een stel enkels.

Ik had nooit gedacht dat ze zo veel lef zou hebben.

Twee weken later verraste ze ons allemaal toen ze haar slipje in de tijdcapsule van de kerk deponeerde.

* * *

Heb ik je ooit verteld over onze grote doorbraak, vroeg ik aan de impresario.

Ik haalde een portretfoto tevoorschijn die Violet en ik gesigneerd hadden.

Violet en ik waren dan misschien wel blut en vreemd, maar we waren niet ordinair.

Waarom loop met je dat oude ding rond, vroeg Violet. We zijn geen zeven jaar meer.

Ze at zoute crackers uit een gedeukte tinnen doos.

Nu kan ik niet fluiten, zei ze lachend.

Ik kneep in haar achterste.

De impresario is hier, fluisterde ik.

Ik had ooit eens gezien dat Violet met haar hand mijn helft op een foto afdekte, om te kijken hoe ze er alleen zou uitzien. Dat vroegen we ons allebei af.

* * *

Ik zal je vertellen hoe we in Carolina beland zijn. Ik was aan het onderhandelen met een man die zei dat hij ons kon gebruiken voor pr-werk.

Het zit zo, had hij gezegd. Je komt naar de bioscoop en verzorgt de inleiding voor mijn film.

We moeten het erop wagen, had ik tegen Violet gezegd.

Maar dat is niet waar, had ze gezegd. We zijn oud. We zijn met pensioen.

We kunnen niet leven van wat we hebben, had ik gezegd. Niet voor lang, en ik ben van plan nog lang te leven.

We schoten hem het geld voor onze reiskosten voor. Hij beloofde ons een stevige winst. Maar hij kwam nooit opdagen in het busstation. We hadden geen geld, geen auto, enkel onze koffer.

Ik ben het beu mensen te vertrouwen, had Violet gezegd.

We hebben die avond zitten huilen tegen de bakstenen muur van het station. Een dominee had ons in huis genomen, hotdogs voor ons gemaakt en gezegd dat hij een plaatselijke kruidenierszaak kende waar ze nog een extra paar handen konden gebruiken.

Die hebben we, zei ik.

* * *

Op een nacht schudde Violet me wakker. Ed zat in de badkamer en de deur was dicht.

Opstaan, zei ze, en ze knipte het nachtlampje aan. Opstaan.

Je oog, zei ik.

Violet had de rode afdruk van een hand op haar gezicht.

We stommelden naar de donkere keuken.

Hij is dronken, zei ze.

Maakt niet uit, zei ik.

Ik nam de zilverkleurige pan waarin we pasta kookten in één hand en greep met de andere een schilmesje.

Ed kwam huilend de keuken binnen.

Eruit, zei ik.

Ik beschermde Violet met mijn lichaam en duwde haar tegen de gootsteen aan.

Ik deed het licht in de keuken aan. We deinsden allemaal terug.

Ga weg, zei ik.

Je bent gek, zei hij, en zakte op zijn knieën. Violet?

Hij had nog iets anders gezegd. Wat had hij ook weer gezegd?

Ik zwaaide de kookpot tegen zijn scheve neus aan.

* * *

Ik kan me niet meer voorstellen hoe de impresario eruitziet, zei ik tegen Violet.

Violet zat de grappen in *Reader's Digest* te lezen en at onverkoopbare yoghurt.

Er was die ene in Texas, zei ik. En dan die ene in de stad, die met een Buick reed.

We zijn nu in Carolina, zei ze. Ga maar even wat rusten.

Als de impresario terugkomt moeten we een nummer zingen, zei ik.

Er is hier geen impresario geweest, zei Violet. Je hebt koorts.

De man met de blauwe blazer, zei ik. Met gouden knopen.

Hebben we ziekteverzekering, vroeg ze, en ze legde de koude rug van haar hand op mijn voorhoofd.

Als de impresario terugkomt, zei ik, zingen we 'April in Paris'.

Ik haal even een fris washandje voor je, zei ze, en ze tilde me zachtjes op van de bank.

Laat het water stromen tot het helder is, zei ik. Morgen ...

Vertrouw nu maar op God, zei ze. En rust wat.

* * *

Toen we nog jong waren geloofden mensen in de goede bedoelingen van God. We zagen er zo uit omdat Hij ons zo gemaakt had.

Ik herinnerde me weer wat Ed gezegd had, die nacht toen ik zijn gezicht vermorzelde. Zijn gehavende boksergezicht.

Jullie zijn niet naar Zijn evenbeeld geschapen, had hij gezegd. Dat kan niet.

En dan nu, dames en heren, de schildpaddenrace.

Mijn ogen traanden. Ik had het gevoel dat ik niet meer rechtop kon blijven staan.

Ik wil gewoon zien hoe het stapt.

Het spijt me, zei ik tegen Violet, voor ik haar naar de grond trok.

Als u ons interessant vond, wees dan zo vriendelijk uw vrienden ook naar ons toe te sturen.

Er was iets mis met het lichaam, met onze naad. Waren we één persoon of twee?

Ik raakte de huid tussen ons aan.

Binnenkort, zei ik, zul je hier alleen naar buiten lopen.

Stil maar, zei Violet. Stil maar.

Dan koop je een nieuwe jurk, zei ik. En eet je zo veel van die rotkoekjes als je wilt.

Vertaling Eva Feremans

Megan Mayhew Bergman viel in 2013 op met haar verhalenbundel Birds of a Lesser Paradise. In 2015 verscheen Almost Famous Women, een bundel biografische verhalen over vrouwen uit de wereld van kunst en variété die door de geschiedenis niet altijd met evenveel egards werden behandeld.

Adriana Lestido

Een verhaal over moeilijke liefdes

17

WOORD JOHAN SWIKNNEN BEELD ADRIANA LESTIDO

Niets minder dan het menselijk bewustzijn en de menselijke ervaring vormen het werkdomein van de Argentijnse fotografe Adriana Lestido. Haar foto's tonen ons haar land van binnenuit. De mensen staan centraal. Daardoor krijgt haar thematiek een zekere kleinschaligheid die lekker contrasteert met de grootsheid van haar beeldtaal.

Met wat geluk heb je eens per jaar dat heerlijk moment van *joie de vivre* als je op een fotoreeks stuit die je blik doet verstijven en je volkomen ondersteboven brengt. Als je opnieuw en indringend het oorspronkelijk geloof in de kunde, het ambacht en de kracht van het medium fotografie ervaart. Al dikwijls is gezegd en geschreven dat fotografie een bastaardkunst is op de drempel van de grote kunst. Dat is ook de reden dat het een wild medium is, een sinds haar uitvinding in 1839 niet te temmen en niet te classificeren cultuurproduct. Door de ingewikkelde relatie met de werkelijkheid is fotografie inderdaad een hybride product, gebaseerd op culturen waar wetenschap, kunst en humanisme elkaar vinden.

Mededogen

Hemel, wat een ontdekking was het werk van de Argentijnse fotografe Adriana Lestido wel niet! De kans bovendien om een persoonlijke correspondentie in het Spaans met haar te voeren over *'La necesidad de la imagen'* gaf energie. Haar foto's zijn totaal anders dan al die andere die in de mediagestuurde beeldentsunami op ons afkomen. Ik leerde Adriana Lestido kennen als een klassefotografe met visie én historisch inzicht. Ze schreef me dat de camera voor haar een vehikel is om het mysterie van de menselijke relaties te begrijpen en te doorgronden: *"Door te focussen op de krachtige basisemoties die zwart-witfotografie me biedt kan ik mijn soms controversiële thema's als tienermoeders, vrouwelijke gevangenen, moeder-dochterrelaties, moeilijke liefdes, maar ook abstracte en mistige landschappen universeel betekenisvol laten worden."*

Lestido combineert persoonlijke zingeving en brede humanisering in een al meer dan dertig jaar beslaand fotografisch oeuvre dat met liefde en passie is opgebouwd, beeld voor beeld. Zo gaat ze erudiet om met de visuele herinneringen die ze vastlegt met haar camera en licht ze daarmee het verleden bij door ons er getuige van te maken. Lestido vroeg me in een brief om de elementaire betekenis van haar werk zorgvuldig te beschrijven, met als leidraad de begrippen *"... eenzaamheid, gebrek, hulpeloosheid, verhalen over liefde en haat ..."*. Ik werd er stil van, en bekeek haar foto's vanuit deze visie en besefte meer dan ooit dat fotografie een mystieke vorm is van hyperrealiteit.

Adriana Lestido is geboren in 1955 in Buenos Aires en woont afwisselend in de hoofdstad en in Mar de las Pampas. Ze studeerde fotografie in Avellaneda, en van 1980 tot 1995 werkte ze als fotojournalist voor de kranten en persagentschappen. Sindsdien is ze autonoom fotograaf. Ze heeft vele prijzen en onderscheidingen verworven, waaronder prestigieuze erkenningen van de Hasselblad en de Guggenheim Foundation. Verder gaf ze fotocursussen, onder meer in vrouwengevangenissen, en is ze auteur van verscheidene essays en boeken, en stelt ze wereldwijd tentoon.

Kijken naar foto's van Lestido is een oefening in omgaan met 'de blik'. De blik-opener om haar werk te begrijpen zou kunnen vertrekken vanuit de vaststelling dat het wezen van de fotografie sterk veranderd is sinds het mogelijk is deze, via krant of internet, wereldwijd te verspreiden. Hoe ga je om met haar confronterende foto's? – want juist Lestido's harde thema's zijn inspirerend. De vraag waar het om draait is niet zozeer of haar fotografie ons een nieuwe,

vreemde wereld toont die we misschien liever niet zien, maar of zij soms niet het karakter van de essayistische fotografie in haar geheel belichaamt. Haar foto's bevatten immers veel lagen en bieden ruimte voor rijke interpretatie.

Fotografische paradox

Haar foto's verzachten onze kijk op de zwakkeren, op hun doen en laten, op hun schrijnende positie. Zij zet ons aan tot observeren, tot nadenken en bepraten, en dat door een rondgang door haar favoriete invalshoeken van de subjectieve fotografie. Fotografie vervult op dit ogenblik diverse functies in de gephotoshopte samenleving, bijvoorbeeld als politiek, esthetisch, economisch, educatief, journalistiek en creatief medium. Fotografie wordt ook gebruikt als sociologisch document, of in de wetenschappen, in de reclame, publiciteit en propaganda. Lestido is een koorddanser tussen afbeelden en verbeelden. Ze toont ons bestaande, verdwijnende en nieuwe maatschappelijke realiteiten (maar ook landschappen) die een visuele inventaris bieden om U tegen te zeggen. Knappe, geïnspireerde fotowerken zijn het, die een boeiend beeld geven van haar werkgebied, waarin documentaire, persoonlijke en kritische visies zichtbaar worden. Het gaat bij haar om een persoonlijke missie met als doelstelling enerzijds het vastleggen en archiveren van situaties die verdwijnen of veranderen, anderzijds het sensibiliseren van de kijkers wereldwijd voor bepaalde, al dan niet problematische aspecten van een maatschappelijke werkelijkheid. *"Geëngageerd werken staat centraal in de diverse probleemgebieden"*, schreef ze me.

Haar oeuvre is een origineel en authentiek project geworden waarin bovendien geen fotografische mogelijkheid onbenut is gelaten. Op die manier is een beeldarchief ontstaan dat functioneert als collectief visueel geheugen: een onvervangbare voedingsbodem voor de vorming van een ruimer historisch en maatschappelijk bewustzijn. Haar foto's binden ons omdat ze ons confronteren, en dat doet Lestido door verschillende manieren van kijken naar soms dezelfde dingen (huisvesting bijvoorbeeld) naast elkaar te zetten, gespreid in de tijd.

Voor haar hedendaagse fotografie is in haar land Argentinië genoeg materiaal voorhanden. Onderwerpen als aids, armoede, huisvesting, karakterportretten, landschappen, reportage et cetera lenen zich uitstekend voor een visueel onderzoek dat steeds onafhankelijk staat ten opzichte van de opvatting dat de foto een boodschap zou moeten hebben of een sterk documentaire rol zou moeten spelen. Ik ben ervan overtuigd dat de creatieve kracht van haar kwalitatief hoogstaande foto's kan inspireren tot een werkelijk kritisch kijken naar deze 'andere', niet-westerse, realiteit. En dat is toch wel mooi meegenomen. Argentinië is voor velen van ons terra incognita, en deze foto's tonen ons het land van binnenuit. Doordat de mensen centraal staan krijgt haar thematiek een zekere kleinschaligheid die plezierig contrasteert met de grootsheid van haar beeldtaal.

Van binnenuit

Lestido trad in de kringloop van het dagelijkse leven; ze benadert de thematiek van binnenuit. Alhoewel de foto's uitgezocht zijn op hun onderwerp laten ze natuurlijk meer zien dan dat onderwerp alleen. Maar wij als kijker kiezen niet voor het een of het ander. We constateren alleen dat de creativiteit in haar foto's zich vaak afspeelt in en rond de diepste eenzaamheid van de vervreemde mens. *"Daarom komen we weer terug in de kern van de familie en de woonst, hoe verschillend ook overal in de wereld"*, schreef ze me. Daar ontstaat enige verwarring. Waar bevinden we ons? Buiten, in Argentinië? Of binnen? Op het plein of in het ziekenhuis, in de gevangenis? Of onder de sterrenhemel turend? Het hangt ervan af waar je staat. De spraakverwarring is al zo groot. Het is een perfect spel dat vanuit haar spelregels een eigenzinnige werkelijkheid ensceneert die alleen nog naar zichzelf verwijst. Het woord is beeld geworden, de werkgebieden van haar heiligen. In haar formidabele fotografie transformeert de beeldkunst tot een gesofistikeerde aardse massage die de kijker als een soort coup de foudre in staat stelt Argentinië te omarmen. De foto als stimulans voor onze herinnering aan hoe we universeel leven, wonen, werken en beminnen.

De Franse filosoof Roland Barthes leerde ons het begrip 'ça a été' (het is geweest) als kern van het medium fotografie. Wat is geweest, of wordt gezien, na meer dan dertig jaar fotograferen van moeders en dochters, gevangengenomen vrouwen, kinderen in ziekenhuizen en moeilijke liefdes, kan ik beter laten verwoorden door misschien wel de grootste levende denker over fotografie, John Berger. Hij schreef treffend over Lestido's gevoel voor schoonheid, hoop en diepte. Ook merkte hij op hoe mysterieus de fotografe aanwezig is, maar tegelijkertijd onbestaand: *"Wat we zien gebeuren in je foto's is een realiteit, maar het wordt getoond alsof je er niet bij was. Niemand van je geportretteerden geeft de indruk van te worden gefotografeerd. En toch, op hetzelfde tijdstip, was jij er. Elk beeld is gekozen en verzameld met zoveel liefde en mededogen. Je bent absoluut daar met wat en wie je bent op de plek van de foto-opname, en toch ben je absoluut niet daar! Je werk is tijdloos. De foto's profetieën van wat er al gebeurd is. En je fotolens is een merkwaardig soort van telepathie."* Zoveel is duidelijk: het menselijk bewustzijn en de menselijke ervaring vormen het werkdomein van Lestido.

Genesis

Fotografie en kritisch engagement gaan niet per se makkelijk samen. Lestido ziet het nochtans als een grootse uitdaging. Haar engagement gaat over de grenzen en de problematische kanten van maakbaarheid, in collectieve én individuele zin. Het heeft te maken met de zoektocht naar het recht op alledaags en hedendaags geluk, zonder dat daarbij het lot van het collectief wordt geofferd aan het eisenpakket van het individu.

Op dit ogenblik is ze een fotoproject rond Antarctica aan het afwerken; ze verbleef er in 2012 anderhalve maand. Over wat het afgelegen continent voor haar betekende schreef ze me dit: *"iets definitiefs maar ook een bron; het begin en het einde, plaats van dood maar ook een plek om herboren te worden."* Ik besluit ermee dat haar foto's zéér bijdragen aan een humane samenleving en een zinvol bestaan voor ieder mens. Ze openen ons de ogen voor de donkere mystieke medeburgers in het verre Argentinië – en dit met veel mededogen. ■

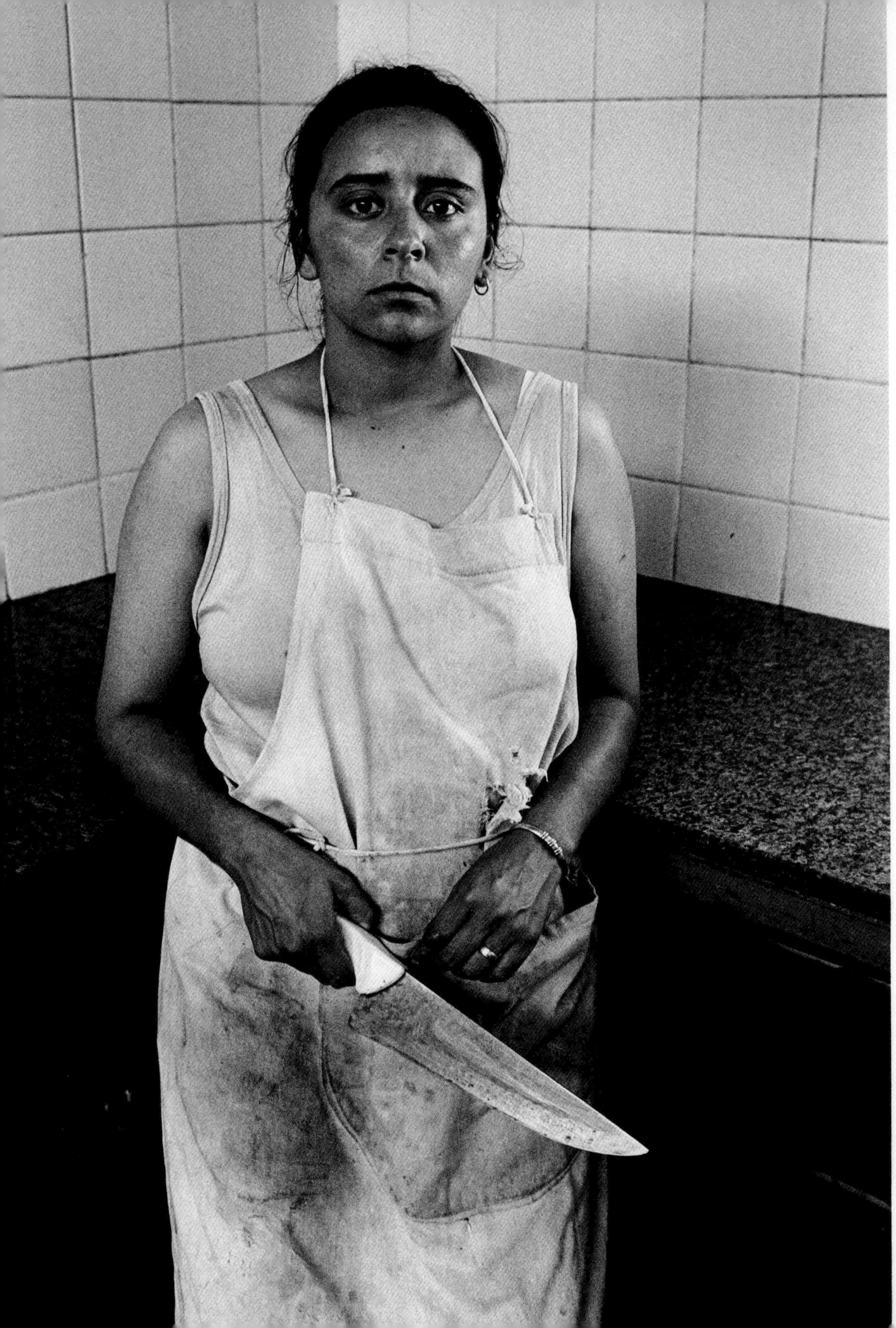

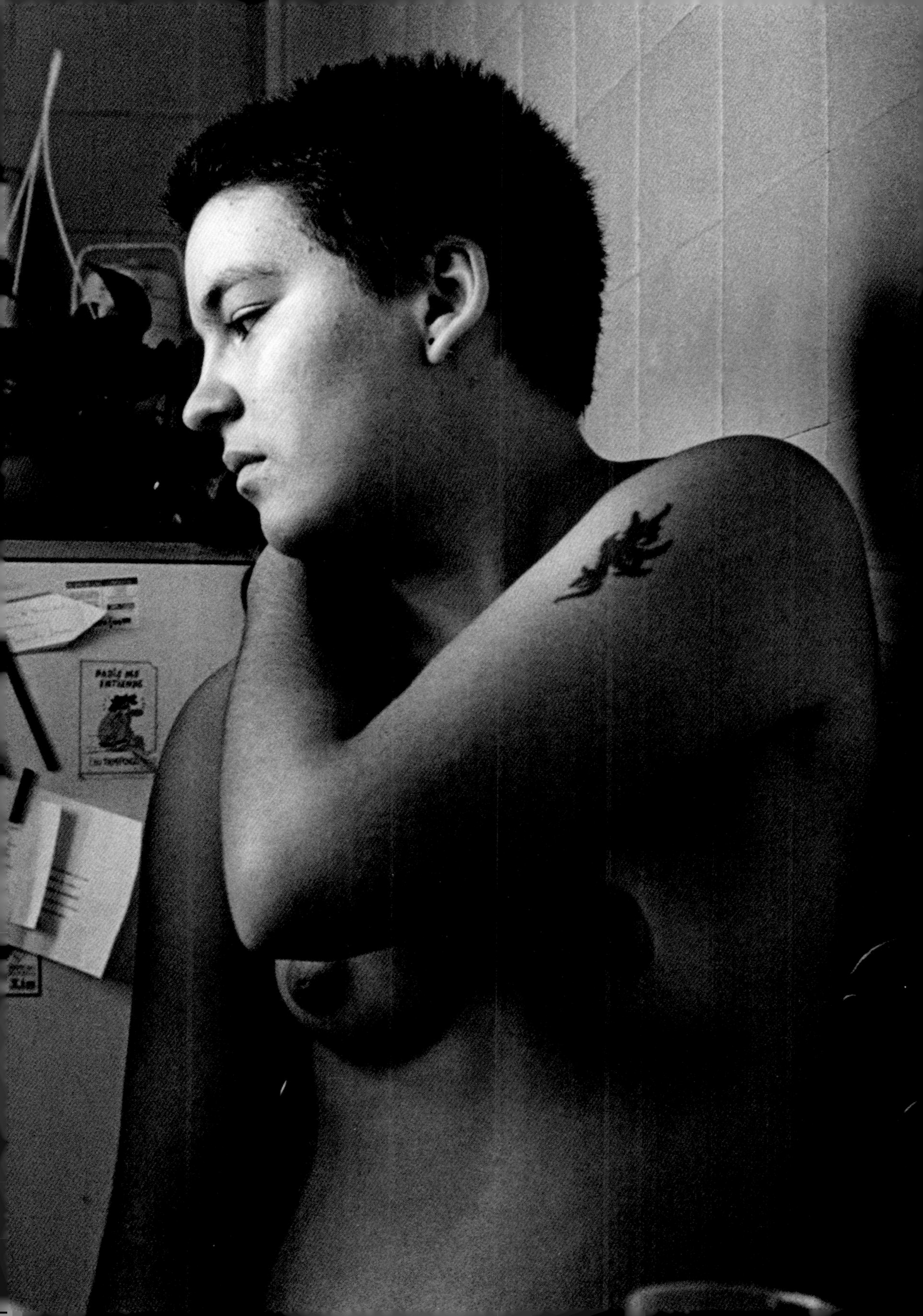

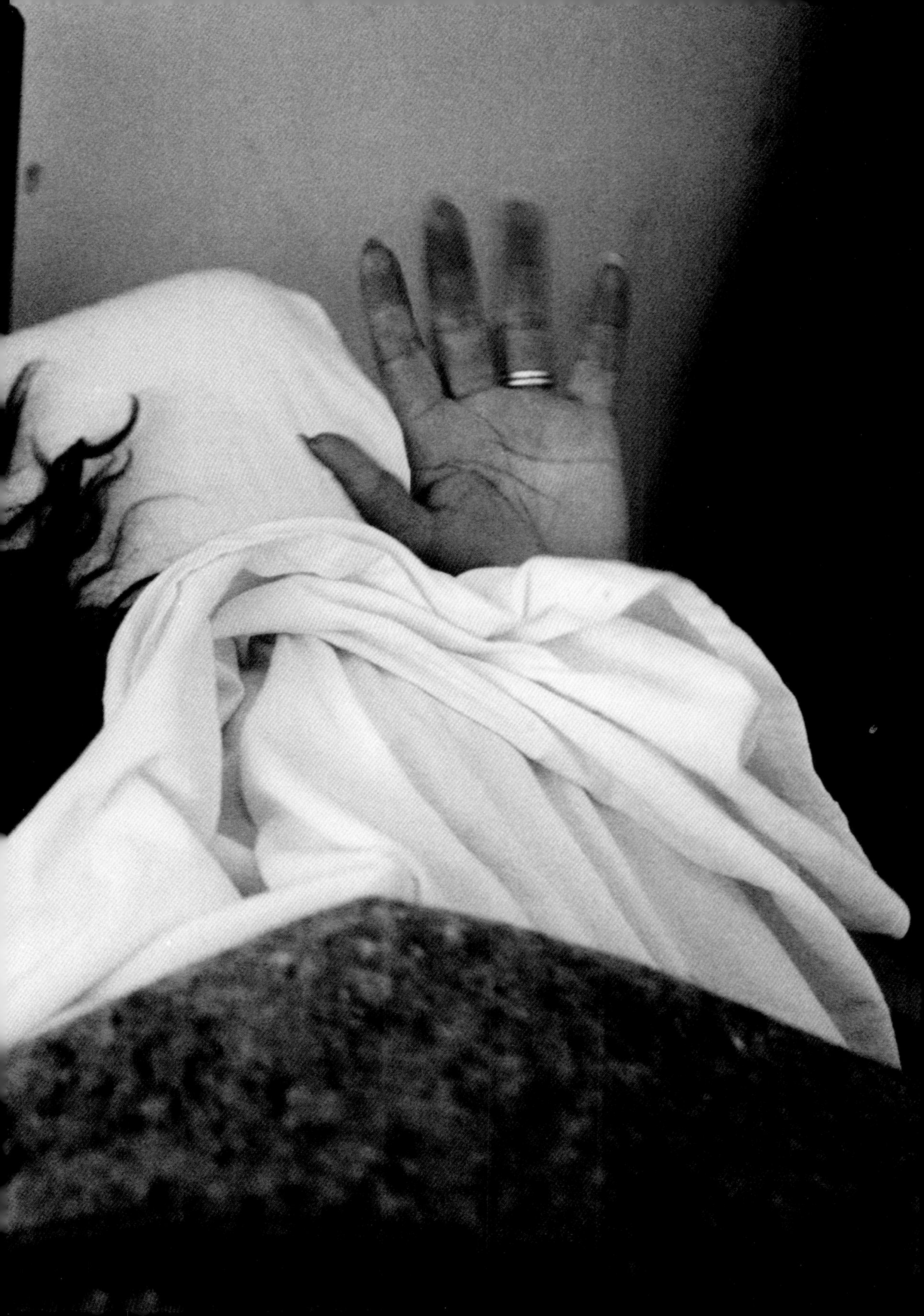

SPORTARENA
KAUFHOF
HEADSHOP

ALEXANDERPLATZ

Ausgang →
CHEMO

WOORD SUZANNE GOUDA BEELD GÖRAN GNAUDSCHUN

Een bijzonder plein is het, met z'n televisiemast met de bol, de wereldklok, de typische Oostblokhoogbouw. Alleen die tot op de draad vervuilde zuipende punkers hoefden er niet rond te hangen, met hun herdershonden. Menig toerist zal dit bij het oversteken van 'Alex' – een van Berlijns topattracties – heimelijk denken. Zo niet fotograaf Göran Gnaudschun: in plaats van afgemeten voor zich uit te kijken en door te lopen zocht hij juist het contact. Het leverde verstilde, persoonlijke, universele portretten op.

Van de ene dag op de andere ging het niet. Om hun vertrouwen te winnen en ze, uiteindelijk, van binnenuit te kunnen fotograferen toog Gnaudschun van 2010 tot 2014 elke dinsdag naar de punkers. Hij kwam altijd vroeg in de middag, en meestal bleef hij tot diep in de nacht, soms tot het licht werd. Hij praatte met hen, dronk met hen, zweeg met hen. Wat hielp was zijn krakersverleden in Potsdam en dat hij gitarist geweest was in 44 Leningrad, een nog altijd actieve punk- en folkband. Gnaudschun raakte zo onder de indruk van de verhalen uit de scene dat hij besloot zijn foto's te combineren met interviews en het geheel te bundelen in een fotoboek, 'Alexanderplatz'. Toch een enigszins misleidende titel, want het gaat Gnaudschun veel minder om het plein dan om de mensen.

Bezoekuur

Hoe anders was het aanvankelijk bedoeld. Göran Gnaudschun (1971) zou een paar foto's maken voor een weekblad en dan weer weg, op naar de volgende klus. Toen hij de portretten nader bekeek en zag hoe adembenemend waardig punkmeisje Mel op de foto stond wist hij dat hij terug moest: hier lag een formidabele reeks in het verschiet. Mel, Nicky, Tiger en al die anderen wilde hij veel beter leren kennen, en daartoe moest hij, zo realiseerde hij zich, zien op te gaan in hun groep, hun leefstijl. Los van de vraag hoe dat aan te pakken had hij zich ook te verhouden tot zijn persoonlijke situatie: een gezin met drie kinderen, een docentschap, diverse opdrachtgevers. Uiteindelijk besloot hij om een tijdlang elke week op een vast moment te gaan, en dan maar te zien. En elke dinsdag was hij er, met tijd en aandacht, met bier soms, met grillworst. Eén onherroepelijke grens had hij zichzelf bij deze onderneming gesteld: nooit zou hij daar blijven overnachten. Hoe vurig de gesprekken ook waren, hoeveel er ook gedronken werd, óók door hemzelf, altijd keerde hij met de S-Bahn of de nachtbus of desnoods met een taxi terug naar zijn woning nabij Potsdam.

Perfekta II

Als kleine jongen al wilde Gnaudschun mensen fotograferen. Met zijn eerste camera, een bakelieten Perfekta II, mocht hij in de zomervakanties twaalf foto's maken, één rolletje vol. De bergen en de stranden interesseerden hem niet; hij richtte zijn lens zonder uitzondering op de medemens. Ontwikkelen en afdrukken deed hij thuis, in hun eigen badkamer. Gnaudschun weet zich nog goed te herinneren hoe bevattelijk hij was voor de magie van het tevoorschijn komende beeld in het rode licht:

KERS
pfanner

“Dat moment, daar was ik verlíéfd op. En het fascineert me nog altijd.” In de jaren tussen zijn prille en zijn huidige fotocarrière heeft Gnaudschun wat “afslagen richting persoonlijke vrijheid” genomen, mede gekatalyseerd door de Wende. Hij ging gitaarspelen bij 44 Leningrad, trok in een kraakpand in Potsdam, en diploma’s bleven uit het zicht. Wat er van hem moest worden qua levensonderhoud was het laatste wat hem interesseerde. Toch bleef de fotografie trekken, en hij schreef zich, na voortijdig beëindigde bouwkundestudies in Potsdam en Berlijn, in aan de Leipziger Hochschule für Grafik und Buchkunst. Daar kreeg hij les van de vermaarde fotograaf Timm Rautert. Gnaudschun was hier helemaal op zijn plaats, en hij werd zelfs ‘Meisterschüler’, een typisch Duitse titel die slechts de beste (kunst)studenten te beurt valt. Met name zijn portretteercapaciteiten vielen op, en nog voor het voltooien van zijn studie kunstfotografie had hij zijn eerste fotoboek ‘Longe – 44 Leningrad’ op zijn naam. Gnaudschun verlengde zijn studie bij Rautert met nog twee jaar, en vanaf die tijd sleepte hij het ene stipendium na de andere prijs in de wacht.

Punklevens

Van degenen die Gnaudschun voor ‘Alexanderplatz’ portretteerde is een aantal er echt altijd, anderen af en toe – niet iedereen is dakloos. Ze zoeken hoe dan ook toevlucht. Als ze thuis persona non grata zijn, als de jeugdzorg ze opgegeven heeft, als niemand zich nog om hen bekommert, zijn er de lotgenoten nog, daar midden in Berlijn. Wat opvalt is de lage gemiddelde leeftijd. Sommigen zijn niet ouder dan dertien, veertien; slechts zelden vind je er iemand ouder dan dertig. Jong, ouder, dakloos of niet, ze hebben gemeen dat hun levens ferme krassen en deuken hebben opgelopen, vaak al op piepjonge leeftijd. Vrijwel altijd is er alcoholmisbruik in het spel, hetzij door henzelf, hetzij door ouders. Ook mishandeling, seksueel misbruik en drugs behoren tot de vaste ellendeveroorzakers. De relazen zijn schrijnend: dan weer vertelt een jonge man dat ie door z’n ontslag zoveel ging drinken dat huwelijk en gezin eraan kapot gingen; dan weer vertelt een vijftienjarig meisje dat haar vader haar jarenlang misbruikte, haar moeder niks deed en de hulpverlening uitliep op een sof; en dan weer horen we van een wat oudere vrouw hoe ze begon met af en toe drugs, steeds meer nodig had en zich van lieverlee ging prostitueren om aan geld te komen. Contact met politie en justitie is maar al te vertrouwd; menigeen heeft er een verblijf in de ‘Knast’ op zitten. Overigens zijn er ook pleinbewoners die alle hulp categorisch weigeren en alleen maar onafhankelijk willen zijn, al dan niet uit politieke of idealistische motieven.

Het begon met de trots in de camera blikkende Mel, en daarna volgden alle anderen. Mooie, veelzeggende beelden, maar toch besloot Gnaudschun hun verhalen ook in woorden te vertellen. Eerder zou hij dat nooit gedaan hebben: als jonge, aanstormende fotograaf had hij de verheven maar ook nogal rigide opvatting dat het fotografische beeld in zichzelf af en voltooid was, dat geen verklaring, zelfs geen titel meer nodig was. Al lang is hij daarvan teruggekomen, en dat is maar goed ook, want de interviews in zijn boek geven de zaak gewicht. Meer dan uit de beelden nog spreekt uit de gespreksnotities de vertwijfeling, de ellende, de trauma’s. De vrolijkheid ook, op de dagen dat men met bier en Bratwurst naar de Spree-oevers trekt. Royaal deelde Göran Gnaudschun afdrukjes van portretten uit aan zijn bokkige en eigengereide maar ook vrolijke en innemende punkers. Hij was vanaf het eerste ogenblik duidelijk geweest: praktisch kon hij niks voor ze doen, een sociaal werker was hij niet. Goed luisteren kon hij wel, en graag dacht hij met ze mee. Een oordelend vingertje hief hij nooit; ze merkten aan de man met de grijze sweater en zijn camera dat hij zich geen haar beter voelde dan hen en dat waardeerden ze. Toen hij de beelden in 2014 tentoonstelde in het Berlijnse moderne-kunstmuseum Haus am Lützowplatz waren enkele van de fotoprotagonisten er ook. Een van hen stapte op de foto’s af en plaatste op zijn beeld doodleuk een *tag*. “Hé, wat doe je, dat is mijn beeld!” riep een verontwaardigde Gnaudschun de tagger toe. “Nee, mijn beeld,” riposteerde deze, en daar bleef het maar bij. De vriendschap kon wel wat hebben. ■

WE BREAK ALL the RULES

A Wooden Donkey

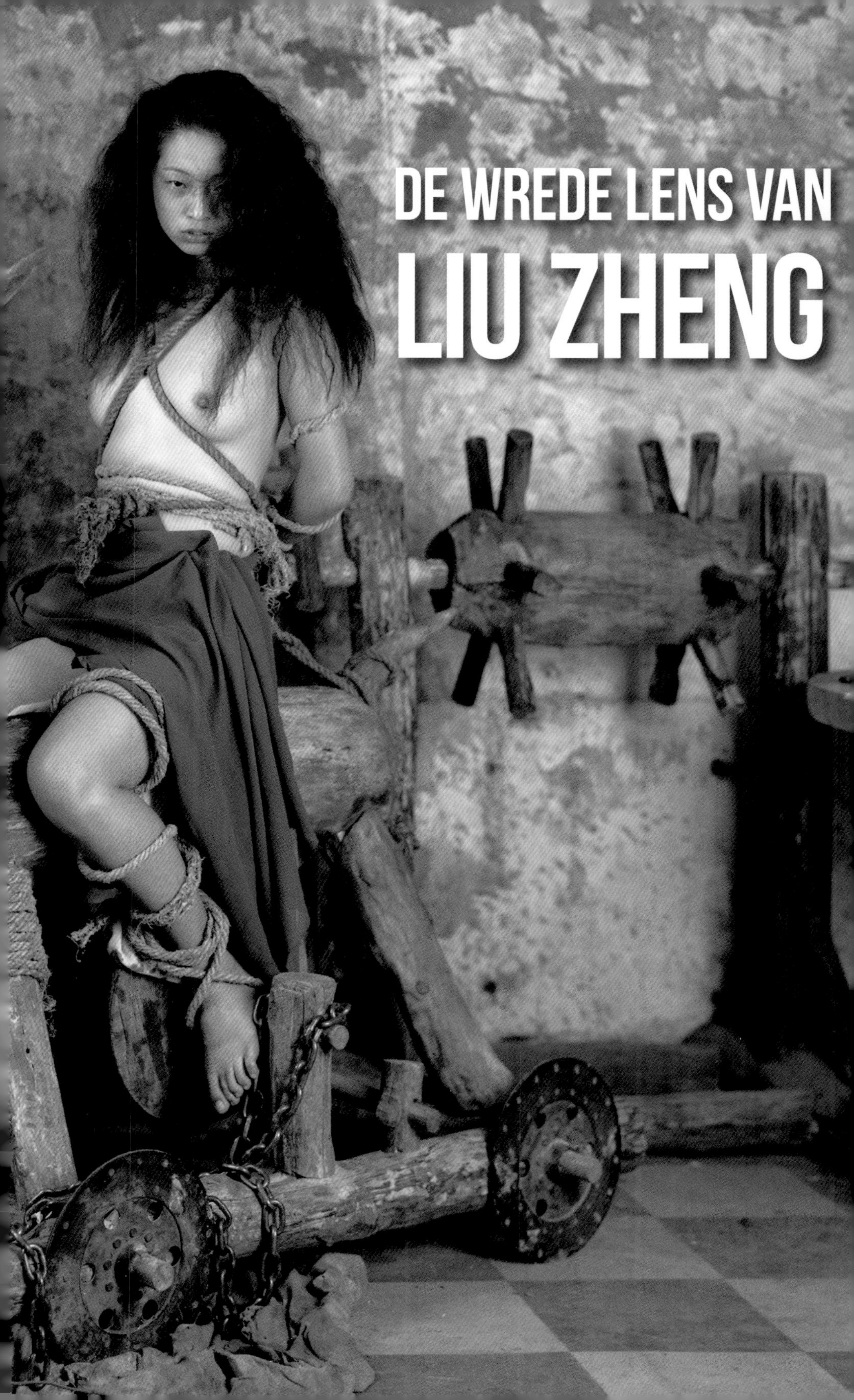
DE WREDE LENS VAN
LIU ZHENG

A Girl with Beijing Opera Headwear

WOORD DIRK LEYMAN BEELD LIU ZHENG

De Chinese fotograaf Liu Zheng zet zijn landgenoten in hun blootje en tast zo de grenzen van de censuur af. In zijn serie 'Dream Shock' voeren seks en dood de boventoon. Een visuele guerrilla met het naakte lichaam, laverend tussen wreedheid en mededogen.

Zijn dit beelden van de Japanse schandaalfotograaf Nobuyoshi Araki of van de Amerikaanse mensenverzamelaarster Diane Arbus? De confronterende portretten van Liu Zheng (1969) zaaien onrust en twijfel. Zheng legt een diepgaande én compromisloze fascinatie aan de dag voor het Chinese lichaam. Hij dwingt het in diverse poses, kneedt het, zet het naar zijn hand en perst het in een keurslijf. Om het daarna weer zijn vrijheid te schenken. Het zijn poses en houdingen die zowel aantrekken als ontregelen, al komen ze soms ook spontaan tot stand. In zijn serie 'Dream Shock' (2008) drijft hij zijn lijfsverhalen op de spits. Er schuilt wreedheid in Zhengs lens; zijn blik is nietsontziend. Maar in de zwart-witbeelden, waar je je ogen maar moeilijk van af kunt houden, sluipt ook tederheid en elegantie. Daarbij is Zheng niet vies van een boodschap. Volgens fotocriticus Mario deSantis maakt Zheng met zijn oeuvre een vuist tegen geweld en oorlog én tegen de onderwerping en objectificatie van vrouwen. Hij is een waarheidszoeker, wars van politieke propaganda. Maar voor Zheng zelf is fotografie vooral "a temporary relief", een manier om zijn angsten te bezweren: "Het is mijn methode om dagelijks rust te vinden en de wereld aan te kunnen. Maar na het nemen van foto's moet ik wél terugkeren naar de werkelijkheid."

Menselijk lichaam als werkinstrument

Epische proporties heeft Liu Zheng nooit geschuwd. En de controverse ging hij evenmin uit de weg. Toch stond hij steeds tijdig op de rem wanneer hij het communistische regime te zeer tegen de haren in begon te strijken. Zheng groeide op in Wuqiang Hsien in de Chinese provincie Hebei. Voor zijn studie, optica, ging hij naar het Beijing Technology Institute. Vrij snel na zijn afstuderen, in 1991, trad hij bij de *Workers' Daily* – een van China's belangrijkste dagbladen – in dienst als fotojournalist. Zijn enerverende beroep voerde hem door het hele land en inspireerde hem tot zijn grootse eerste eigen fotoserie 'The Chinese'. Daarin bracht hij de spanning tussen de traditionele Chinese cultuur en de modernisering prangend in beeld. Zheng streefde niets meer of minder na dan een fotografische radiologie van het complete Chinese volk. Een bijna megalomane ambitie, aansluitend bij zijn voorkeur voor documentaire fotografie. Zijn voornaamste inspiratiebron was de Duitse fotograaf August Sander (1876-1964), die stad en land afreisde om zijn landgenoten in portretten te registreren, zoals bijvoorbeeld in 'Antlitz der Zeit' (1929), een dwarsdoorsnede van de Weimarrepubliek. In 1997 zei Zheng de journalistiek vaarwel en vestigde hij zich als onafhankelijk kunstenaar.

In 'The Chinese' (1994-2002) toonde Zheng zowel de rijken als de armen. Portretten van mijnwerkers en operaperformers wisselden af met die van mentaal gehandicapte kinderen, toegetakelde foetussen, bedelaars, gevangenen, monniken en strippers. Een pandemonium, een parade of een freakshow? Alleszins een visueel archief van een nog niet eerder vertoond China. "Gezegend met de nieuwsgierigheid van een kind opende ik dozen die niet geopend mochten worden of anderen liever niet openmaakten. Er zijn te veel dergelijke dozen in China. En er was lange tijd een gebrek aan nieuwsgierigheid," aldus Zheng. De reeks leverde de einzelgänger wereldwijd erkenning op. Gerenommeerde musea als het Museum of Contemporary Art in Los Angeles, het Museum of Fine Arts in Houston en het San Francisco Museum of Modern Art namen zijn werk in hun collecties op. Hij werd geleidelijk aan een boegbeeld voor jonge Chinese fotografen; een rol die de dwarsige Zheng schokschouderend op zich nam. Sommige critici, zoals Paul McInnes van *The Japan Times*, zagen in zijn werk het equivalent van Robert Franks baanbrekende 'The Americans' uit 1958, een boek dat de moderne fotografie helemaal op zijn kop zette, als magistrale momentopname van een door rassenverschillen en sociale spanningen

A Man with Mustache

professor en curator Yang Xiaoyan in een artikel over Zhengs oeuvre. De fotograaf zelf vergelijkt zijn aanpak eenvoudigweg met die van een filmregisseur: "Er ontstaat in feite geen echte, diepgaande relatie met mijn onderwerp, en ik spreek weinig met mijn modellen. Het menselijk lichaam beschouw ik puur als mijn werkinstrument."

De schok van de waarheid

In de serie 'Dream Shock' – voor het eerst getoond in 2008 en ook in boekvorm gegoten – gaat hij nog een stukje verder. Tegelijk is het een culminatiepunt van zijn eerder op poten gezette, immense project 'The Chinese', waar het nauwe verwantschap mee vertoont. Hier triomferen dood en seksualiteit, in een mix van zowel spontane als georkestreerde beelden. "De droom is de dominante impressie die de traditionele Chinese cultuur op me naliet. China heeft een lange traditie op het gebied van het versluieren van de realiteit. En dan krijg je een schok als je de waarheid ontdekt. Dat doet pijn. Vandaar dat ik deze reeks 'Dream Shock' heb genoemd," zegt Liu Zheng in een zeldzaam interview met Blouinartinfo. 'Dream Shock' illustreert "de droom van wat China was en de schok over wat ervan geworden is". Telkens weer laat Zheng zijn kijkers de loden last voelen van de geschiedenis die op de Chinese schouders drukt. Wil Zheng een verhaal vertellen? "Nee," zegt hij, "ik gebruik het menselijk lichaam om iets te tonen wat we niet gewoon zijn om te zien. En ook liever niet willen zien." Toch spat Zhengs sympathie voor de gewone Chinees af van deze gelatineprints: zie de landarbeider, de soldaat en de in lompen gehulde schooier. Ook is hij tuk op tableaux vivants, vol contrastrijke elementen en groteske details. Kijk maar naar de vrouw op het massieve houten paard in een bondagesituatie

geteisterde Amerikaanse samenleving.

Bijna gelijktijdig werkte Zheng aan een serie onverholen erotische beelden, gebaseerd op scènes uit de Chinese theaterwereld en literatuur ('Peking Opera', 1997). In 2004 richtte hij zich op vier mythische vrouwen uit de Chinese folklore, die tot concubines van de keizer werden bevorderd ('Four Beauties'). In 'Under The Sun' (2006) nam hij de cultus van geweld en pornografie op de korrel. Maar voor alles bleef hij in zwart-wit de archetypische Chinees in hedendaagse incarnaties en situaties plaatsen. Onverdroten, en steeds met die sarcastische en donkere ondertoon. Het speuren naar figuren die hij voor de lens van zijn Hasselblad wilde halen bleek een uitputtende en aangrijpende bezigheid. "Hij benadert zijn modellen in spe vriendelijk en overtuigend maar als hij eenmaal zijn conclusies heeft getrokken is er nog maar bar weinig ruimte voor twijfel of debat," schreef en de man in de kooi ernaast. Beiden met quasi verwrongen gezichten, verwikkeld in een spel met sm-clichés. Soms is de beeldconfrontatie evenwel echt heftig en de consternatie onmiddellijk. Zoals bij de geblinddoekte dode man in een metalen bad van formaline, het vel afgestroopt, zodat zijn musculatuur zichtbaar is. Fotorecensent Jonathan Goodman wees er in het kunstforum The Brooklyn Rail op dat Zhengs werk hier nauw aansluit bij dat van Joel-Peter Witkin, ook iemand die het menselijk lijf intens aanwendt. Maar je kunt ook denken aan het werk van Jeffrey Silverthorne in de *morgue*.

A Boy

Aangrijpend ook is de angst in de bezwerende blik van de naakte jongen op zijn knieën. "Dat is de kleine jongen in mij," zegt Zheng. "Een zelfportret dat mijn huidige geestestoestand weergeeft, die bulkt van de angst, vreemdheid en wanhoop." Toch is er ook plaats voor idylle en lieflijkheid. Het beeld van het naakte, frêle meisje op de rotsen is in onze westerse ogen vrij conventioneel, helemaal niet taboedoorbrekend. Ja, je zou het zelfs tot de softerotiek kunnen rekenen. Ook het meisje tegen de boom met haar geopende benen en donkere schaamstreek doet esthetiserend en teder aan. Maar is dat wel zo? Zheng zet zijn spel met contrasten voort en blijft ons prikkelen en uitdagen. Dit is allerminst een zoetgevooisde, gepolijste wereld maar één waarin je voortdurend op je qui-vive moet zijn. Zheng behoort intussen tot de culturele sterren en exportproducten van het hedendaagse China, samen met bijvoorbeeld Nobellaureaat Literatuur Gao Xingjian en de in Engeland residerende schrijver Ma Jian, en kunstenaars als Ai Weiwei, Song Dong, Wang Guangyi en Xu Bing. Allen hebben sinds de jaren negentig furore gemaakt en allen leveren impliciet commentaar op China's transitie. Ze durven het getroebleerde verleden af en toe onder ogen te zien, met soms grote aanvaringen tot gevolg. Zheng noemt zichzelf een "postcommunistische pionier", terwijl hij evengoed erg begaan is met het behoud van de Chinese tradities, en de huidige technologische vernieuwingsdrang van zijn land met lede ogen aanziet. Zheng wil daarom niet dat zijn werk in Chinese musea wordt bewaard. In 2013 kondigde hij zelfs zijn afscheid aan van de fotografie omdat hij niet langer wilde "bijdragen tot de status quo van de Chinese fotografie": "De fotogemeenschap in China houdt me in de gaten en probeert me te begrijpen. Maar dan vlucht ik liever. Ik wil niet geëxploiteerd worden, ik haat het om een label te krijgen en tot een groep te behoren." Laten we hopen dat Zhengs adieu tijdelijk is. Want deze fotograaf mag het etiket van *storyteller* dan afwijzen; hij heeft wel degelijk immens veel te vertellen. ■

A Group of Men

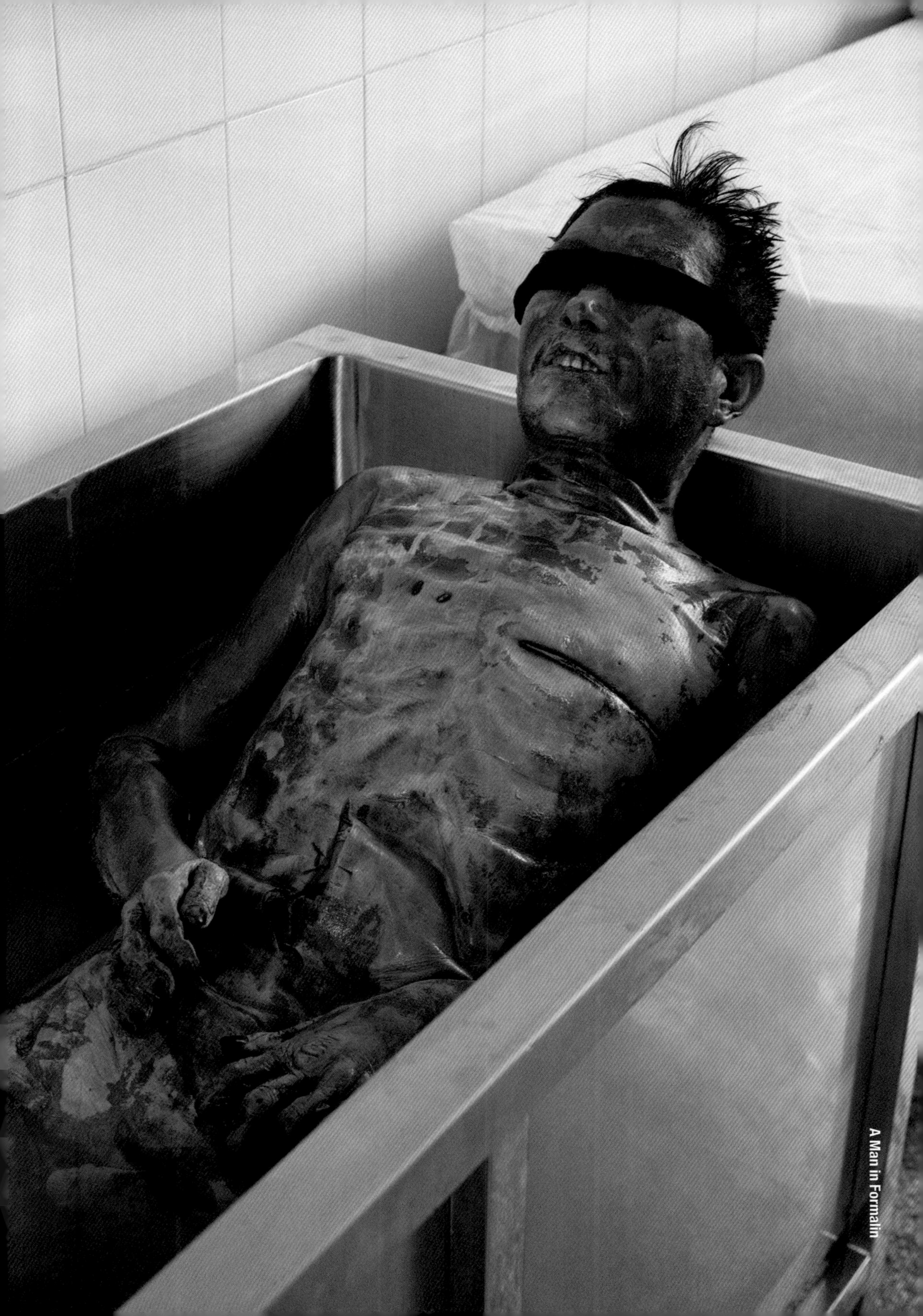

A Man in Formalin

Bo Yi and Shu Qi

A Dead Soldier

DE HEDENDAAGSE MYTHOLOGIE VAN

NICOLA VERLATO

Take the Road to Nowhere, 2012

Conquest of The West, 2011

Sommige kunstenaars zijn buitenbeentjes, en de Italiaan Nicola Verlato is dat zeker, geen twijfel over mogelijk. Op zijn zevende maakte hij het bekend: ik word schilder. Anno nu is zijn werk is een magnifieke ode aan de klassieke oudheid en de Italiaanse renaissancekunst. Tegelijkertijd is het voluit hedendaags.

Naar het werk van Nicola Verlato blijf je kijken. De schilderijen zijn beeldend, geconcentreerd, mythisch, monumentaal. Er is veel beweging. Het is barok doorspekt met contemporaine accenten. Nicola Verlato (1965, Verona) is bijzonder gedreven, al z'n hele leven. Als kind keek hij voortdurend in kunstboeken, en toen ook kiemde de rotsvaste overtuiging dat dít het was wat hij wilde. "Ik tekende de hele tijd, boetseerde met de aarde waarop de druivelaars van mijn ouders groeiden, ik bouwde huizen en galjoenen met hout dat ik in de bossen vond enzovoorts. Als ik maar creatief bezig kon zijn, continu. Die innerlijke noodzaak, die drive, heeft me nooit meer losgelaten. Op den duur kwamen er twee belangrijke inzichten bij: a) ik wou toch vooral schilderen en b), mijn vaardigheden staken pijnlijk miezerig af bij wat ik in de kunstboeken zag. Zoals Caravaggio, Michelangelo, Da Vinci en Grünewald het konden, dat wou ik ook. Dus móést ik een leermeester hebben."

Ontmoetingsplaats

Een zevenjarige op schilderles doen ligt niet zo voor de hand, maar de jonge Nicola was onverbiddelijk. Twee jaar later kon hij terecht in het atelier van de monnik Fra' Terenzio, na bemiddeling van een klant van zijn ouders. Van zijn negende tot zijn veertiende was Verlato elke zomerdag in het atelier te vinden. "Ik heb veel dierbare herinneringen aan Fra' Terenzio, een franciscaan. Het zal me altijd bijblijven hoe serieus hij me nam, ook al was ik toen pas negen. Mijn voetballende vriendjes waren niet bijster ontvankelijk voor mijn hartstochtelijke verhalen over, pak 'm beet, Caravaggio's clair-obscur – neem het ze eens kwalijk – maar bij hem kon ik het allemaal kwijt. In plaats van mij uit te lachen hoorde hij mij rustig aan, corrigeerde mij een enkele keer en liet me kennismaken met prachtig werk van mij onbekende meesters. Ik was er niet de enige: zijn atelier was een ontmoetingsplaats voor al wie wou leren tekenen en schilderen – alle leeftijden waren vertegenwoordigd. Fra' Terenzio hing de academische stijl aan, en voor ons betekende dat grondig onderricht. Van de degelijkheid van toen heb ik nu nog profijt. Overigens waren het geen droge, zware lessen: Fra' Terenzio hield van grappen, en samen hebben we heel wat afgelachen."

Nicola Verlato heeft zich, na een tussenstop in Brooklyn, uiteindelijk gevestigd in downtown Los Angeles. Hij gedijt er uitstekend, want de hedendaagse mythologische kunst is populair in Amerika. In die kunst, dus ook bij Nicola Verlato, gaat het om het verhaal, de mythe, erachter. Verlato geeft uitleg bij 'There's No Place Like Home', een werk uit de reeks 'Mothers': "In alle Mothers-doeken refereer ik aan de Griekse mythologie, en in dit specifieke schilderij verwijs ik naar de Maenaden, behoorlijk liederlijke nimfen die Dionysos gezelschap hielden. In mijn versie kunnen de Maenaden vliegen, en veroorzaken ze tornado's in de Midwest." In de reeks 'Zero Gravity' varieert hij op hetzelfde thema, met meisjes die bij indrukwekkende ongevallen uit auto's weggeslingerd worden: zie bijvoorbeeld 'Take the Road to Nowhere' en de verschillende 'Breaking Point'-doeken. "Héérlijk is dat, om zonder terughoudendheid spectaculaire taferelen te schilderen," zegt Nicola Verlato.

Er is ook strijdgewoel, zoals in de reeks 'Conquest of the West'. De schilderijen 'Conquest of the West' en 'The Settlers' beelden de bloedige clash uit tussen de inheemse volkeren van het Amerikaanse continent en de blanke veroveraar. Met zijn 'The Settlers' alludeert Verlato natuurlijk op de legende van de heilige Sebastiaan, alleen zijn de Mauretaanse boogschutters

The Settlers, 2015

bij hem vervangen door indianen. In weer een ander monumentaal doek, 'From Madonna to Maddona' uit de reeks 'Pagan Pop', plaatst de artiest de twee beroemdste Madonna's aller tijden naast elkaar: de Heilige Maagd en de popicoon. "De huidige Madonna is sterker en zelfverzekerder, met dank ook aan de massamedia. De popster heeft in zekere zin de moeder van Christus onthoofd."

Ontroerend

Het verhaal achter 'Robert Johnson and The Devil' laat niemand onberoerd. De straatarme, in 1911 in Mississippi geboren Afro-Amerikaan Robert Johnson zou uitgroeien tot de grootste bluesvertolker aller tijden. Voor het zover was hoorde blueszanger en tijdgenoot Son House hem eens spelen: hij vond Johnsons mondharmonicaspel goed maar zijn kunsten op gitaar abominabel. En toen verdween Johnson een paar weken van de radar. De legende wil dat hij op een kruispunt nabij een plantage een ontmoeting had met een grote, in het zwart geklede man (de duivel), die zijn gitaar van hem overnam, stemde en teruggaf, in ruil voor Johnsons ziel. Na dit pact keerde Robert Johnson in de bewoonde wereld terug met een formidabele techniek en een volkomen beheersing van de blues. Hij werd een fervent en gevierd straatmuzikant, maar overleed op 27-jarige leeftijd, nog voor hij goed en wel was doorgebroken. Kreeg hij vergiftigde whisky te drinken? Waren het complicaties van syfilis? Of was het toch longontsteking? Wat er ook van zij, producers pikten zijn muziek op, en die werkte als katalysator voor een onafzienbare reeks blues- en rockmuzikanten. Verlato: "Op het doek zien we de duivel en Robert Johnson op de legendarische 'crossroads'. Als de duivel speelt krijgt Robert Johnson een visioen van wat Jimi Hendrix later te wachten staat: een brandende gitaar en vele demonen." Op het Monterey Pop Festival in 1967 stak Hendrix (die ook maar 27 zou worden) en plein publique een gitaar in brand, als offerstuk: een beeld dat de wereld overging en icoonstatus kreeg.

"De oorsprong van mijn techniek ligt – het zal niemand verbazen – bij de oude meesters, maar ik heb er wel wat eigen elementen aan toegevoegd. Een persoonlijke mijlpaal was het eerste experiment met driedimensionaal perspectief; ik zal toen 24, 25 geweest zijn. Om de compositie van een bepaald schilderij in de ruimte te kunnen bestuderen ging ik vooraf kleimodellen maken. De coherentie en structuur van mijn doeken verbeterde vanaf dat moment enorm. Een volgende stap was het inschakelen van de computer, in mijn geval vanaf 1992. Mijn nieuwste fascinatie is de manier waarop ontwerpers van videogames hun figuren afbeelden; ik pas het zelf ook al toe."

Morten Poulsen, een prominente galeriehouder in Kopenhagen, maakte in 2010 kennis met het werk van Nicola Verlato: "Een sterke invalshoek is het conflict tussen culturen. In mooie grijstinten, óf in knallende kleuren, laat hij de clash tussen beeldenstormers en beeldenaanbidders zien. Het gevecht is intens, niemand geeft op, ook niet wanneer het tot een interne motievenstrijd komt." En dan is er ook nog Verlato's eigen gevecht met het materiaal. Poulsen: "Niets is toevallig en de uitvoering is perfect. Dus hij wint." ■

There's No Place Like Home, 2006

Breaking Point 4, 2012

Breaking Point 12, 2013

From Madonna to Maddona, 2013

A Midsummer Night's Dream: Featuring Julie Atlas Muz, Freewheelin Franklin and Davy Crockett, 2005

Robert Johnson and the Devil, 2010

MIND OVER MATTER
Marie Baronnet

WOORD HILDE SABBE BEELD MARIE BARONNET

Naakt, of met alleen een boa: het is niet veel vrouwen gegeven om zo voor de lens te staan/zitten/liggen. Nog minder als ze ouder zijn dan zestig. Daar heb je lef, charisma, zelfvertrouwen en humor voor nodig. En kijk: net dát hebben deze vrouwen in overvloed.

Ze zijn het poseren gewend. Dat zie je aan alles. Het sierlijke strekken van een been, zoals verder alleen ballerina's dat kunnen. De pronte pose van hun kin. De onweerstaanbaar achteloze manier waarop het ene been het andere omhelst. Choreografie van lichamen, soms tegen de zwaartekracht in. En altijd, altijd vuurroodgelakte nagels aan de gespreide vingers. Geen muurbloempjes, tot in hun tenen niet.

En natuurlijk hun blik. Dit zijn vrouwen die vanaf het podium moeiteloos hun zalen hypnotiseerden. Niet alleen met hun lijf, nee, al speelde dat natuurlijk een (grote) rol. Maar geen solo. Deze vrouwen waren niet alleen lichaam maar ook geest. En misschien is het omdat die nog altijd zo levendig is, en jong, dat het vlees niet anders kan dan volgen. Triomf van mind over matter.

Dit waren geen vrouwen die zoveel mogelijk lieten zien en zo meestapten in het door mannen verzonnen sprookje. Geen uitstalraam van waren, waar anderen hun fantasie op projecteerden. Fantasie hadden ze zelf ook wel. Ze waren creatief, en bedachten een eigen choreografie en costumes voor hun eigen verhaal.

Dit zijn geen ingénues, geen gevallen engelen, geen madonna's, maar vrouwen van vlees en bloed. Wat ze aanboden was geen schone schijn, of de valse illusie van beschikbaarheid. Ze speelden het spel voluit. Niet op de automatische piloot het schouderbandje zo ver mogelijk laten afglijden, maar volhartig en met gusto. Met verbeelding in plaats van tactiek. Gewend aan interactie met het publiek, gewend in te spelen op het licht, de muziek.

En dat doen ze nog altijd. Nog steeds master of the universe. Behaagziek, zeker. Flirten met de camera? Check. Maar altijd met een knipoog, 'a wink', zoals dat veel ondeugender klinkt. Lokkend, maar zonder de fake onschuld, want die valt niet met rimpels te combineren. Wetend en toch verleidelijk.

Het waren toen al geen doetjes. Pioniers waren het, deze dames, die have en goed verlieten om op te treden in burlesqueshows, een variétéspektakel dat striptease combineerde met risqué grappen. Maar de traditie ging altijd over méér dan alleen kleren uit.

Uit alle uithoeken van de States kwamen ze aangedwarreld: rurale nederzettingen in Arkansas, steegjes in Chicago. New York en Saint Louis. Maar ook van buiten de landsgrenzen, van Oekraïne tot Cuba. Voor sommigen was het een vlucht uit een strikt religieuze omgeving als de Bible Belt in Alabama; voor bijna iedereen een bevrijding.

Blank of zwart, het maakte niet zoveel uit. In een streng gesegregeerd Amerika overschreden zij grenzen. Ook die van gender: als je vroeger een man was kon je een vrouw worden. Op het podium kon alles. Het podium was hun nieuwe thuis, het decor van een nieuw leven.

Via hun werk hadden ze agents, paspoorten, contracten. In een tijd die vrouwen veroordeelde tot huishouden en kinderen, martini en valium, toonde burlesque de weg naar zelfstandigheid, de grote stad. Burlesque was vrijheid.

“Deze vrouwen waren pioniers, die hun kunst gebruikten om voor zichzelf en andere minderheden onafhankelijkheid te verwerven,” oordeelt fotografe Marie Baronnet. “Het waren geboren activisten voor de feministische zaak, sommigen zeer bewust, anderen veeleer onbewust. Maar allemaal waren het ‘free spirits’, en zeer moedig voor hun tijd.”

Dat zijn ze nu nog. De vrouwen op de foto zijn niet jong meer, maar ze gaan de uitdaging aan met het woord oud, of nog erger, bejaard. Met de rimpels, de gevolgen van de zwaartekracht, de littekens die de tijd en het leven op hun lichaam heeft aangebracht. Met het heersende schoonheidsideaal, dat verordonneert dat alleen jong en fris en gaaf rijmt met mooi.

Hun wapen is hun blik, hun présence, hun uitstraling. Die is niet uitgeblust of verstild, maar nog altijd dwingend. Ze zijn in charge, nog

NEVADA
45483 A
APPORTIONED
595195

steeds. Geen object: nooit geweest, en ook nu niet.

Moeiteloos vangt hun gezicht het licht op. Ze hebben niets verloren van het charisma dat hen zo aantrekkelijk maakte in hun hoogdagen. Of het nu een sensuele, verleidelijke of eerder grappige pose is, ze zijn niet bang om zich stoutmoedig te tonen voor de camera.

Allemaal hebben ze de bloei gekend, maar ook de neergang. Mettertijd verloren burlesque theaters hun populariteit omdat stripclubs prominenter werden. Zeker in de jaren 80 verdween de glamour, de humor en de parodie, en moesten ze gewoon meer naakt tonen.

Baronnet raakte geïnteresseerd in burlesque tijdens een trip naar Las Vegas in 2011, waar ze de legendarische danseres Dixie Evans ontmoette, beroemd door haar parodieën op Marilyn Monroe. Later fotografeerde ze er een jaarlijks festival. Via de contacten die ze daar maakte vroeg ze aan voormalige burlesquedansers of ze ze thuis mocht komen fotograferen.

"Ik heb nooit geprobeerd om ze er jonger te doen uitzien," zegt Baronnet. "Dat was part of the deal, en bovendien zijn deze vrouwen niet bang voor de realiteit."

Misschien is dat een deel van het geheim: een volkomen gebrek aan angst en schaamte. Ze zijn niet bang voor de spotlights, nee, ze eisen hun plek voor de camera juist op – gretig, en met een onweerstaanbare joie de vivre. Ze zijn niet bang voor afkeuring, veroordelende blikken, spot of hoon. En het belangrijkste: ze zijn niet bang voor de spiegel. Ze hebben zich verzoend met hun spiegelbeeld; niet door het verval te omarmen, maar door het te overbluffen. Ze schamen zich niet voor hun lijf, en niet voor hun leeftijd.

Ze tonen ons dat glamour de tand des tijds trotseert. Dat oudere vrouwen mooi en inspirerend zijn, zolang er een spiritueel vuur achter hun ogen brandt. En dat je nooit, maar dan ook nooit te oud bent om je nagels knalrood te lakken. ■

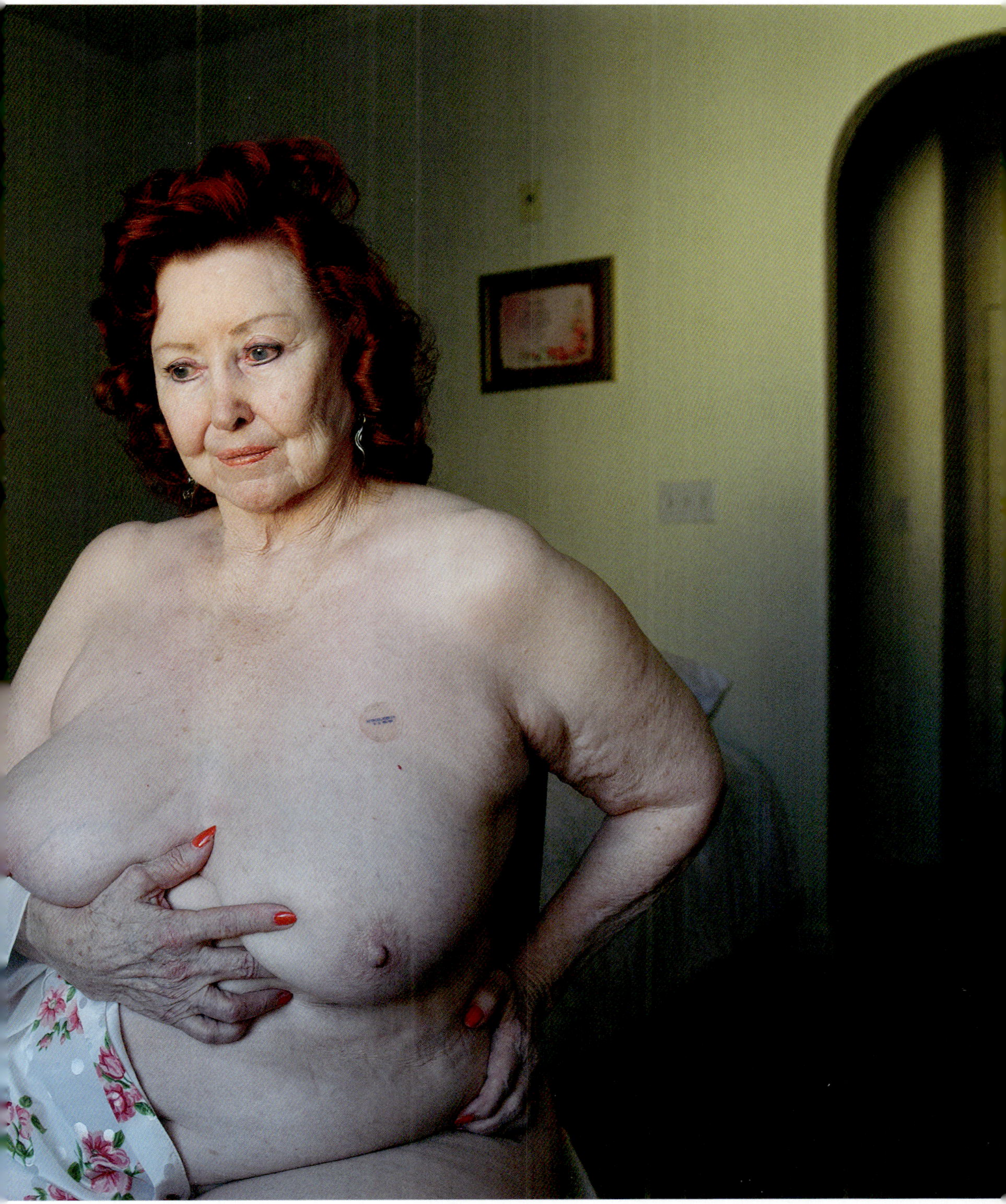

The Misfit, 1996 (The Umbilical Vein)

Lisa De Boeck + Marilène Coolens =

memymom

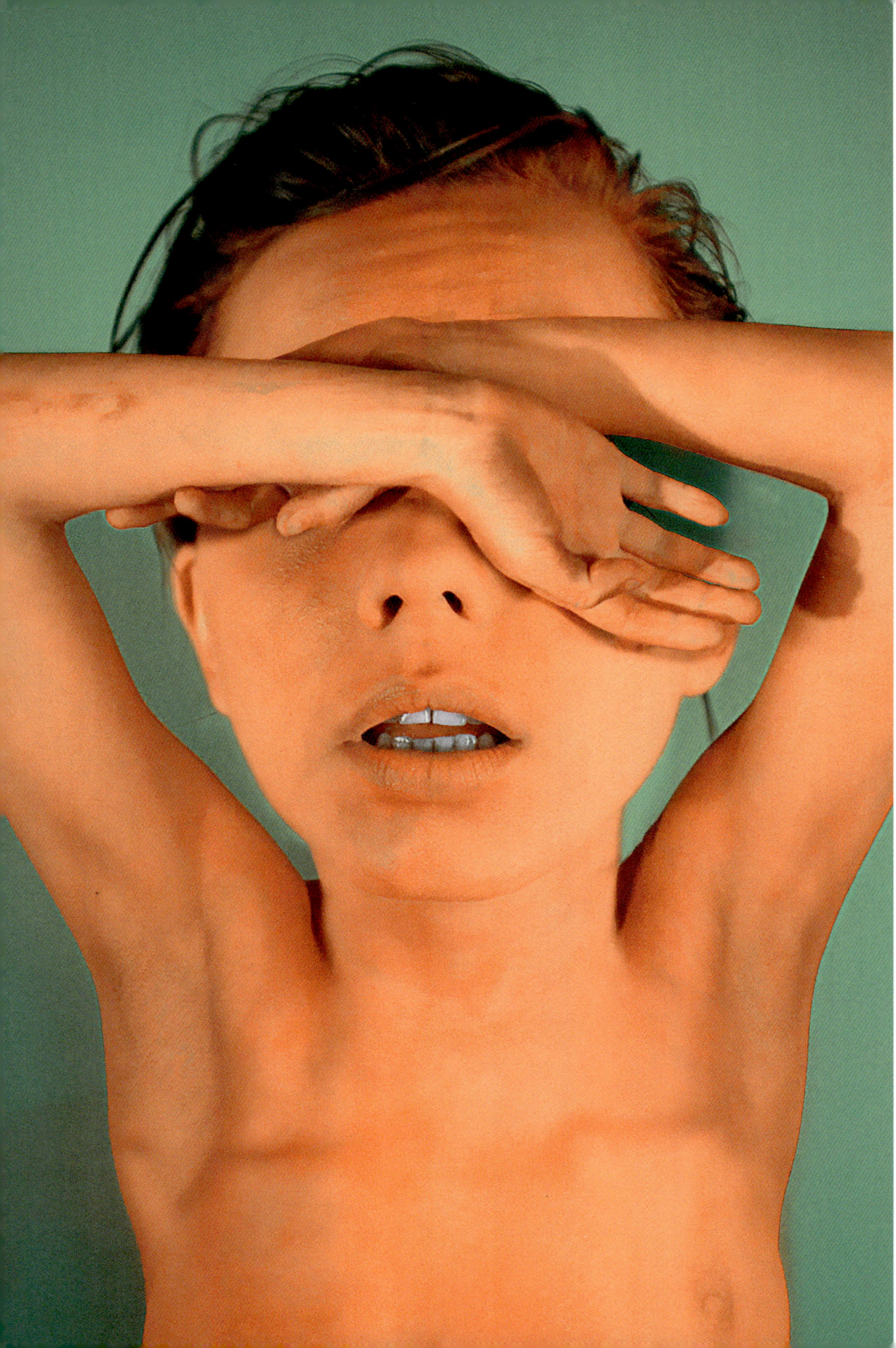

Me, 2010 (Stitch Me Up Doc)

WOORD GEERT STADEUS BEELD MEMYMOM

Dat twee fotografen een duo vormen is al uitzonderlijk, en memymom is helemaal een buitenbeentje. Marilène Coolens en Lisa De Boeck zijn moeder en dochter. Ze werken al samen sinds Lisa vijf jaar oud was. Vandaag is hun plaats in de Belgische fotografiewereld verzekerd en groeit de interesse uit het buitenland voor hun aparte esthetiek en de vaak mysterieuze beelden die ze creëren. Snoecks maakte een keuze uit vijfentwintig jaar intrigerende foto's. memymom gidst.

The Misfit, 1996 (The Umbilical Vein)
Tussen 1990 en 2003 fotografeerde Marilène Coolens haar dochter Lisa De Boeck in scènes en kostuums die dikwijls door Lisa waren voorgesteld. Toen ze achttien werd en stopte met poseren voor die foto's ging ze samenwerken met haar moeder als memymom – allebei achter de camera deze keer. Het is pas twee jaar geleden dat hun 'analoge archief' uitgroeide tot de tentoonstelling The Umbilical Vein in Amsterdam.
Marilène: "Ik had altijd zin in fotograferen en gelukkig deed Lisa gretig mee. Later, als oudere tiener, had ze er minder zin in. Het zijn geënsceneerde foto's en ik dirigeerde soms fel, maar toch kun je de naturel van Lisa goed zien."
Lisa: "Omdat ik snapte wat jij bedoelde. We keken ook samen veel naar films en we deelden wel een referentiekader. Wij voelden elkaar goed aan. Die foto's maken, dat was een hele tijd lang ons familieleven. Het is ook heel intiem gebleven, tot we de foto's na een boeiende selectie zijn gaan tentoonstellen in het Vlaams Cultuurhuis de Brakke Grond. Als tiener haalde ik soms zelfs enkele van onze foto's van de muur als ik wist dat er vriendjes of vriendinnetjes zouden komen. Omdat ik dacht dat ze het niet zouden begrijpen."
Marilène: "In New York had ik een tentoonstelling van Cindy Sherman gezien, en dat heeft me toch wel gestimuleerd om met die foto's verder te gaan. Ik bracht een boek over haar mee en dat koesteren we nog altijd. Zeker de eerste jaren was zij een grote inspiratiebron."

Me, 2010 (Stitch Me Up Doc)
Lisa: "Toen zaten we in onze verffase. Mij of mijn vrienden schilderen, die dan fotograferen en de foto's verknippen. Samen collages maken. Dat was heel intens, heel emotioneel. Met veel vervormingen. Het kwam van diep in mij naar boven, ik dacht er niet veel bij na. Maar het toonde wel hoe ik mij voelde."

Bleeding from the Belly Button, 2014 (The Baby Blues)
Marilène: "Dit gaat over onze moeder-dochterrelatie."
Lisa: "Mensen vormen zich daar altijd wel een beeld bij. En je hoort soms: knip die navelstreng toch door! Ik wilde dat even overdramatiseren. Ik denk dat je dan een wond openrijt. Veel van de beelden uit de reeks The Baby Blues spelen met dat thema. Ik toon graag geheimen in foto's. We stoppen veel van onszelf in kleine details, referenties waarvan dikwijls alleen wij het fijne afweten. Maar met de nodige zelfrelativering. Mensen hoeven niet alles te weten om ons verhaal te begrijpen."

Will I Turn Too? 2014 (The Baby Blues)
Bad Bad Mother, 2014 (The Baby Blues)
Marilène: "Het is goed hoe de dwangbuis en andere elementen in de twaalf foto's van The Baby Blues terugkeren. Of hier het Liberty-stofje, vrijheid als een omkering van de dwangbuis. Het is een reeks die klopt als je de puzzelstukjes goed legt."
Lisa: "Het is de simpliciteit van doorgedreven symboliek. We hebben heel hard aan deze reeks gewerkt, veel nagedacht. We voelden dat dit belangrijke foto's waren. Dat we er bij wijze van spreken ons publiek een stap-

je mee voor konden zijn."

A Perezian Time, 2012
Lisa: "Deze nam ik toen ik alleen achterbleef in een kamer van het Sheraton Hotel in Brussel. Ik ben weg van het Sheraton. Foute kitsch, keigoed. Ik ga er heel graag naartoe omdat het een van de weinige plekken is waar ik voel dat ik me er kan verstoppen. Je ziet de stad door het raam maar je maakt er geen deel meer van uit. Ik had de camera bij en het licht zat goed."

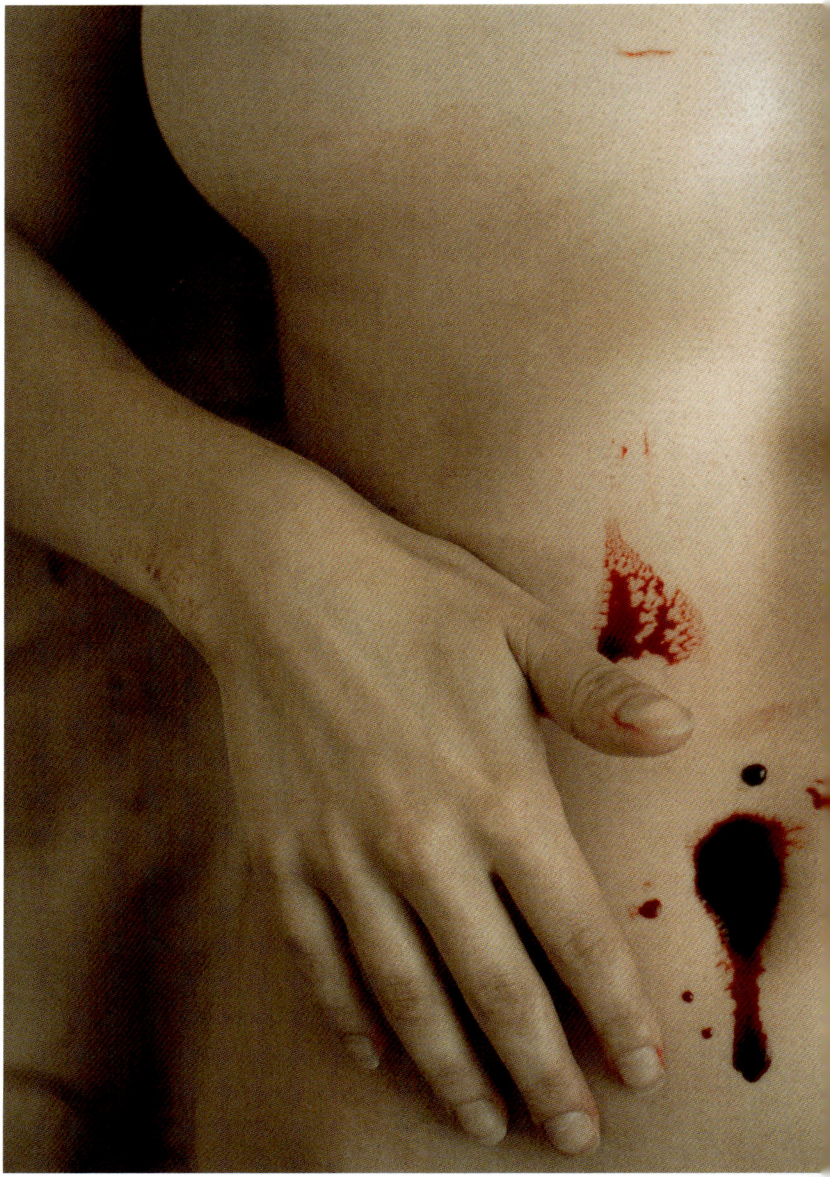

The Escort, 2013
Lisa: "We gingen drie weken naar Thailand ..."
Marilène: "En dit was in het Baiyoke Sky Hotel in Bangkok."
Lisa: "Het is de hoogste toren in Thailand en ik moest daar absoluut eens slapen. Heel erg fout hotel alweer. Alle toeristen samen in één grote toren. Maar het blijven fantastische interieurs voor een fotograaf. We wilden sowieso al lang een beeld maken van een escort. En hier viel ineens alles in de juiste plooi. Dat jurkje en de schoenen hebben we er ook speciaal voor gekocht in Bangkok. We begonnen foto's te nemen ..."
Marilène: "En het wilde eerst maar niet lukken."
Lisa: "Nee. Bij het begin van een sessie durf ik nog wel eens lekker onnozel te doen. Allemaal heel lollig, maar ik raakte maar niet in de juiste sfeer. Marilène verdraagt dat wel van mij omdat ze weet dat ik even nodig heb om in de stemming te komen. Ik schaam mij ook nooit voor haar. Daarom werken wij zo goed samen. Die rol spelen, die dubbele lagen blootleggen, dat lukt mij alleen bij haar."

Golden Boy, 2011
Lisa: "Dat is Vadim Vosters, de schilder. Wij leerden hem zes jaar geleden kennen op het Fotofestival in Knokke. Ik vond hem een knappe gast en gaf mijn kaartje en zei dat ik

Bleeding from the Belly Button, 2014 (The Baby Blues)

hem eens wilde fotograferen. Hij vond dat wel leuk en we maakten deze foto. Het begon met een gouden baard en uiteindelijk schilderden we hem helemaal in het goud. We zijn vrienden geworden en hij was het ook die ons min of meer attent maakte op de kunstwereld. Wij hadden nog niet echt nagedacht over tentoonstellen en al wat daarbij komt kijken en Vadim was daar indirect een grote stimulans in."

Whodunnit, 2012
In de verder titelloze Whodunnit-reeks verkent memymom in sfeervolle en kleurrijke beelden de psychologische duisternis. Lisa vertolkt in elke foto de typische personages van een misdaadplot: getuige, slachtoffer en (mede-)dader.
Marilène: "Toen we dit idee kregen zijn we onmiddellijk naar de Vossenmarkt getrokken op zoek naar kleren. Soms zit er niet veel bij, maar nu vonden we alles wat we nodig hadden voor deze foto's. Kledij is heel belangrijk. Er zit altijd iets in dat wringt. Hier is het heel ouderwets. Die foto's vertrokken allemaal vanuit improvisatie."
Lisa: "Ik heb ontelbaar veel posities ingenomen. Maar ik hield er altijd wel rekening mee dat de andere personages er ook 'rondliepen'. De juiste posities en houdingen zie je als je puzzelend het beeld in elkaar zet."

She's a Beast, 2014
Lisa: "Carlijn Koppelmans is een performer en danseres bij onder meer Jan Fabre, waar we de laatste tijd mee samenwerken. Het is heel leuk, zelfs na twee fotosessies hadden we de beelden al voor het uitkiezen. Zij gaat er echt voor. Ik sta er altijd van te kijken hoe ver mensen bereid zijn te gaan. Magnifiek. Ik zocht eigenlijk naar een landschap voor een opdracht en toen kwamen wij langs de snelweg een industrieterrein in aanbouw tegen, vol interessante plekken. Dus belden wij naar Carlijn: 'Wij hebben u naakt nodig, op een industrieterrein langs de E40!' (lacht)." ■

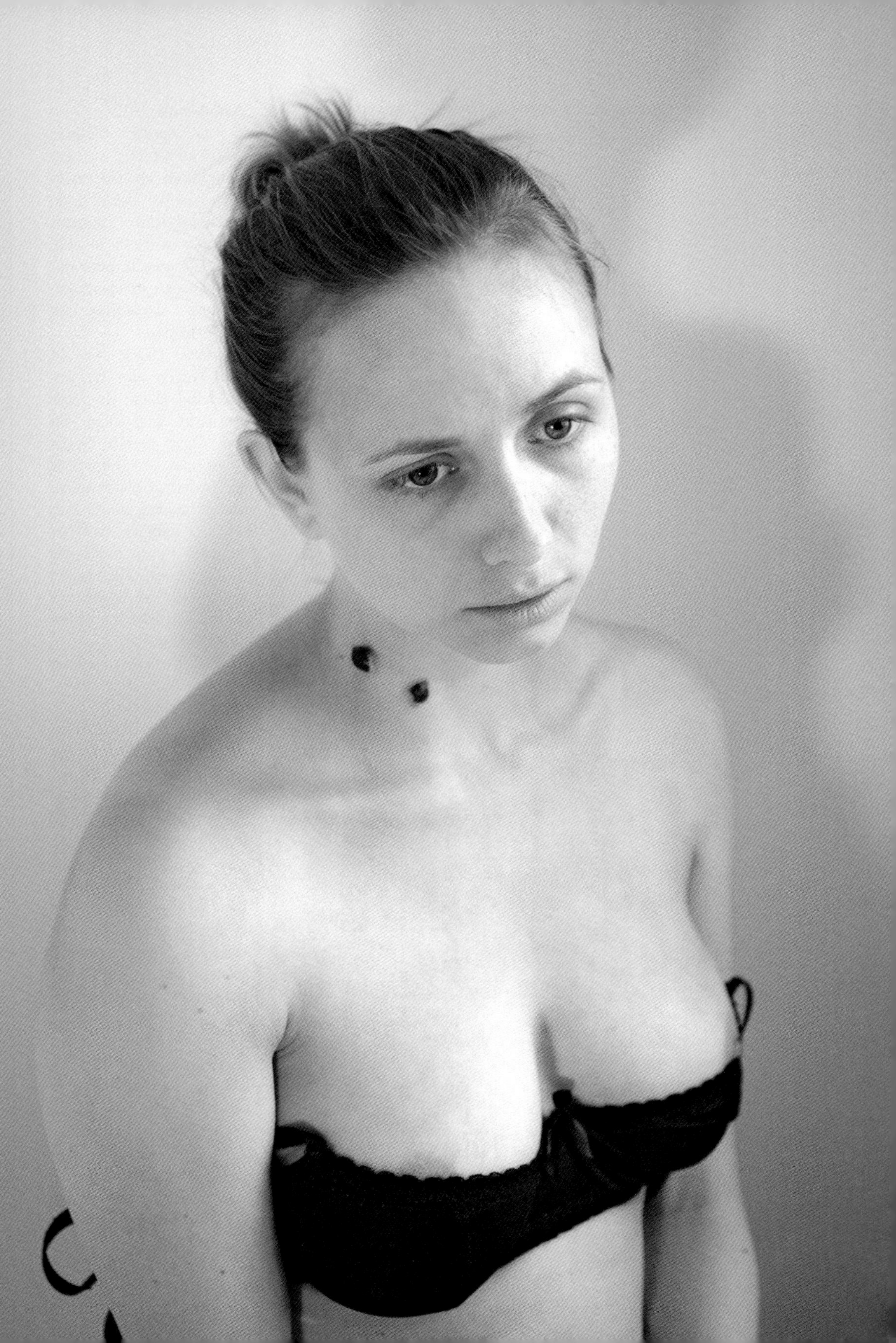

Will I Turn Too? 2014 (The Baby Blues

Bad, Bad Mother, 2014 (The Baby Blues)

A Perezian Time, 2012

The Escort, 2013

Golden Boy, 2011

Whodunnit, 2012

She's a Beast, 2014

BIZONS

Doen ze de grond opnieuw daveren?

WOORD HALBE DE JONG BEELD HEIDI & HANS-JÜRGEN KOCH

De zee van gras golft, helt, wijkt. Vlakken slaan om van diepdonkergroen tot bijna wit, en terug. De prairiewind doet zijn eeuwige werk, hooguit fluisterend. Zo geschakeerd de grond, zo strak het hemelblauw. En toch, toch rolt de donder. Onwezenlijker wordt het nog als het trillen begint. Trillen wordt schudden, en dan raast de zwarte vloed aan, verder dan het oog reikt. Bizons.

Voor de Europeanen die in de achttiende eeuw massaal over de Great Plains trokken was deze ervaring even majestueus als onvergetelijk. Dit was wat het Nieuwe Land echt nieuw maakte.

De sensatie die kolonisten en indianen ervoeren zal nooit terugkeren. De bizon, ooit tientallen miljoenen in getal, is zó maniakaal bejaagd dat er in 1902 nog drieëntwintig over waren, verscholen in de wildernis van Yellowstone National Park. Tegen een prijs: het hele land werd ziek. De bodem, niet langer aangestampt en natuurlijk bemest, erodeerde, nog versterkt door veelvuldig ploegen en introductie van gewoon vee. Tijdens de 'Dust Bowl' in de jaren 30 reikte het prairiestof tot aan New York. De redding van de bizon kwam nét op tijd, al was het een bijkomstigheid bij een andere doelstelling. In 1872 richtte president Ulysses Grant het Yellowstone National Park op. *Safe haven* voor alles binnen zijn grenzen, dus ook voor de bizon.

De vroegste jacht

Van de indiaan met speer tot de verveelde rijke met hightech jachtgeweer, hangend uit een helikopter: de bizon moest en moet dood. Geen aspect kleeft dit karakteristieke Noord-Amerikaanse rund zo aan als de bejaging ervan. Vroeger, duizenden jaren achter elkaar, doodden de indianen zoveel bizons als nodig, en werd het natuurlijk evenwicht niet verstoord. Een oeroude, effectieve maar uiterst gevaarlijke jachtvorm was die waarbij één van de indianen zich vermomde als … bizon! Diegene, gehuld in een bizonvel, posteerde zichzelf tussen de kudde en een op een steile afgrond uitmondende doorgang. De andere indianen, die de kudde in een wijde cirkel omringden, sprongen op een afgesproken teken als één man op en renden luid schreeuwend en gesticulerend naar de bizons. De geschrokken dieren sloegen op de vlucht, en in de als bizon vermomde indiaan – sprintend in de richting van de rotswand – zagen ze de soortgenoot die hun de weg wees, weg van het gevaar. Op volle snelheid stormden de dieren op het klif af (de vermomde waaghals hoopte tijdig in een spleet weg te duiken) en stortten zich over de rand. Meters lager, al hun poten waren gebroken, stonden anderen klaar om het karwei met speren, bijlen en messen af te maken. Deze methode, de zogeheten 'buffalo jump' bleef in zwang tot ongeveer begin zestiende eeuw. De plekken waar de bizons over de steilte werden gedreven, 'pishkuns' in indianentaal, hebben schatten aan archeologisch materiaal opgeleverd.
Onder meer Blackfoot- en Comanche-indianen waren voor hun bestaan volkomen afhankelijk van de bizon. Het was een voedselleverancier van jewelste: in de eerste plaats van gewoon vlees, maar ook het bloed, merg, melk, organen, testikels, uiers tot aan het neuskraakbeen toe werd geconsumeerd. De tong werd als een delicatesse beschouwd, net als – indien aanwezig – een foetus. Van de huiden maakten de indianen vervolgens kleren en tenten; de botten waren goed voor wapens en werktuigen, de pezen voor bogen, de hoeven werden tot lijm gekookt et cetera. Zelfs de hersenen dienden een doel: het looien van leer.

Een dramatische ontwikkeling voor de bizonpopulatie was de introductie van het paard in de zestiende eeuw, door de Spanjaarden. De indianen (de Spanjaarden hadden het niet op de bizon gemunt) kregen de paarden bepaald niet cadeau. De nietsontziende conquistadores kwamen zuidwestelijk Amerika vanuit Mexico binnen met als enig doel bezetting en overheersing. Eén van de onderworpen stammen waren de Pueblo, in het gebied net ten westen van Texas, in New Mexico. Na generaties van wrede onderdrukking kwamen de Pueblo massaal in opstand, in 1680. Ze verdreven de Spanjaarden, die alles moesten achterlaten – ook grote aantallen paarden. In korte tijd ontwikkelden de Pueblo zich niet alleen tot vaardige ruiters; ze fokten nieuwe kuddes en manifesteerden zich bovendien als succesvolle veehandelaren. De Kiowa en met name de bizonjagende Comanche zagen haarscherp de gebruiksmogelijkheden van dit nieuwe dier. Vluchtende bizons waren vanaf nu gemakkelijk te achterhalen. Een met pijl en boog uitgeruste ruiter kon zijn paard naast de bizon manoeuvreren en dan toeslaan. Met de riante actieradius van het paard werd ook het jachtgebied veel groter. En het spreekt voor zich dat de jacht nog véél dodelijker werd toen pijl en boog plaatsmaakten voor het geweer.

De uitbreiding van het spoorwegnet was een andere oorzaak van de decimering van de bizonkuddes. Spoorwegbouw was arbeidsintensief. De vele werkers moesten eten, en het bizonvlees lag de facto voor het opscheppen. Als dieren niet geconsumeerd werden gaven ze overlast: overstekende kuddes, dieren die op de rails gingen liggen, bizons in tunnels … De spoorwegbazen moedigden de uitroeiing aan; zelfs waren er maatschappijen die speciale schiettripjes aanboden: vanuit luxe rijtuigen zoveel dieren schieten als je kon. De advertentieteksten die in de *gazettes* verschenen repten van 'een aangenaam en gezond tijdverdrijf'. Voor de commerciële jagers waren de treinen ook handig. Waar ze voor het huidentransport vroeger barre tochten met os en wagen ondernamen, laadden ze hun vangst nu in de wagons. Door de opkomende industrialisatie, vooral in Europa, steeg de vraag naar bizonleer. Fabrieken maakten gebruik van drijfriemen, en bizonleer was daar bij uitstek geschikt voor. Voor schoeisel gold dat ook: de soldaten van verschillende Europese legers werden uitgerust met bizonleren laarzen. Toen er in 1870 in Duitsland een nieuwe looimethode bedacht werd explodeerde de vraag naar huiden al helemaal.

Jacht als genocide

De indianen verzetten zich fel tegen de land- en bizonbeluste nieuwkomers, tegen de Witte Man. Er zijn talloze veldslagen uitgevochten, waarbij de Europeanen door wapentechnisch overwicht veelal en uiteindelijk ook definitief aan het langste eind trokken. De legertop kwam tijdens deze bittere clashes op het idee om de oorspronkelijke bewoners te bestrijden door ze te beroven van hun voedselbron. Soldaten gingen op bizons schieten in plaats van op indianen! Het werkte. Eén generaal deed de uitspraak dat de bizonjacht in een jaar tijd meer betekende voor het verslaan van de indiaan dan rechtstreekse gevechten in vijftig jaar. Tegen 1880 was de bizonslacht nagenoeg voltooid. De vele miljoenen grazers die er ooit waren geweest waren gereduceerd tot enkele duizenden.

Overigens hebben historici aangetoond – een enkele fundamentalistische *Native American* blijft het bestrijden – dat de terminale neergang van de bizon reeds met de Comanche was ingezet. Rond 1840 joegen de Comanche in hun leefgebied met te veel paarden op te veel bizons op te weinig land.
Amerikanen noemen de bizon buffalo, maar in

feite is dat incorrect: buffalo, buffels, komen voor in Azië (waterbuffel) en Afrika (kafferbuffel). Oog in oog met de dieren springen de verschillen onmiddellijk in het oog. Anders dan welke buffel ook heeft de bizon (*bison bison bison*) een grote schouderbochel, de 'hump': reservoir van energierijke vetten. Vierhonderdduizend jaar geleden kwam de bizon naar Amerika, via een landbrug die toen Siberië met Alaska verbond. Bizons, de grootste landdieren van Amerika, kunnen een schofthoogte van bijna twee meter bereiken. Een volwassen stier meet van kop tot romp 2,5 à 3 meter, en heeft een gewicht van maximaal 1000 kilo. Onderzoekers schatten dat de steppebizon voorkwam in aantallen van 30 tot 200 miljoen. De bosbizon, vooral voorkomend in Canada, was veel minder talrijk. De weinige bizons die aan het eind van de negentiende eeuw resteerden, hadden een relatief veilige plek in het Yellowstone. Wolven, de natuurlijke vijanden, waren er wel, en er was ook enige stroopactiviteit, maar de luttele twintig wilde bizons in 1902 vermenigvuldigden zich uiteindelijk tot enkele duizenden nu. Wee de dieren die zich buiten het nationale park waagden: die werden alsnog afgeschoten, nog steeds. Dit heeft alles te maken met een ontdekking uit 1917 dat de wilde bizon de Brucella-bacterie bij zich kan dragen; die zou voor miskramen in de commerciële veeteelt kunnen zorgen. Ofschoon er nooit één besmettingsgeval bewezen is, mogen ranchers elke bizon die 's winters het park verlaat om voedsel te zoeken afschieten. In 1996 liepen de gemoederen hoog op toen veehouders maar liefst duizend exemplaren afschoten, een kwart van de populatie. Dierenliefhebbers, en ook indianen, kwamen in het geweer, en droegen alternatieven aan: indianen zouden niets liever doen dan in hun reservaten de kuddes weer op te bouwen. Tot op heden echter weigert de staat Montana, en ook de federale overheid, elke medewerking. Bizonjacht blijft in overheidsogen de beste manier om ziekteverspreiding te voorkomen. Afgezien van de oerpopulatie in Yellowstone en een paar kleinere wilde kuddes in North Dakota en South Dakota leven er, met dank aan terugfokprogramma's, enkele honderdduizenden exemplaren op commerciële ranches in Noord-Amerika en Canada.

Gevaarlijk?

Af en toe gaat het nog mis tussen bizon en mens. In Yellowstone worden al te nieuwsgierige of pesterige toeristen weleens op de hoorns genomen. Bizons zijn van nature vreedzame wezens; als ze mensen al fysiek benaderen gaat het er vooral om hun punt te maken: ga weg! Hardnekkige lastpakken krijgen een enkele keer een trap met een voorpoot. In 1989 was er een fataal incident met een bestuurder van een sneeuwscooter. Samen met een aantal anderen was hij op pad in Yellowstone, 's nachts. Zijn vrienden getuigen dat hij op een goed moment stopte en hun met een gebaar maande verder te rijden. Toen ze later terugkwamen vonden ze hem dodelijk gewond op de grond; zijn sneeuwmobiel zat onder het bizonhaar. De precieze toedracht is nooit duidelijk geworden. Maar normaliter heeft niemand wat van de dieren te duchten. Automobilisten maken soms bizons mee die doodgemoedereerd een paar kilometer op de openbare weg lopen, als waren het verkeersdeelnemers als alle andere. Er zijn ook verhalen bekend dat bizons door openstaande deuren woningen binnenliepen, rondkeken, en weer vertrokken.
Meer en meer stemmen gaan op om de bizon zijn vrijheid terug te geven. De oersituatie zal nooit meer weerkeren – daarvoor zijn veel prairievlakten te zeer veranderd in landbouwareaal, en te dicht doorsneden met (snel)wegen en spoorlijnen. Maar tot op zekere hoogte zou het moeten kunnen; en een manier is om de kleine kuddetjes die op diverse ranches gestald zijn te verenigen. De boeren zouden kunnen afspreken de hekken tussen hun landerijen op te heffen en tot gezamenlijk eigendom over te gaan. Voor het voortleven van de soort zou het alleen maar goed zijn om te mixen met dieren van andere kuddes. De boeren zouden er uiteindelijk ook minder werk aan hebben dan nu. Indianen staan te popelen om deel te nemen in de terugkeer van de vrije bizon, liefst ook in hun reservaten. De herintroductie van de dieren staat voor hen gelijk aan spiritueel herstel van het hele indianenvolk.
Wat zou het mooi zijn. Als iets van de ongekende sensatie van door bizonhoeven vibrerende grond terug kon komen.

Heidi & Hans-Jürgen Koch

De getoonde beelden komen uit het magnifieke fotoboek *Buffalo Ballad* van het fotografenduo Heidi & Hans-Jürgen Koch. Beiden werden geboren in Gießen (Hessen).
Voor hun gezamenlijke professionele carrière, die in 1989 begon, studeerde zij Sociaal Werk en hij Ethologie. Hun doorbraak was in 1990 met een reportage over de grijze muis in het Duitse *Stern*. De redactie werd na verschijnen van het 18 pagina's lange artikel overstelpt met brieven. Lezers roemden niet alleen de buitengewone fotografie; men waardeerde ook het verhalende element, de grondige research en het oog voor detail. Nadien zou het paar – samen sinds 1973, getrouwd in 1988 – nog vele reportages maken, over de hele wereld, voor talloze bladen en uitgevers. In Snoecks 2011 kon u genieten van verschillende diertjes die met inspanning van al hun krachten net uit het ei waren gekropen.
Natuur was en is altijd hun uitgangspunt. Ze hadden tientallen exposities, en met het prachtige *Buffalo Ballad* brengen ze hun achtste boek uit. "Wij geloven vast dat er oorden zijn waar archaïsche beesten als bizons vrij kunnen leven, ook nu. Slechts een wereld waarin dat mogelijk is, is voor ons een leefbare wereld." ■

julia fullerton-batten

IN HET LAND DER BLINDEN

WOORD MARJORIE BLOMME
BEELD JULIA FULLERTON-BATTEN

Alle groten waren ooit een kleintje. De Britse fotografe Julia Fullerton-Batten (45) begon haar carrière bij Vogue UK, als assistent van andere modefotografen. Maar na vijf jaar manusje-van-alles spelen had ze genoeg van het uitvoeren van andermans geniale ideeën. Die had ze namelijk zelf ook.

Het eerste wat ze deed na haar afscheid bij Vogue UK was reizen. Twee maanden lang in Vietnam, met haar camera. Deze keer zou zíj bepalen wie, wat en waar er gefotografeerd werd. Vrijheid weliswaar, maar binnen strikte grenzen: ze had zichzelf opgelegd om creatief consequent tot het uiterste te gaan. Haar ervaringen en de confrontatie met haarzelf resulteerden in foto's die bij terugkomst in Londen meteen goed bleken voor een aantal belangrijke prijzen. Kort daarna sleepte ze ook nog eens haar eerste eigen reclameopdracht in de wacht, een grote campagne voor een sigarettenmerk in Australië. Ze was opengebloeid op haar *maiden voyage*; zowel emotioneel als professioneel.

Kleine meisjes worden groot

De passie voor fotografie kreeg Fullerton-Batten met de paplepel ingegoten. Als dochter van een fervent amateurfotograaf leende ze geregeld haar vaders camera. Op haar zestiende besloot ze van haar liefhebberij haar beroep te maken, en na nog twee jaar studie kwam dan het assistentschap bij Vogue. De jaren aldaar hebben een grote stempel op haar carrière gedrukt: nog altijd bestaat het gros van haar werk uit supercommerciële, glamourgerichte opdrachten. Een nuttige leerschool dus, maar haar eigen geluid, haar creativiteit, kon ze daar ten enenmale niet kwijt. In het semiautobiografische *Teenage Stories*, waarmee Fullerton-Batten in 2005 doorbrak, kreeg die wel de vrije loop. De reeks toont de moeilijke overgangsperiode van meisje naar vrouw. "Mijn jeugdherinneringen hebben me daar zeer bij geholpen," zegt ze. "De puberteit is zó'n moeilijke tijd. Meisjes worden zich bewust van hun eigen seksualiteit, en dat maakt de omgang met jongens plots heel beladen – ook als ze dat niet eens willen." De foto's in *Teenage Stories* behoeven niet veel uitleg: je ziet jonge meisjes rondlopen in een minidecor; veel te groot voor de wereld die ze intussen ontgroeid zijn. Relaties en de daarmee samenhangende onzekerheid en onbeholpenheid zijn een rode draad in nagenoeg al Fullerton-Battens werk. Zo toont ze in *Mothers and Daughters* (2012) de breekbaarheid van de vaak gecompliceerde moeder-dochterband, en hoe die tijdens een mensenleven andere vormen kan aannemen. Opvoedsters kunnen zomaar veranderen in zussen.

Blind

Fullerton-Batten schrikt ook niet terug voor maatschappelijk netelige kwesties. In *Unadorned* (2012) kritiseert ze onze obsessie met slankheid en onze onhebbelijke neiging om mensen met overgewicht als tweederangsburgers te behandelen. De reeks motiveerde haar om nog andere sociaal geïnspireerde thema's aan te snijden. "We zien graag voor ons hoe ons leven beter, grootser, mooier kan. Maar soms moeten we de omgekeerde oefening eens maken: hoe zou het zijn als we het zoveel sléchter hadden?" Die vraag kwam niet uit de lucht vallen. Fullerton-Battens schoonvader kampte met een oogziekte waardoor hij geleidelijk blind werd. "Het deed me beseffen welke impact dit heeft op het leven. Ik begon me af te vragen hoe ík ermee zou omgaan mocht ik blind worden," zegt ze. "Mijn zicht is essentieel voor mijn beroep. Beeld en licht … mijn hele leven draait erom. Maar nuchter beschouwd is het een groot goed dat ik mijn kinderen kan zien opgroeien, kan zien wie voor me zit, kan autorijden, et cetera. Gedurende het project ging ik me steeds meer dingen afvragen: of het bijvoorbeeld erger is om blind geboren te zijn of je zicht later in je leven kwijt te raken. En, hoe dromen mensen die blind geboren zijn, zonder de beeldbank die ons geheugen is? Ik wilde dat achterhalen, weten hoe blinde mensen de wereld ervaren."

Julia Fullerton-Batten bracht verschillende dagen door met haar blinde modellen nog voor ze ook maar één foto maakte. Daarna vroeg ze hun een plek uit te kiezen die voor hen iets speciaals

betekende; daar zouden ze gefotografeerd worden. Ook vroeg ze hun om hun persoonlijke verhaal neer te schrijven. Uit die getuigenissen blijkt wonderlijk genoeg dat de meesten niet zo'n fundamenteel ander leven leiden of andere dromen koesteren dan mensen die kunnen zien.

Enscenering en dramatiek zijn vaste ingrediënten in Fullerton-Battens oeuvre, en daar is haar achtergrond in de modefotografie natuurlijk debet aan. Geen documentairestijl dus, en geen uit het leven gegrepen beelden. Integendeel, haar beelden zijn stuk voor stuk zorgvuldig in scène gezet, met locaties die niet toevallig gekozen zijn. Zó tot in detail gecomponeerd zijn ze dat het wel stills uit een film lijken. Het cinematografische aspect vind je overigens overal bij haar terug. Elke setting is beladen, het licht staat altijd symbool voor iets. Mede daardoor bezitten Fullerton-Battens foto's de kracht om de blik van de kijker telkens opnieuw te trekken. Die wordt daarvoor beloond ook: keer op keer duiken nieuwe elementen op, veelbetekenende details, een diepere laag. Fotografie *meets* cinematografie *meets* de Vlaamse Primitieven, zeg maar.

Een les in nederigheid

En dat terwijl de verhalen erachter wel vaak teruggrijpen op de realiteit, háár realiteit. *Teenage Stories* was er nooit gekomen zonder allerlei herinneringen aan haar tienertijd. De scheiding van haar ouders, de verhuizing naar Engeland, opgroeien in een nieuwe stad: ze zijn onlosmakelijk verbonden met haar debuut.

En al liet ze zich voor *Blind* ook weer inspireren door een gebeurtenis in haar persoonlijke leven, toch is het heel duidelijk dat deze reeks niet over haar gaat. "Het was voor alles een les in nederigheid," zegt ze erover. "De verhalen van de modellen hakten erin, maar tegelijk haalde ik er ook kracht uit. Het zijn stuk voor stuk energieke, moedige mensen die er ondanks hun blindheid en de bijbehorende moeilijkheden in slagen om een vol en vitaal leven te leven. En wat mij – na wat ik erover gehoord en gelezen had – toch nog verraste was de geoefendheid van hun andere zintuigen. Door geluidsweerkaatsing kunnen ze een lantaarnpaal hóren, om maar wat te noemen. Hun geheugen is trouwens ook veel beter. Maar de grootste verrassing was en bleef hun levenslust." ■

WEG VAN DE
Danila Tkachenko
WERELD

WOORD CAROLINE DE RUYCK BEELD DANILA TKACHENKO

Drie jaar lang speurde fotograaf Danila Tkachenko in de wouden van Rusland en Oekraïne naar eenlingen die de bewoonde wereld achter zich hadden gelaten en al vele jaren genoegen namen met enkel de wildernis als gezelschap. Zijn fotoreeks 'Escape' is te situeren ergens tussen portret- en natuurfotografie in.

Wat drijft iemand zo ver om de samenleving definitief de rug toe te keren? En vooral: wat doet zo'n zelfverkozen isolement met een mens? Het liet de jonge Rus Danila Tkachenko, een alumnus van de Moskouse Rodchenko School of Photography and Multimedia, niet los sinds hij tijdens een wandeltocht verdwaalde in het ruige Altajgebergte in West-Mongolië. Pas na dagenlang ronddolen keerde hij heelhuids terug in de bewoonde wereld.

Op heremietenjacht

Ook na het bekroonde Escape is Tkachenko er nog steeds niet uit. De geportretteerde mannen vertelden er overigens honderduit over, waarom ze de bossen waren ingevlucht, dikwijls al tien à vijftien jaar eerder. Aandringen was niet nodig – tot Tkachenko's verbazing: "Misschien wel omdat ik zelf een beetje een vreemde snuiter ben. Maar ik vermoed dat ze het stiekem fijn vonden om nog eens met iemand te kunnen praten. Hun bijna kinderlijke eerlijkheid ontroerde. Ik voelde me goed in hun gezelschap. Voor ik ze op de foto zette bracht ik minstens een hele dag met ze door. Ik vertelde hoe het er in de wereld aan toeging, trok met hen mee op zoek naar voedsel en hielp in het huishouden, of wat daarvoor moest doorgaan." Enkele van de kluizenaars bleven op veilige afstand en lieten Tkachenko eerst een paar uur postvatten bij hun hutten van takken en dood gras, om dan schoorvoetend toch toenade-

ring te zoeken. Soms verliep de communicatie via briefjes. Een paar anderen maakten de indringer in klare taal duidelijk dat hij maar beter kon opkrassen, en wel meteen.

Over hoe hij zijn modellen op het spoor kwam wil Tkachenko niet veel kwijt. "Journalisten, parkwachters, vrienden en kennissen – en vrienden en kennissen ván die vrienden en kennissen op Facebook – hielpen me op weg. Helaas bleek een expeditie weleens vergeefs, want tussen de tips die binnenstroomden zaten de nodige loze. Zo gebeurde het dat ik een halve dag door de bush ploeterde, om dan een verlaten hutje of zelfs helemaal niets aan te treffen. Soms had ik meer geluk en wezen dorpsbewoners me min of meer de weg naar de plek waar ze 'die zonderling' voor het laatst hadden gezien. Richting de rivier, en van daaraf nog een kilometer of twintig oostwaarts, ging het dan."

Aanhoudend verdriet

Ook over de identiteit van zijn 'ontsnapten', zoals hij ze zelf noemt, houdt de fotograaf zich op de vlakte. Meer dan dat hij de mannen heeft opgespoord "in een twintigtal gebieden waaronder de Altaj, de Oeral en Siberië" laat Tkachenko niet los. "Die mensen hebben heel bewust gekozen voor een anoniem leven, ver weg van alles en iedereen. Ik moet er niet aan denken dat ze door mijn schuld plots een toeristisch curiosum zouden worden," vertelt hij. Achterin Escape somt Tkachenko kort de motieven van zijn modellen op, en die zijn even gevarieerd als pakkend. De een vluchtte de wildernis in toen hij na de dood van zijn vrouw in een depressie belandde en ondervond dat er in de 'beschaafde wereld' geen plaats was voor zijn aanhoudende verdriet. Een andere kluizenaar heeft een moord op zijn geweten. Uit schaamte koos hij, na zijn gevangenisstraf, voor algehele afzondering: hij wilde de rest van zijn leven in de bossen om vergiffenis bidden. Nog een andere – een plantkundige – verloor zijn job en besloot op eigen houtje de medicinale krachten van de natuur en in het bijzonder van ginseng te gaan bestuderen. Als er door alle verhalen één constante loopt, dan is het wel desillusie: al deze mannen kregen op een bepaald moment een diepe afkeer van mensen en alle opgedrongen sociale conventies. Ervan wegvluchten leek hun de enige oplossing. Of zoals een van de getroebleerde kluizenaars het zelf verwoordt:

"De mensheid lijdt massaal aan een dodelijke ziekte: het gebrek aan ziel. Alleen door in je eentje te ontsnappen kun je jezelf nog redden." Een andere houdt vol dat je "alleen in eenzaamheid werkelijke vrijheid kunt bereiken"; iets waar de fotograaf het gedeeltelijk mee eens lijkt te zijn. "Iedereen wil graag authentiek zijn, maar intussen bepaalt onze sociale context voor een groot deel onze identiteit. School, werk, familie: we worden een gevangene van onze eigen positie en doen wat van ons wordt verwacht," zegt Tkachenko. "Mijn ontsnapten vluchtten de natuur in, om daar hun sociale identiteit en alle bijbehorende regeltjesballast van zich af te werpen. Of die bevrijding van mensen en maatschappelijke banden voor hen de beste oplossing was blijft een intrigerende vraag."

Fleurig gordijntje

Hoe verrijkend of sprookjesachtig het terug-naar-de-natuuridee menigeen ook moge toeschijnen; in Escape valt weinig romantiek te bespeuren. Tkachenko toont fysiek en ook psychisch gehavende mannen die alles achterlieten en daar zichtbaar een zware tol voor betaalden. Ook al wappert er in hun sjofele onderkomens al eens een fleurig gordijntje en ligt één kluizenaar op zijn boomstam quasi één te worden met de natuur; naar gelukzaligheid is het in Tkachenko's duistere wildernis meestal vruchteloos zoeken. Escape toont pagina na pagina door weer en wind gegroefde gezichten, wantrouwige blikken, een man zo dun dat hij amper méér lijkt te wegen dan de twijgen in zijn armen. Weer een andere verstopt bangelijk zijn gezicht, en nog verder zien we een close-up van gezwollen knuisten op een afgekapte boomstronk, minus twee vingers. "Er ooit afgevroren tijdens een strenge winter." Aan ultieme vrijheid lijkt een stevig prijskaartje te hangen. Niettemin wil geen enkele van Tkachenko's kluizenaars ooit nog terug. Of dat houden ze tenminste vol. "Denk je nu echt dat ik hier in m'n eentje leef?" reageert er een bijna verontwaardigd. "Kijk daar naar de heuvels: elk ervan heeft een naam, een persoonlijkheid. Ze zijn mijn beste vrienden, net als de herten, de beren, de wilde zwijnen. Een beer zal nooit aanvallen zolang jij hém niets doet. Mensen daarentegen bijten je zonder reden de strot af. Nee, díé hoef ik nooit meer te zien." ■

Sasha Eisenman

CALIFORNIA GIRLS

WOORD CARMEN DE VOS BEELD SASHA EISENMAN

Sasha Eisenman houdt van echt. Maar al te vaak, in zijn professionele leven als modefotograaf, moet hij zich schikken naar de voorspelbare wensen van de opdrachtgevers. Bij zulke glossy boekjeslieden is authentiek heel dikwijls niet gelijk aan echt, maar aan opgekalefaterd, geplamuurd, bijgestuurd en plastiekerig. "We gaan toch geen puistjes publiceren, daarvoor hoeven de mensen geen geld neer te tellen, die zien ze thuis al meer dan gewenst in de spiegel op die dagen dat ze vergeten eerst hun tanden te poetsen en pas daarna hun bril op te zetten." Was ik een artdirector, ik formuleerde het zo.

Nu wil het goede lot dat Sasha een surfer is. Een echte California dude voor wie vrije tijd gelijkstaat aan zeezand tussen de tenen. Zout op zijn huid is in zijn wereld geen allusie op een verre Bretoense visser, maar gewoon de realiteit van alledag. Het afvoerputje in zijn douche verslijt er sneller door. Corrosie.

77 °F

Sterren en slierten topmodellen fotograferen is plezant, daar niet van – er zijn er veel die er van dromen, maar wie de droom dagdagelijks beleeft zo 's middags en 's avonds tussen de boterhammen en het warm eten, neigt al gauw naar het eenvoudige. Sasha begon zijn vriendinnen te fotograferen. De meisjes die net als hij in drommen de golven willen bedwingen en van nature barsten van het zelfvertrouwen. Bruingebrand en pril, zulke meisjes hebben geen last van complexen. Geef hun een stuk natuur uit de staalkaart die Californië biedt, de zon, de sneeuw, de stranden of de woestijn, San Francisco en Hollywood waar alle dromen uitkomen, en dit steeds in een zalige zevenenzeventig graden Fahrenheit – ik vraag straks nog iemand om dit getal even voor me te converteren maar het zou me niet verwonderen als ik bij een jaloersmakende vijfentwintig graden Celsius zou uitkomen, het héle jaar rond – en zij leven gelukkig op het deinen van de tijd. Niks fake. Plezier maken en de dag plukken op tuinfeesten en muziekfestivals, dat is hoe zij het zien. Dat is hoe zij leven, en dat wou Sasha vastleggen. Om de mythe te doorprikken. Sommige mensen geloven nu eenmaal graag dat starlets de ultieme manifestatie zijn van de gemiddelde Californische griet. Mis. Zo fout als kan zijn. De meisjes die zich in zijn inner circle bewegen dragen de iconische spirit van The Big Surf in zich. Die nemen een voorbeeld aan Joyce Hoffman, de legendarische vrouwelijke surfpionier die omstreeks de jaren zestig, blond en sprankelend aantrekkelijk, gemakkelijk glimlachend focuste op haar sport. Ze was wars van attitude, net zoals de lokale muzikanten, kelners, studenten, skaters en artiesten van meerder slag die zíjn vriendenkring bevolken, dorpelingen, alginder geboren en getogen.

In de kleerkast

Uit die bende plukt hij de meisjes die hem fotogewillig zijn, en dat zijn er gezien zijn reputatie steeds meer. Hij houdt ervan om samen met hen in hun kleerkast te duiken, hun favoriete outfits bijeen te zoeken en de rest van de namiddag samen te freewheelen op het ritmisch klikken van zijn sluiter terwijl ze lachen en gelukkig zijn. Hij fotografeert ze in hun gewone doen, in hun gewone plunje, en dat is dikwijls blotig maar ongekunsteld. Liever zo dan sexiness proberen na te jagen die niet oprecht is. Het zit hem in de puur-en ongedwongenheid, in de naturel van hun gezamenlijke omgang in hun Zuid-Californische habitat. Daar komt al eens een baby of een hond bij kijken. Vooropgesteld dat ze die ook werkelijk bezitten. We krijgen zicht op hun zuiderse interieurs, op borstjes rond als mandarijntjes rijp om geschild te worden en in partjes verdeeld, op meisjeskamers en zwembaden, proviandkasten en zeevruchten die net niet meer leven. Het is er vrolijk, zongebleekt, en ik word er blij van.

California dreamin' on such a winter's day

Bij het dichtslaan van het boek ben ik langs de kerk gegaan, de winter nog in mijn botten en onder mijn vel. Ik knielde en gebaarde te bidden. Een priester om mijn borsten aan te tonen heb ik er niet gezien. ■

LOVE POTION
N°9

IN LIEFDE EN OORLOG
OLGA MATVEEVA

WOORD MARJORIE BLOMME BEELD OLGA MATVEEVA

Oorlog verscheurt. Innig geliefden kunnen vijanden worden. Nieuw is dit gegeven zeker niet; in Oekraïne is het zelfs dagelijkse kost, en de Russische fotografe Olga Matveeva (29) zit er middenin. Ze brengt verslag uit van de uitzichtloze, slepende broedertwist, maar ze doet dat heel anders dan veel van haar collega's. In haar visualisering wisselt ze poëtische beelden af met oorlogsactie. Ze onthoudt zich van oordelen; vragen stelt ze des te meer.

Het was de liefde die haar naar Kiev voerde. Weg van het relatief veilige Moskou, de *place to be* voor een jonge, ambitieuze kunstenaar. "Ik had een passionele relatie met een Moskoviet," zegt Matveeva. "In 2013 besloten we voor een tijdje naar de Krim te gaan. Om er te overwinteren, weg van de Moskouse drukte en kou. Als de oorlog niet uitgebroken was waren we daar waarschijnlijk wel blijven wonen." Maar de oorlog kwam er wel, en die bracht haar tot haar laatste werkstuk, *Feud*, een uiterst associatief fotoboek dat verhaalt van een diepe vete en kolossaal onbegrip.

Vrienden worden vijanden

In november 2013 kwamen honderden Oekraïners samen op het Onafhankelijkheidsplein (Maidan) in Kiev om te demonstreren voor aansluiting bij Europa. Het aantal actievoerders nam hand over hand toe, evenals de intensiteit van het protest. Uiteindelijk werd het ontslag van president Viktor Janoekovitsj en zijn regering geëist, wat meteen ook de aanleiding was voor de Oekraïense Revolutie in 2014. De boodschap was duidelijk: het volk had schoon genoeg van alle corruptie, vriendjespolitiek en geweld. "Ik maakte de beelden voor *Feud* tegen de achtergrond van de protesten," zegt Matveeva. "Voor de demonstraties was Kiev een rustige stad. Maar ineens veranderde alles. Goede collega's, vrienden, bedpartners … werkelijk iedereen begon elkaar te wantrouwen. Gezinnen vielen uiteen! Het was ronduit beangstigend." Niettemin had het conflict volgens haar ook een rare aantrekkingskracht: "Emoties als vijandschap en haat zijn minstens zo geladen als liefde. De provocatie, de projectie van je frustraties op de vijand … ik durf het bijna niet te zeggen, maar je raakt eraan verslaafd."

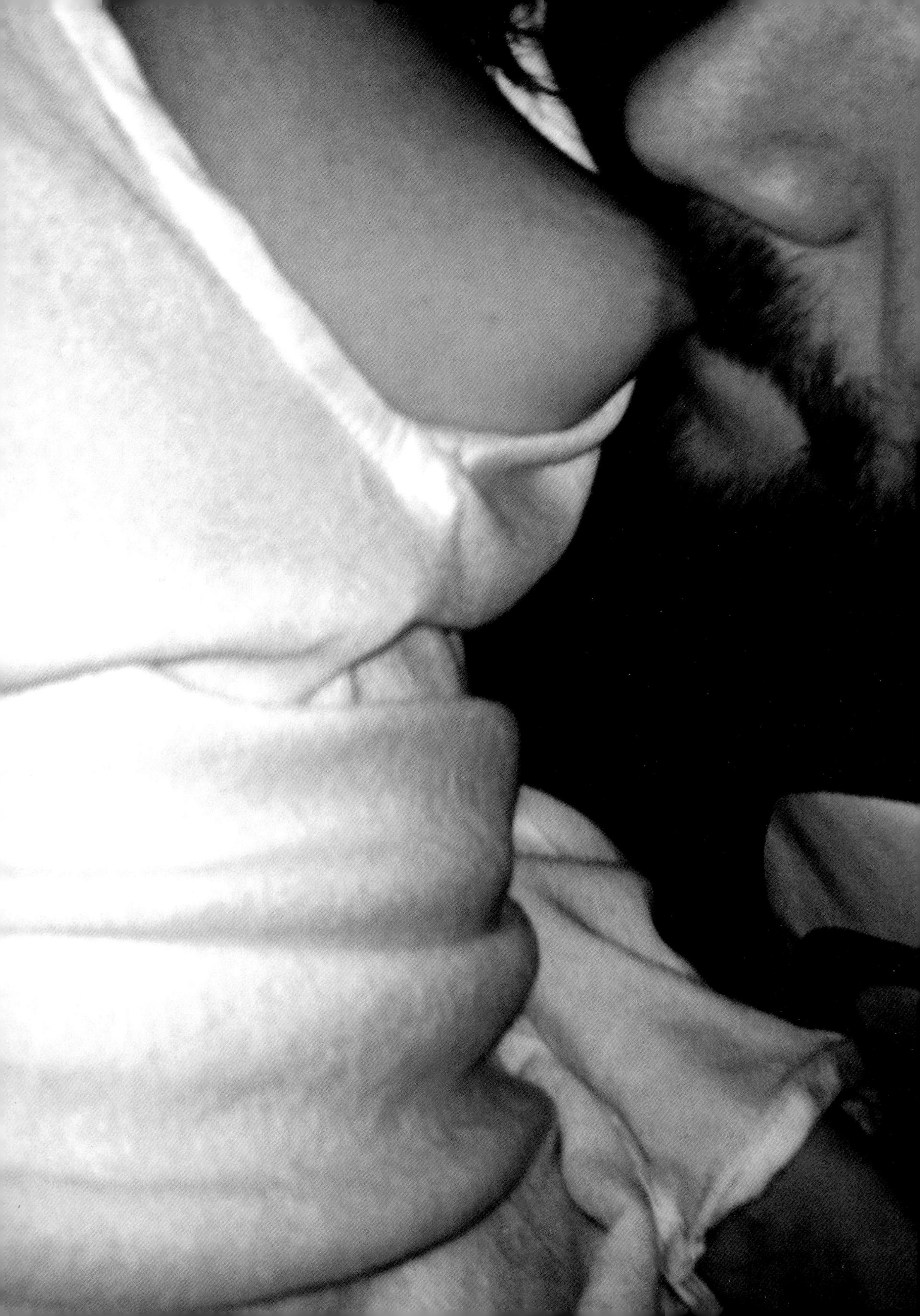

Associatieve rollercoaster

Feud is niet van de ene dag op de andere geboren. Een jaar voor de oorlog in de Krim uitbrak was Matveeva al – vaak intieme – beelden aan het verzamelen. Sommige daarvan belandden ook in het boek. "*Feud* is niet echt volgens een vastomlijnd plan ontstaan," zegt ze. "Maar ik voelde heel sterk dat ik álles wat rondom mij gebeurde moest vastleggen." Bij de eerste aanblik doet het boek wat bevreemdend aan: wat hebben speelgoedvissen in bevroren water te maken met de Russische vloot? Niks. En alles. *Feud* is een associatieve rollercoaster, een hyperpersoonlijk mozaïek van een fotografe die middenin een vuile oorlog de schoonheid heeft gezien. Door verdriet, verraad, pijn en eenzaamheid heen.

Geen antwoorden

Feud drijft op intuïtie. Het vertelt Matveeva's verhaal van emotionele kwetsbaarheid in een *stream of consciousness*. "Ik wilde een associatief boek maken waarin de beelden niet voor zich spreken maar een verhaal vertellen. Dit verhaal gaat over broederstrijd, over oorlog, maar ook over een verloren liefde. In zekere zin hoort dat allemaal bij elkaar." Volgens Matveeva wordt een strijd op een bepaald moment iets symbolisch. Je weet niet meer waarom je oorlog voert, je dóét het gewoon. Een sacrale handeling wordt het haast, die zichzelf in stand houdt en herhaalt. "Tijdens de gebeurtenissen was het bijzonder moeilijk om er géén deel van uit te maken, of om je niet tenminste een beetje medeplichtig te voelen," aldus Matveeva. Volgens haar kent haar verhaal geen begin en geen einde. En bovenal: het biedt geen antwoorden. "Ik stel in dit boek alleen maar vragen: hoe heeft dit kunnen gebeuren? Waarom zijn zo velen betrokken geraakt bij een oorlog die zo ver van hen afstond? Waarom kunnen ze zichzelf niet tegenhouden? Waarom blijven ze zich omringen met vijanden die ze zelf gecreëerd hebben? In die zin sluit wat er gebeurt erg aan bij de denkbeelden over moraal en haat van de filosoof met de hamer, Friedrich Nietzsche." Dat Matveeva de periode in Kiev doorbracht met haar geliefde – inmiddels zijn ze uit elkaar – heeft het verhaal ook gekleurd. Tijdens de oorlog besefte ze dat hun relatie op sterven na dood was. *Feud* gaat dus niet alleen over oorlog en strijd, maar evenzeer over afscheid nemen.

De intense beelden van Olga Matveeva, afgestudeerd aan de vermaarde Moskouse Rodchenko Art School, maken wereldwijd indruk. Op het Weense PhotoBookFestival 2014 werd *Feud* beloond met de eerste prijs. ■

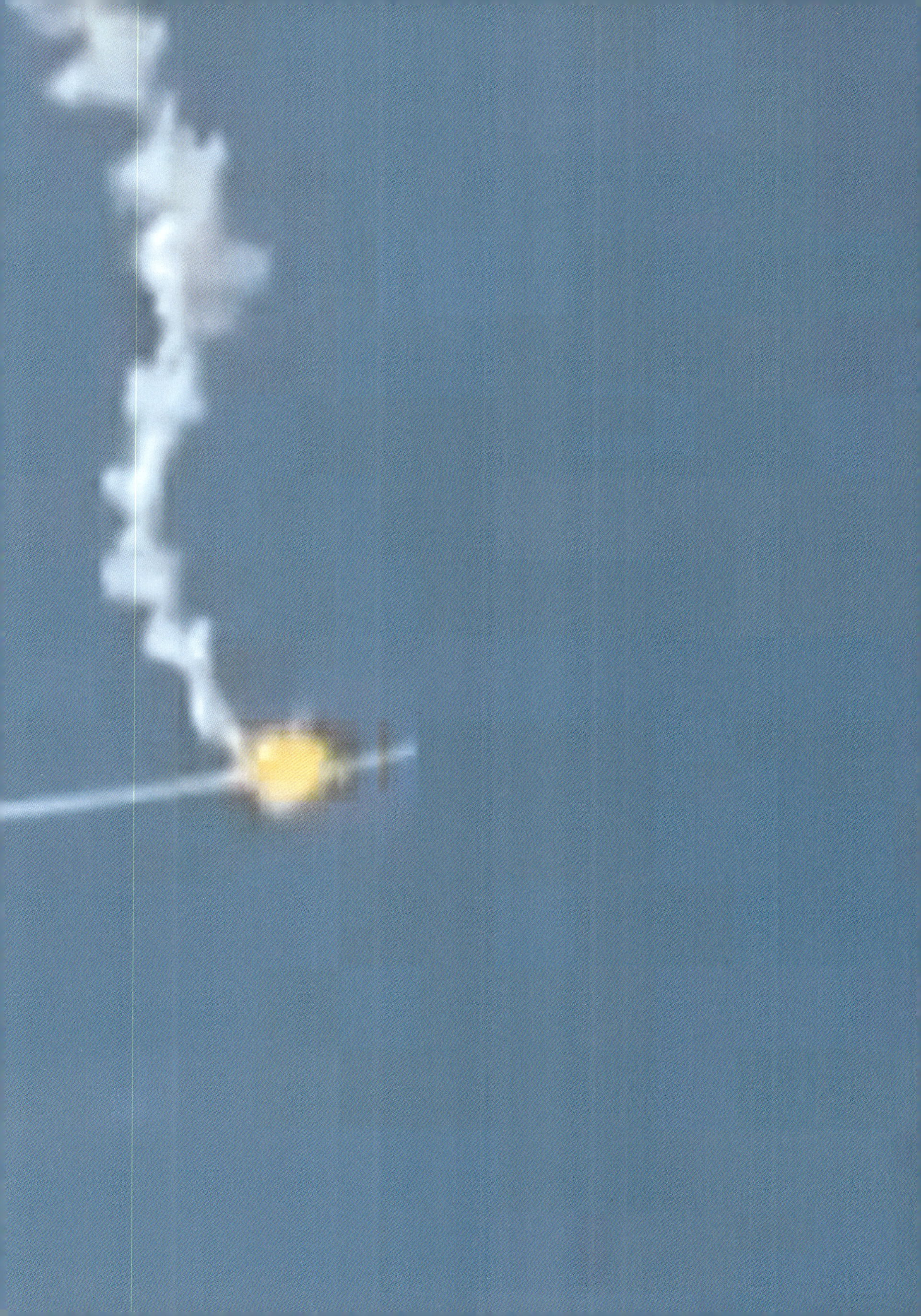

KLAUS PICHLER

Autopsie van opgezette beesten

WOORD AN OLAERTS BEELD KLAUS PICHLER

In de achterkamertjes van het Natuurhistorisch Museum van Wenen dissecteerde Klaus Pichler de liefde voor taxidermie. Pichlers beelden zijn een autopsie van opgezette beesten. Samengevat: de dood laat zich gewillig opvullen met ideeën, maar blijft ten slotte altijd bij haar eigen gedacht.

MINIMAX

De tragiek van het leven laat zich zelden vangen. Pas met een vel eromheen worden de contouren zichtbaar. Een opgezet beest laat zien hoe hopeloos de strijd is. Taxidermie wankelt tussen kitsch en kunst om uiteindelijk neer te storten in de wetenschap. Niets overwint de dood.
De poes lag op de zitting van een stoel, bij het tafeltje in de gang, met daarop een telefoon, die ook niet meer werkte. De vrouw streelde de poes en zei: "Eigenlijk is het makkelijker zo. Zij ging altijd naast de kattenbak. Dat doet ze niet meer. Ik hoef zelfs geen gouden blikjes meer voor haar te kopen! Het scheelt een hoop."
Ik was op bezoek bij mensen met opgezette huisdieren, samen met een grote, dikke fotograaf, die bij het afscheid een Griekse zuil met gedroogde bloemen omstootte. Het is wat taxidermie kan zijn: een sullige gooi naar de eeuwigheid. Het sterfgeval bracht huishoudelijk gemak met zich mee. Dat zulks belachelijk wordt gevonden ligt mede aan de poes. Een poes is geen stinkende leeuw. De heldhaftigheid ontbreekt. Op de stoel ligt hoogstens een afkooksel, een sentiment bij de telefoon dat hoe langer hoe sentimenteler wordt. Voor omstanders is het niet eenvoudig om er ernstig bij te blijven. Wat je van een huisdier overhoudt vergaat in misplaatst respect met komische kwaliteiten. In een museum wordt het sentiment geweerd, wat niet wil zeggen dat er respect voor in de plaats komt. Opgezette dieren tonen geen eerbied, zeker niet voor wat ze zelf waren. Taxidermie draait om het comfort van de toeschouwer.

Tombe van plastic

Een taxidermist schept een gevoel van zekerheid. Niets is tenslotte zo veilig als de dood. Kijk maar naar de tarantula's van Klaus Pichler. Ze zitten met hun harige poten omhoog in een doosje waar vleessalade in had kunnen zitten. Anders dan de poes op de stoel is het spinnenbeeld van Pichler wél een overwinning op de dood. De beesten zijn weliswaar dood, maar de toeschouwer is eraan ontsnapt. Met een luid hahaha neemt hij wraak op de horror van het weduwenvergif. Want een levende spin van dat formaat, die zie je toch het liefste dood, in een tombe van plastic. Net zoals je een haai ook beter in de gang tegenkomt dan in de zee. Opgezette dieren zijn niet trouw aan de waarheid. Ze moeten de werkelijkheid bezweren. Wat ze laten zien is de angst van de mens, netjes op een plankje genageld. Ze zijn de trofee van de baasspeler. De vacht van de wolf is dof, zijn oogkassen zijn leeg, en de reuzenkikker – die we toch niet wilden kussen – zit een archiefkast te bewaken. De prins is een ambtenaar geworden! Opgezette beesten zijn het portret van een kleinzerige aap. Daarvoor hoeven ze geeneens een spiegel vast te houden. Trouwens, wij houden niet van zulke reflecties. Liever bijten we zelf een stuk uit een surfplank en leggen nog een laag vernis over de zwarte vin van het zeemonster. Mensen zijn de heersers van de schepping, en een olifantenvoet zagen we af om te aanbidden op een trapladdertje. Zogezegd. Want wij willen niet bidden. Wij willen controleren.

Neushoorn voor de paus

Op 20 mei 1515 meerde in de haven van Lissabon een schip aan uit India. Aan boord de Rhinocerus van Albrecht Dürer, maar dan écht. De levende neushoorn was een cadeautje voor de koning van Portugal, van de sultan van Gujarat. Het beest moest vechten met een olifant om de theorie van Plinius te bewijzen. Maar de show werd een sof en de neushoorn moest doorschuiven. Hij werd opnieuw op het dek vastgeketend en naar paus Leo X in Rome gestuurd, met een tussenstop nabij Marseille, want de koning van Frankrijk wilde hem ook graag zien. Na de bezichtiging, terug op volle zee, raakte het schip in moeilijkheden. De neushoorn verdronk jammerlijk in het blauw van de Méditerranée.
Maar inmiddels circuleerden er al tekeningen van het beest. Dürer maakte er zijn beroemde houtsnede van. Het aangespoelde kadaver werd opgevuld met stro en verhuisde naar het Teatro della Natura van Ulisse Aldrovandi, destijds professor natuurwetenschappen aan de universiteit van Bologna. Ik ben er geweest, in Palazzo Poggi, in de wunderkammer van Aldrovandi. Er hingen krokodillen aan de muur. Er blonken stekelvarkenvissen achter glas. Maar van de neushoorn geen spoor. Typisch taxidermie. Kader na kader kom je altijd uit bij een beest dat niet kon bestaan. ■

ST 187
DASYPROCTA
LEPORINA

64966
MELES MELES

676

ATELES BELZEBUTH ♂
NMW St. 1526

NR.2

Nr.3
Nr.4

De absurde wereld van

LUKAS WASSMANN

WOORD LAURA NOBLE BEELD LUKAS WASSMANN

Als iemand beweert dat Lukas Wassmanns fotografie één grote grap is, met amateuristische trekjes bovendien, en zonder achterliggend idee of concept, dan valt daar weinig op af te dingen. In feite klopt het allemaal, waarbij aangetekend zij dat er onveranderlijk veel bravoure in het spel is en dat de fotograaf er een masculiene blik op nahoudt. En achter de foto's gaat uiteindelijk ook zeker een concept schuil: al zijn thema's – hoe verschillend ook – benadert deze speelse beeldenmaker met dezelfde kwajongensachtige humor.

Zijn – op het oog – amateurige doe-het-zelfbenadering is iets wat Wassmann met zorg en genoegen uitspeelt. Hij rekt fatsoens- en artistieke grenzen flink op en al doende doet de jonge Zwitser de scheidslijnen tussen huis-tuin-en-keukenkiekjes en kunstfotografie behoorlijk vervagen. Om exáct te registreren wat hij wil bedient de technisch vaardige Wassmann zich overigens van de geavanceerdste spullen. Des te beter slaagt hij erin de kijker in verwarring achter te laten: wat in 's hemelsnaam is nu de kunstwaarde van deze foto's?

Carrière

De in 1980 in Zürich geboren Lukas Wassmann volgde heel traditioneel, heel ambachtelijk, een opleiding tot timmerman. Na drie jaren houtconstructie was hij toe aan een verandering: hij stortte zich op de fotografie, zijn andere passie. Als assistent – want zo begon hij – van professionele fotografen in New York, Milaan en Zürich bekwaamde hij zich in de techniek en deed hij massa's werkervaring op. Voor het verfijnen van zijn metier toog Wassmann weer aan de studie: aan achtereenvolgens de fotografieschool in Berlijn (FAS) en de fotografieafdeling van de Hochschule der Künste in Zürich. Sinds 2010 is hij docent op de ECAL, de kunst- en ontwerpacademie in Lausanne, één van Zwitserlands meest vooraanstaande culturele instellingen. Je zou kunnen zeggen dat zijn werk – hinkend tussen rebellie en conventie, tussen afwijzing en acceptatie – eenzelfde ontwikkelingsgang doormaakt als zijn carrière tot nu toe.

Wassmann benut zijn vaardigheden in diverse rollen. Allereerst als commercieel fotograaf: hij stond in tal van tijdschriften (New York Times Magazine, Vanity Fair, Sang Bleu), met campagnes voor onder meer BMW, Coca Cola,

Super

Christian Dior en Adidas. Velen zien hem als de joker van het vak, en dat is nou net wat de reclameafdelingen van grote bedrijven vaak over de streep trekt. Zelfs de meest dorre promoties van de dufste producten weet hij te kruiden met een humoristische twist; het is zijn kracht. Aan het andere eind van het spectrum doet hij dat net zo: stijlvolle, mondaine zaken voorziet Wassmann graag van een komische rafelrand. Wassmann opereert ook als vrij kunstenaar, en in die hoedanigheid valt zijn voyeuristische geneigdheid toch wel op. Op een van de beelden uit zijn fotoboek *L* zien we een vrouw liggend op bed, naakt. Haar ogen zijn gesloten, ze is bezig zichzelf te plezieren – we betrappen haar. Door de bewust onhandige uitsnede zien we haar kruis net niet, waardoor het beeld amateuristisch wordt, en tegelijk nog prikkelender. Anders dan in de *sleazy* boekjes stelt Wassmann scherp op haar gezicht, en dat logenstraft de obscene motieven dan weer. Met deze en andere foto's becommentarieert en omarmt Wassmann de verbreiding van de amateurfotografie in de porno-industrie. Waar ooit alleen gladgepolijste en stevig geprijsde producties zorgden voor het gewenst effect komen we nu aan onze trekken júíst door het gebrek aan technische vaardigheid.

Met zijn doe-het-zelfaanpak treedt Wassmann in de voetsporen van artiesten als Terry Richardson en Wolfgang Tillmans. Fenomeen Richardson werd de huisfotograaf van modeontwerper Marc Jacobs; topmodellen in high-end designerkleding fotograferen in een low-end snapshotstijl. Richardson, maar ook fotografen als Nobuyoshi Araki, zetten in op visuele wellustigheid, en daarmee op controverse. Anders dan zij zal Wassmann het seksuele element nooit te ver doorvoeren in zijn werk; in plaats daarvan geeft hij de voorkeur aan het belichten van de grappige en belachelijke aspecten van een situatie. Ook een verschil: bij Wassmann ontlopen mannen hun portie niet – integendeel. Zo zien we, ook uit zijn boek *L*, de achterkant van een blauwe auto gepenetreerd worden door een gespierde man in een opzichtige, ultrasynthetische sportoutfit. De kloeke gestalte wordt geaccentueerd door het lijnen van de aflopende achterklep met 's mans schouders, en van de schuine bumperhoek met de tors. De glimmende onderbroek en zijn hoog opgetrokken kousen geven dan weer een slapstickachtig tegenwicht. De hint naar de homo-erotiek ligt er dik bovenop, maar dan wel op zijn knulligst. Als ooit een foto overdreven in scène gezet is, is het hier, maar het stoute en lachwekkende heeft volkomen de overhand. Een fotowetenschapper zou opmerken dat disharmonieën als deze in al zijn beelden te zien zijn, en dat die daarmee samenhang aanbrengen in zijn gevarieerde esthetiek. Wij krijgen het ook wel mee, maar hij mag toch vooral op een brede glimlach rekenen: fotograaf, docent én trainer van honden Lukas Wassmann. ■

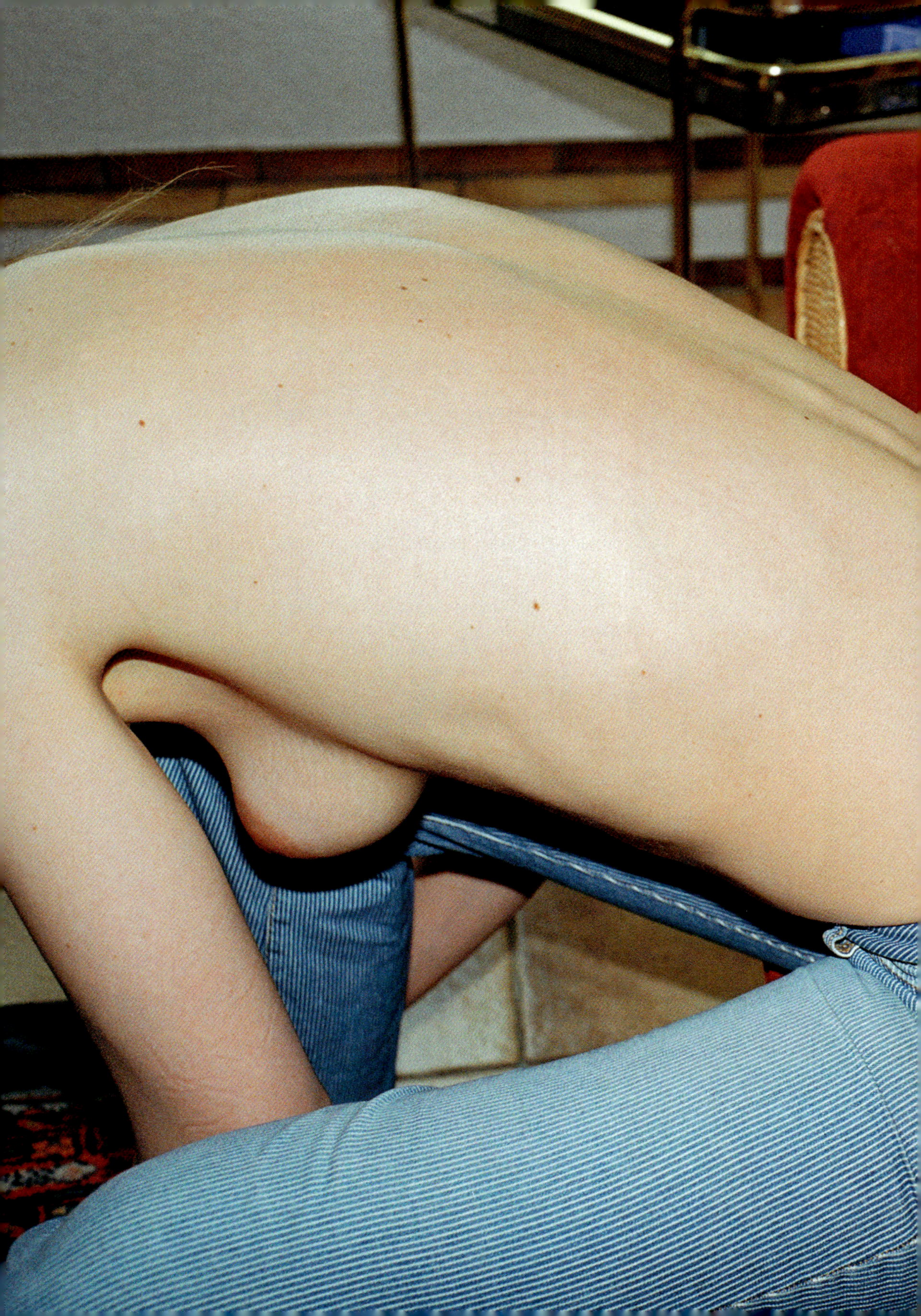

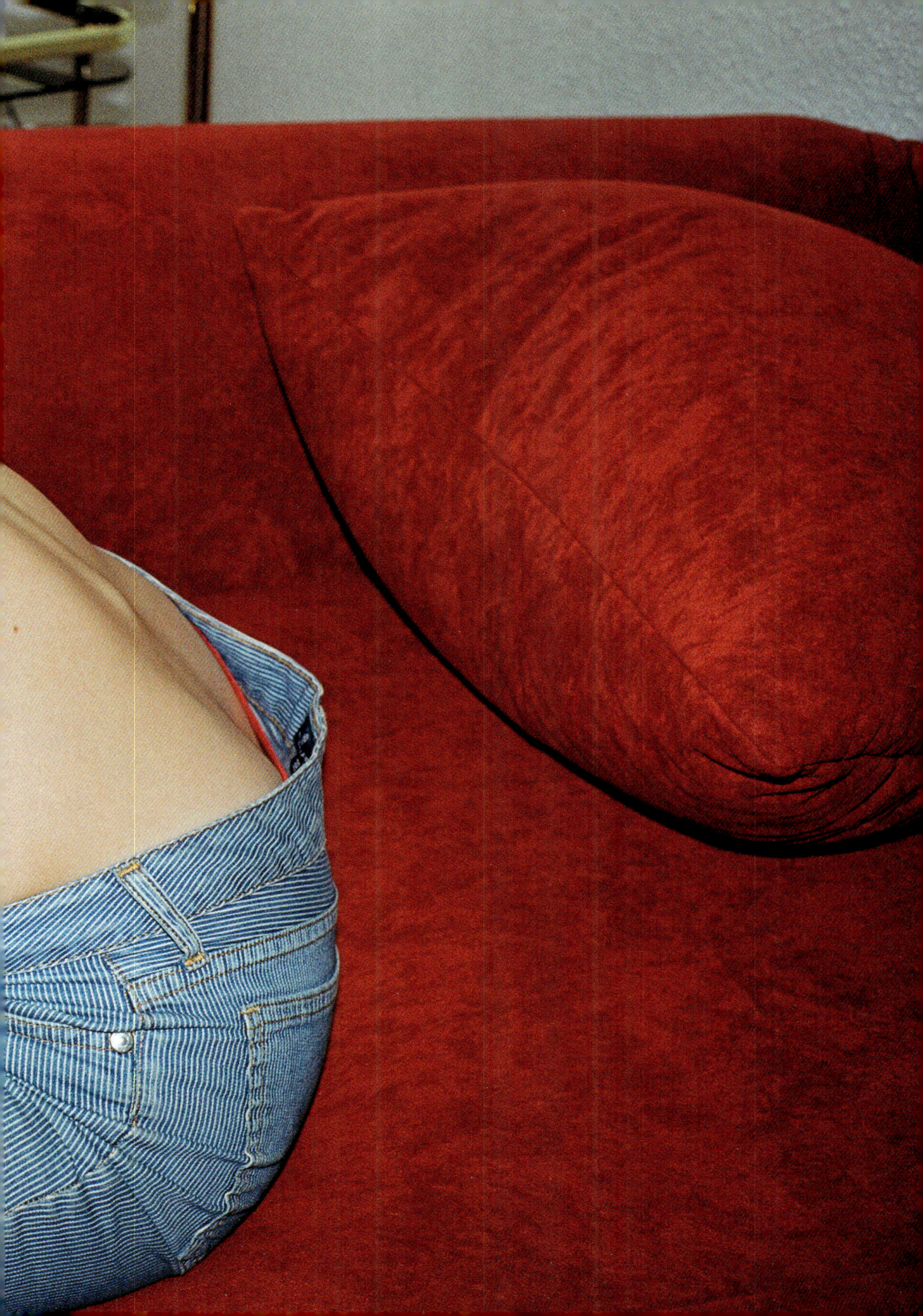

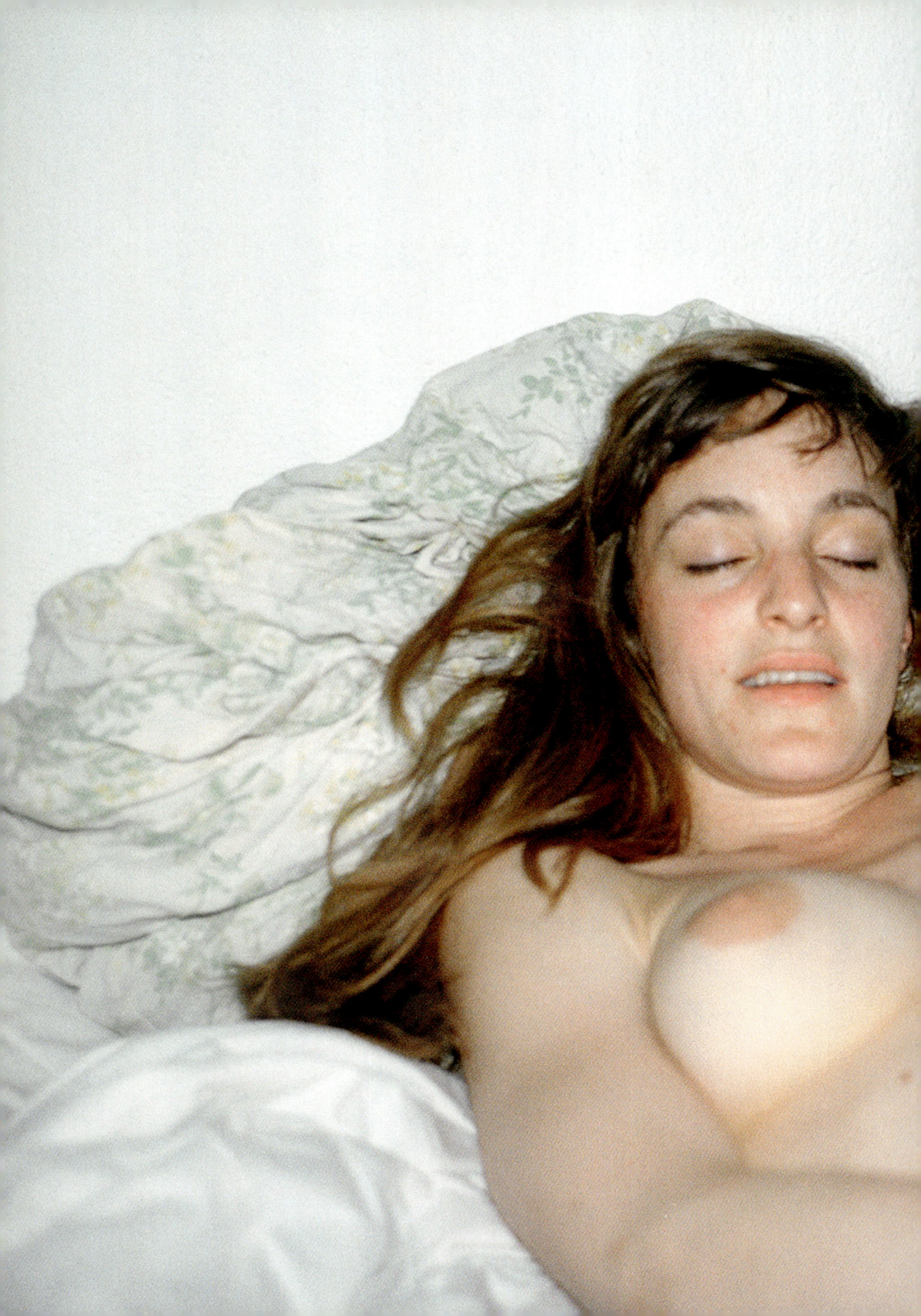

Tot het tegendeel bewezen is

MARIANNA ROTHEN

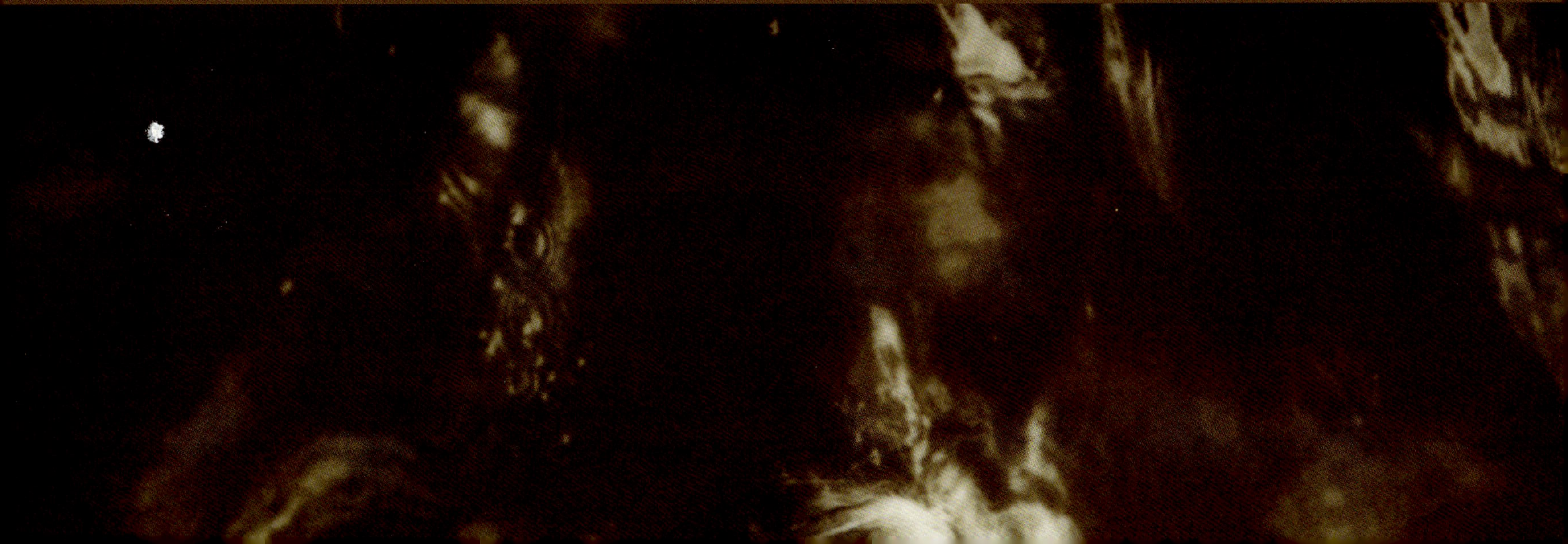

WOORD CARMEN DE VOS BEELD MARIANNA ROTHEN

Brigitte Bardot is in het water gevallen. Help ze gaat bijna onder. En hoe ze in het schier verdrinken haar handen voor haar borsten houdt. Geen smeur in haar make-up. Aandoenlijk. (Ik zou haar eerder willen kussen dan redden, bedenk ik, om haar aanblik nog even vast te houden. Is dit een teken van esthetica of ben ik gewoon pervers, misschien moet ik me daar later eens over bezinnen. Al dan niet in het bijzijn van een specialist.)

Ooit schreef ik een boekje met nietjes in de rug. Ik was een jaar of elf en vertelde erin over de lotgevallen van een slim maar ietwat ongelukkig jong meisje, dat ik Marianna noemde. Marianna punt, zonder achternaam. Op de omslag tekende ik een heel mooi kind met weelderig blond haar. Verheven was zij boven alle andere vrouwen. Veel verder dan de kaft ben ik bij nader inzien nooit geraakt.

De Marianna Rothen uit dit Snoecksverhaal fotografeert hele mooie andere meisjes. Vrouwen die in een moment van tristesse gevangen zitten, ergens vlak voordat het plezier uitbreekt. Alsof God hen net geschapen heeft – op hun hoofd geen haar maar een gestileerd naoorlogs pruikje – en ze nog niet goed weten wat aan te vangen met al hun tijd. Lieflijke elfen. Diva's bekwaam in onschuld. Gevangen in het gouden licht van een meisjesvriendelijke woestenij – bos of blokhut, in ieder geval een plaats waar ik ondanks de citronella memel vermoed – en blij afwachtend. Rechte tanden. Zoete zemige lippen. Ze gaan iets doen. Minstens één van hen, dat kan niet anders.
Come play us a song. Pong, pong. En zie, daar gaat ze al. Hupsieflupsie, kleren uit, achter de piano waar de zon aan haar huid en jeugdige tepels likt. Sensueel, niet seksueel, zover gaat ze niet. Charlie Chaplin in de vingers. Vrolijkheid. Droombuurmeisjes uit de jaren vijftig gaan nooit verder dan de zondige gedachte; lang voor de muur van stekels komen ze vanzelf tot stilstand. Onraad is waar de daad is, en die blijft aan hun lippen hangen; in lipgloss en zwarte mascara zijn raadsels gevangen van prinsen en onbezonnen maagdelijkheid. Schaamhaar en te grote onderbroeken trekken als een magneet. Aan mij. Aan u. Maar daar zijn zij zich niet van bewust, dat weten zij niet! Daar zit het hem nu net. Waar blijft de eenhoorn die hun nylons verscheurt en met grote purperen koppen de perzik tot sappen dwingt? Zwijg dan toch, zwijg demon, daar komen haar vriendinnen. Laat ons dansen, laat ons dartelen en gelukkig zijn. Denkt gij werkelijk dat lust geen last is? De slang is hier nog niet neergedaald, Eva heeft nog niet in de appel gebeten en all evil is in the eye of the beholder. Haar doorkijkblouse laat de wind spelen, dat voelt fijn op het vel, waarom anders zou ze zo'n bloesje dragen en in het vijverwater zitten alsof er helemaal geen oorwurmen of poespiranha's zouden bestaan. Waar haal je het? Hoe haal je het in je malle verdorven hoofd te vragen of je haar mag strelen? Heel even voor het donker wordt? Je weet dat zulke meisjes, eens in de nacht, verdwijnen tot het morgen wordt en dan vanaf het ochtendgloren opnieuw de schuldeloosheid belijden in zoetgevooisdheid; op goede dagen geheel meerstemmig. Huisvrouwen zijn het, commercials uit de nifty fifties. Allemaal met hun perfecte poep in onze richting, met ogen op hun achterwerk, je zal hen niet zomaar besluipen.

Een tip voor hen die niet willen opgeven. Bij wie hitsigheid het verstand benevelt. Daar in de cabane wacht ze op je. Ze heeft een hertenkop op en broedt op een ritueel. Onder haar de huiden van hen die ze voor jou verslond. In haar hand, tussen haar vingers, glijdt het gladde leer van de zweep waarmee ze je mores zal leren. Ongetwijfeld, want je vraagt erom. Inbreker. Katjaaa, katjaaaah, rood, striem, pijn, alvorens ze je bloedende lijf met haar prammende prille borsten schoonveegt en zalft met helend grottenvocht. Waarna ze zich neervlijt tegen de ruwe achterwand van haar bed, opnieuw de zon vangt met haar vel en lakens, en zucht alsof er niks gebeurd is. Dát. Dat is wat ze ons verzwijgt. ■

NACHT

WORDT DAG

WOORD LAURA NOBLE BEELD DARREN ALMOND

Tijdens een vakantie in Zuid-Frankrijk wilde de Britse fotograaf Darren Almond eens wat nieuws proberen. Wat als experiment begon zou de koers van zijn fotografie voorgoed veranderen. In een poging om met uitsluitend maanlicht een landschap te registreren meende hij dat een sluitertijd van vijftien minuten voldoende zou moeten zijn. Hij had gelijk, maar anders dan verwacht. Toen hij de eerste beeldjes op de contactprint bekeek was Almond verrast: het leek alsof de foto's in vol daglicht waren gemaakt – niks niet 's nachts. Maar wel hadden ze een rare, enigszins angstaanjagende kwaliteit; het licht was nieuw en onbekend. Hij was op een methode gestuit. De eerste foto van toen zou ook de eerste worden van de Fullmoon-serie, culminerend in meer dan 260 beelden.

Behalve fotograaf is Almond ook werkzaam als filmer en beeldhouwer. Maar in welke hoedanigheid ook, steeds cirkelt hij rond dezelfde thema's: tijd, culturele geschiedenis en persoonlijke herinnering. De maan paste naadloos binnen die artistieke grondslagen. Elk levend wezen op de planeet is met de maan verbonden omdat haar aantrekkingskracht verantwoordelijk is voor eb en vloed, en omdat haar schijnsel – ze is het tweede helderste object aan de hemel – tenminste te verdragen is.

“Darren Almond onthult de littekens, emoties en herinneringen van het landschap, dat veel meer blijkt dan bomen en steen.”

Onze maanbeleving is door de eeuwen heen rijkelijk gedocumenteerd in de kunst. In de westerse kunst observeerde Almond vooral het werk van de romantici; schilders als J.M.W. Turner en Caspar David Friedrich werden bij veel van wat ze verbeeldden hogelijk geïnspireerd door maanlicht. In de nachtlandschappen van oriëntaalse kunstenaars – waar Almond zich vervolgens op richtte – stond vooral de spirituele interpretatie op de voorgrond, met veel gebruik van ‘negative space’ (witruimte) voor de uitbeelding en overdracht van het verhevene en tijdloze van de natuur. Almond zelf komt in *Fullmoon* uiteindelijk uit bij een contemporaine blik op de westers-romantische maantraditie: de efemere, sublieme en goddelijke maan als voertuig naar romantische stemmingen en herinneringen aan een ver verleden.
Almond is ervan overtuigd dat landschap meer omvat dan stenen en bomen; het draagt littekens, emoties en herinneringen in zich die door ons onderbewuste diep gevoeld kunnen worden. Híérin tracht hij met zijn fotografie door te dringen, door een verdergaan van ruimte te suggereren, buiten de kaders van het beeld. Net zo verruimen onze blik en onze gedachten vervolgens tot achter de fysieke beperkingen van het beeld, inderdaad tot in het onbewuste toe.

De klok van de maan

De cyclische gang van het maanlicht, die, werkend als een klok, bepaalt wanneer, waar en hoe een foto

genomen kan worden, was leidend in Almonds visuele meditaties. Elke foto markeert een bijna rituele tijdsspanne, en dat door zoiets simpels als het openhouden van de sluiter. Ook al omdat Almond zijn landschappen zorgvuldig weghield van alle andere lichtbronnen zijn zijn beelden – zo anders dan in daglichtfotografie – betoverd met een poëtische, surrealistische esthetiek. Binnen het door hem geliefde atmosferische perspectief zien we dan – ver weg van alle denkbare lichtvervuiling – de puurheid van maanlicht: tastbaar, sensitief en subliem.

Afgezien van de maancyclus en weercondities zijn er nog tal van natuurlijke elementen die doordringen in het af te beelden landschap, en zo tot in de presentie van de foto. Water is daar één van, en als geen ander element geeft water de impressie van tijdsverloop weer. Beekjes, riviertjes, stroompjes veranderen in gladde witte paden; watervallen gaan over in mistige dreamscape-achtige wolken. Schaduwen worden in Almonds fotografie verzacht door het geleidelijke voortschrijden van het licht voor de geopende lens. Het soms melkachtige maanlicht onthult details die anders ongezien zouden blijven, maar tegelijk legt het andere nadrukken. Onze ogen moeten zich daarop voortdurend in- en scherpstellen.

Menselijk landschap

Almond raakt aan een oeraura. Zijn beelden verstillen ons. Dat wordt versterkt door het ontbreken van menselijke figuren op de foto's; heel soms plaatst hij er een mensgemaakt object als een windmolen in, als om een respectvol knikje te geven naar de generaties voor ons. Dergelijke invoegingen houden zijn werk ook met beide benen op de grond. Onze gedachten dwalen niet af naar kitsch; de wereld is zoals die is. Almonds beelden doen aan als dagdromen, en dragen een gevoel van geschiedenis in zich. *Fullmoon* doet ons beseffen hoe ver we afgeraakt zijn van de appreciatie van de natuurlijke wereld en de wonderen die die herbergt. Ondergedompeld in het maanlicht kunnen we, behalve wegdromen tot ver buiten de kaders van het beeld, misschien daar nog eens aan denken. ■

aversie & begeerte

ANTON VILL

WOORD HALBE DE JONG BEELD ANTON VILL

Badeendjes, draperieën, ingewanden, allerhande vloeistoffen ... Dit zijn zo de terugkerende thema's in Anton Vills tekeningen. Plus de vele vrouwen- en kindergedaantes. Liefst van Rubensiaans formaat. Vill is gek op huid, hoe die zich strekt, plooit, en hoe licht ermee speelt, en dat verklaart ook zijn voorliefde voor de 'grotere' vrouw. Maar wat er ónder die huid zit heeft eveneens zijn warme belangstelling, al van jongs af aan. "Ik wist vroeger niet welke van de twee ik moest worden: dokter of seriemoordenaar," licht hij die nieuwsgierigheid vrolijk toe.

Razend knap zijn de tekeningen van de Estse kunstenaar Anton Vill: creatief, fantasievol en zeer gedetailleerd. Elk plooitje, elk haartje, elk schaduwtje is met pijnlijke precisie geplaatst – de tijd en energie die het gekost moet hebben zie je er ruimschoots aan af. Vills metier getuigt van een klassieke ambachtelijkheid, en dat is gezien zijn voorliefde voor schilders als Dürer en Bosch niet vreemd. Des te bijzonderder is het dat Vill het zich allemaal zelf geleerd heeft.

Dürer

Als kind al verloor Vill zich in het werk van renaissancisten als Pieter Bruegel (de Oude), Jeroen Bosch en, vooral, Albrecht Dürer. "Ik raakte geobsedeerd door de mate van detaillering in die tijd," zegt Vill. "Kijk maar eens naar Dürers 'Martelaarschap van de tienduizend'. Net zo vaak zou ik naar het doek willen teruggaan, en elke keer zou ik dan een nieuw verhaal ontdekken. Het stuk is grotesk, maar tegelijk ontzettend mooi. Mijn favoriete schilders verstaan de kunst die kwaliteiten te mêleren. In mijn eigen werk streef ik iets vergelijkbaars na: het overbruggen en laten samensmelten van aversie en begeerte."

De begeerte zien we in de vele naakte lijven – tegen elkaar, zinnelijk (en inderdaad voluptueus), in de half geloken ogen, de smachtende blikken. De aversie: de opengesneden, opengewerkte mensenkoppen en -lijven, de darmachtige massa's die eruit puilen, de wemeling van kleine figuurtjes en diertjes te midden van de rare excreties. Nachtmerrieversies van Rembrandts 'Anatomische les' lijken het wel, en de clownachtig geschminkte monden en de wezenloos starende naakthonden versterken de onheilspellende ondertoon.

Nieuwe oude meester

Als we verder niets wisten konden we aan de

incidentele kledingstukken, een enkel boodschappenmandje en de badeenden nog zien dat Vill een hedendaags kunstenaar is. Maar technisch wil hij meer en meer terug naar het verleden. Potlood en (bal)pen ruimen gaandeweg het veld voor inkt, en inkt is nog maar een tussenstap in de overgang naar zijn uiteindelijke doel: de etstechniek. Qua minuscule lijntjes en arcerinkjes 'met naald' zijn Ferdinand Bol en Rembrandt zijn grote voorbeelden, maar ook, opnieuw weer, Albrecht Dürer.

Dat Vills hang naar vroeger tijden geenszins vloekt met het heden zien we terug in een publiek kunstproject in New York, herfst 2014. In Horatio Street, in het tegenwoordig superhippe Meatpacking District, mocht Anton Vill als een van de honderd geselecteerde kunstenaars een typische New Yorkse watertank op een dak omhullen met een kunstwerk – à la Christo. Het doel was tweeledig: het werk van aanstormende kunstenaars een boost geven en aandacht vragen voor de watercrisis wereldwijd. Toen de initiatiefnemer belde met de vraag of hij mee wou doen aarzelde Vill geen seconde: "Een goeie aanleiding en een fantastisch project, en met het resultaat ben ik superblij."

De badeend ten slotte. Op ons verzoek de diepere gedachte achter de rubber eendjes toe te lichten – zou het openen van een lichaam een dierlijke kracht kunnen onthullen? Zou het een illustratie kunnen zijn van een willoos meedrijven? – antwoordde de sympathieke Est dat hij de vorm van de diertjes aantrekkelijk vond, dat was wérkelijk alles. En ja, de vraag was hem vaker gesteld. ■

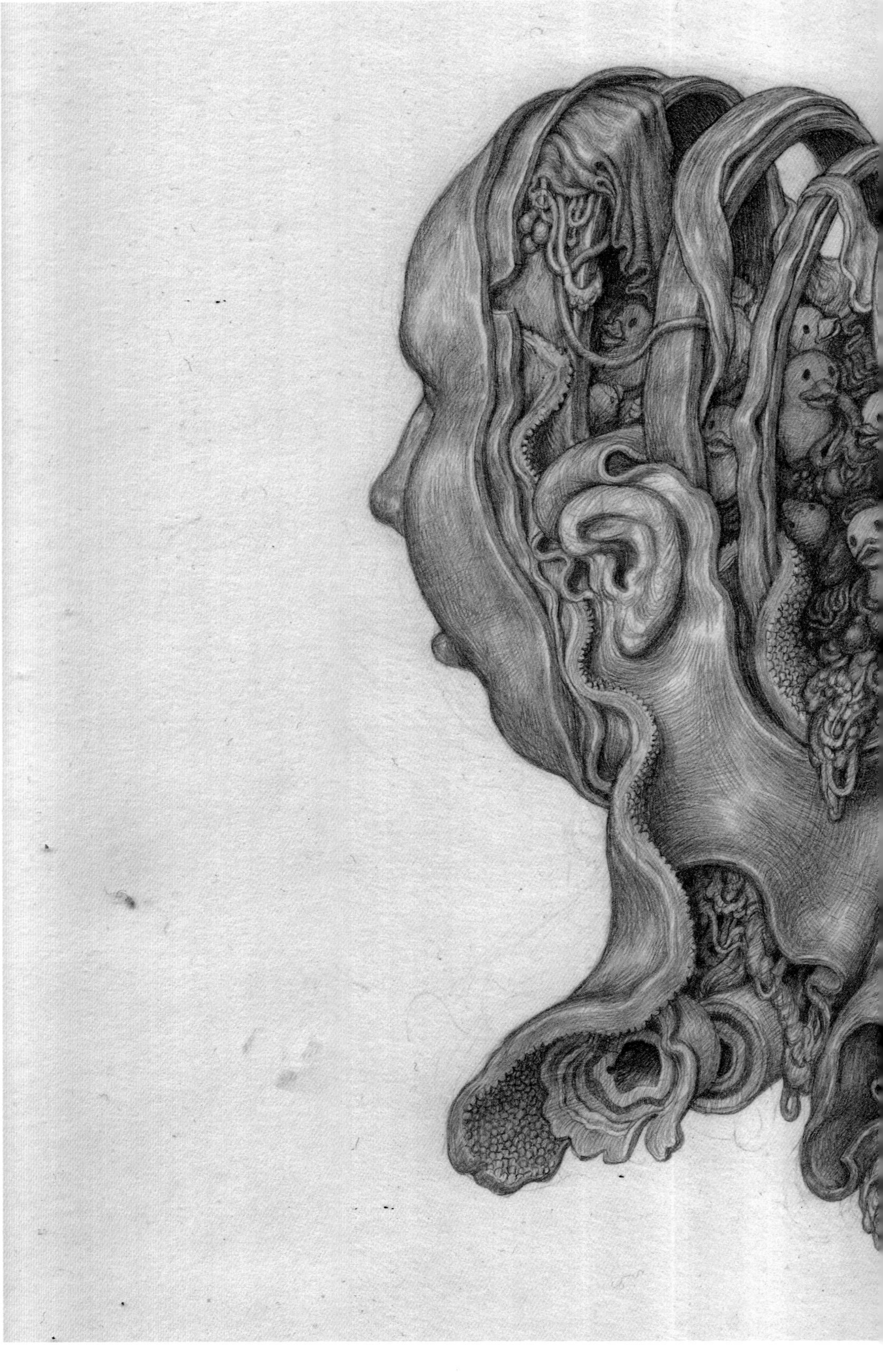

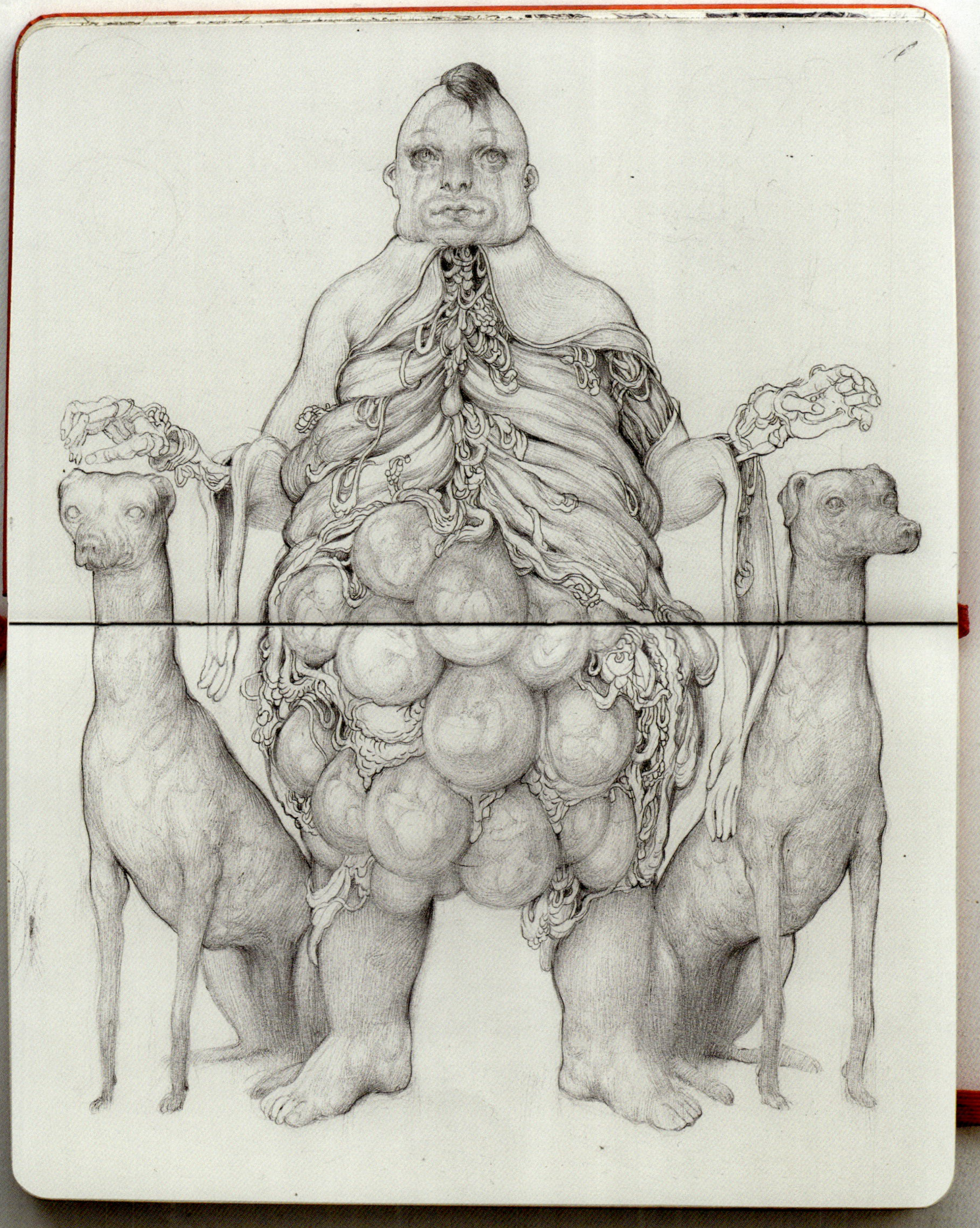

SNAPSHOT SEKS

DE BRUTE, BLOTE WERELD VAN LIN ZHIPENG AKA NO. 223

Samen met Ren Hang en nog een paar lefgozers van zijn generatie maakt Lin Zhipeng (°1979) de Chinese Lente. Jonge, rebelse fotografen die lak hebben aan het regime en maar al te graag tegen de preutse schenen schoppen. Lin Zhipeng documenteert het leven van zijn peers op rauwe, ongefilterde wijze, en verleidt met deze bijzondere esthetiek miljoenen liefhebbers wereldwijd.

Voor wie zich stoort aan de imperfectie van Zhipengs beelden: dit is gewild. Hij is geen conceptuele fotograaf zoals generatiegenoot Ren Hang, die zijn beelden zorgvuldig in scène zet. Zhipengs camera is een verlengstuk van zijn lichaam, steeds paraat om voor de vuist weg beelden te schieten. Emotie gaat voor op techniek. Bijna zoals een kind dat voor het eerst een fototoestel uitprobeert, gaat hij onbezonnen in op wat zijn aandacht trekt, wat hem raakt, wat hem fascineert. Dat de beelden hierdoor soms schimmig, overbelicht of apart gekadreerd zijn, maakt zijn beeldentaal net sterker en waarachtiger. Het is de slordige charme van de rock-'n-roller, de brutale verleidingskracht van de snapshotesthetiek. Probeer maar eens nee te zeggen als iemand je zo schaamteloos en dwingend in de ogen kijkt.

Zhipeng heeft het graag rauw en ongekunsteld: zijn camera's zijn eenvoudig, filters gebruikt hij niet en photoshoppen - zegt hij - is uit den boze. Hij onderwerpt zijn personages daarentegen vaak aan een felle flash, waardoor ze in al hun naaktheid en imperfecties voor de kijker worden geopenbaard. Maar hij houdt van die onvolmaaktheid. Het is net datgene wat de toeschouwer misschien afstoot, dat hem aantrekt: de bizarre fetisjen van zijn vrienden, hun uitzinnige vreugde en tomeloos verdriet, hun koppigheid en wanhoop, hun soms heel sensuele en dan weer stuntelige seksuele experimenten. Hun ontdekkingstochten, van eigen en andermans lichamelijkheid. Hun uitdagende spel met publieke naaktheid, of op zijn minst voorzichtig exhibitionisme. Zhipeng kijkt, dus er is altijd minstens één toeschouwer. Maar, zegt hij, ik laat ze wennen aan de camera, zodat ik op den duur schijnbaar niet meer aanwezig ben. Ze vertrouwen me, en gaan hierdoor niet performen. Zo wordt het snapshot een beetje sneak shot. Dat helpt de spontaneïteit van zijn beeldentaal.

De camera is slechts één van de figuranten in het tableau vivant van de dag. Stilletjes zoomt hij in op wat intiem en misschien te privé is. We liggen als het ware naast zijn onderwerpen in bed, kunnen ze horen ademen, ruiken en voelen. Zhipeng is dat schofterige sujet in je vriendenkring dat zomaar in je comfortzone komt staan, en je steevast naar adem doet happen. Hij maakt van de kijker een bevoorrechte getuige, en willens nillens een medespeler. Maar willen wij dat wel, toekijken en meespelen? Het doet je schuifelen van ongemak.

Kijk naar mij

Bewust intuïtief en impromptu, zo houdt Zhipeng zijn fotografie als permanent experiment

in stand. Het reflectieve interesseert hem niet, al zit er wel een missie achter zijn methodiek. Met de beelden die hij maakt, zegt hij onrechtstreeks heel wat over zijn levensvisie, zijn eigen levenswijze. En dat is die van een specifieke subgroep Chinezen, die hij zelf schat op zo'n vijf procent van de totale jeugd. Bewust zetten ze zich af tegen wat de traditie van hen verlangt, om hierbij zichzelf uit te vinden. Op zoek naar meer individualisme dus, naar een vrije expressievorm, naar vrijheid tout court. "Het mag lijken alsof de jongere generatie die vrijheid al bezit", zegt Zhipeng, "maar eigenlijk zijn we nog op zoek naar vrijheid."
Wat Zhipeng doet is die hele onderstroom van rebellie, van 'rage against the machine', documenteren, net als zijn grote voorbeeld en Turner Prize winnaar Wolfgang Tillmans deed met zijn vrienden uit de Berlijnse en Londense homowereld. De jongeren die hij in beeld brengt, zijn zij die rondhangen op muziekfestivals, en de hoofdmoot uitmaken van de lokale indie-scenes, geen mainstream Chinezen. Net als Zhipeng zelf oefenen ze vaak creatieve beroepen uit, en zijn ze meer open dan gemiddeld. "Omdat ze begrijpen wat ik doe", zegt Zhipeng, "laten ze me ook toe om hen te fotograferen, op de onconventionele manier zoals ik dat gewend ben".
Hij begon met het fotograferen van vrienden, maar ondertussen is de vijver waarin hij vist enorm uitgedijd. Zijn blog 'North Latitude 23', waarop hij foto's en korte teksten plaatste, werd op korte tijd erg populair. Volgers contacteerden hem zelf om gefotografeerd te worden. Hij had de modellen maar voor het rapen. Je ziet ze roken, drinken, douchen, dansen en drugs gebruiken. Ze kussen, vrijen en knuffelen. Maar ook vreemde seksstandjes uitproberen, of goochelen met merkwaardige seksattributen.

De emotionele gelaagdheid in het werk van Zhipeng is niet dát deze nieuwe generatie dit durft, maar wel dat ze het bewust doet. Het gaat om de schertsende lef die ze tentoonspreiden, het kolkende verlangen om uit te breken uit de verstikkende mal van de Chinese samenleving. Hun losbandige feestjes zijn geen louter plezier om het plezier, maar in de eerste plaats revolte. Tijdens het partyen gooien ze het drukkende juk van de moraal van zich af, en alle spanning die zich tijdens hun dagelijkse bestaan heeft opgehoopt.
Zhipeng plaatst zijn camera op dit escapisme als een versterker, en zet hiermee de ranzige en rebelse acties van zijn peer group extra in de verf. Kijk naar mij, kijk wat ik durf, bevries mijn kunstjes voor de eeuwigheid. Het snapshot als statement, de subcultuur als een symptoom van een samenleving die stilaan overkookt en overduidelijk in transitie is.

Gretig oog, gevoelig hart

In de New York Times werd deze generatie van na 1980 de 'Me generation' gedoopt, erg bedreven in het creëren van een werkelijkheid naast de werkelijkheid. Een sensationele alternatieve wereld, gericht op het uitvinden en het opsmukken van het 'zelf', zonder veel uitstaans met de urgenties of verantwoordelijkheden van alledag. Misschien is dit gelinkt aan het samengaan met de opkomst van het internet, terrein bij uitstek waar parallelle werkelijkheden goed gedijen.
Ook Zhipeng geeft toe dat het internet voor hem een wereld heeft geopend, en hem van een manier heeft voorzien om taboeonderwerpen toch aan te snijden. Stilaan wordt hij vaker geëxposeerd in eigen land, maar sommige erotische thema's mogen nog steeds niet worden gepubliceerd. Seks op papier blijft problematisch. Nochtans wordt hij net door zijn commerciële klanten specifiek gevraagd om zijn sensuele schwung. Ze kennen zijn werk en hopen dat dezelfde hitsige, instant feel in de opgelegde reclamebeelden binnensluipt.
Zhipeng zelf wijst erop dat hij niet alléén seks fotografeert, maar ook andere onderwerpen. En zelfs als hij het wel doet, draagt het voor hem niet noodzakelijk de lading die een conservatieve kijker blindelings veronderstelt. "Ik wil een generatie in beeld brengen die midden in een groeiproces zit," zegt hij, "en seks is nu eenmaal een belangrijk onderdeel van die

groei. Maar seks is voor mij niet belangrijker dan eten, drinken, slapen en stappen: het is iets heel natuurlijks en hoeft niet verborgen te worden."

Ook hier houdt hij niet van maniërisme: seks mag 'open en bloot' worden getoond, zonder te verhullen. "Er zijn fotografen die seks op een hele obscure manier in beeld brengen. Misschien denken ze dat dat het mooier maakt, maar ik denk dat net het 'naakte', het kale beeld net interessanter is. Het is net als in het echte leven: het is toch veel fijner om seks te hebben zonder kleren aan, met het gevoel van huid op huid." Niet alleen de schoonheid van het leven wil hij laten zien, maar ook de lelijkheid. Een lichaam dat ouder wordt, dat misschien gerimpeld of gebrekkig is, een aparte persoonlijkheid, een complex temperament: ze boeien hem meer dan een bloedmooi en blozend gezicht.

Want hij mag dan als fotograaf soms wat onbeschoft lijken, uiteindelijk is het hem om existentiële schoonheid te doen. Zijn gevoelig hart drijft hem ook naar de spirituele aspecten van de seksuele omgang, zegt hij. Fysieke opwinding kent hij niet tijdens het shooten van blote lijven, maar de mentale kick van het gebeuren zorgt wel voor een adrenalinerush. Op de vraag of hij soms zelf het onderwerp is van zijn erotische beelden en vaak gevraagd wordt door volgers om seks te hebben met hen, antwoordt hij wijselijk en laconiek: "Sure I am good-looking. But making photographs is making photographs. And having sex is just having sex." ■

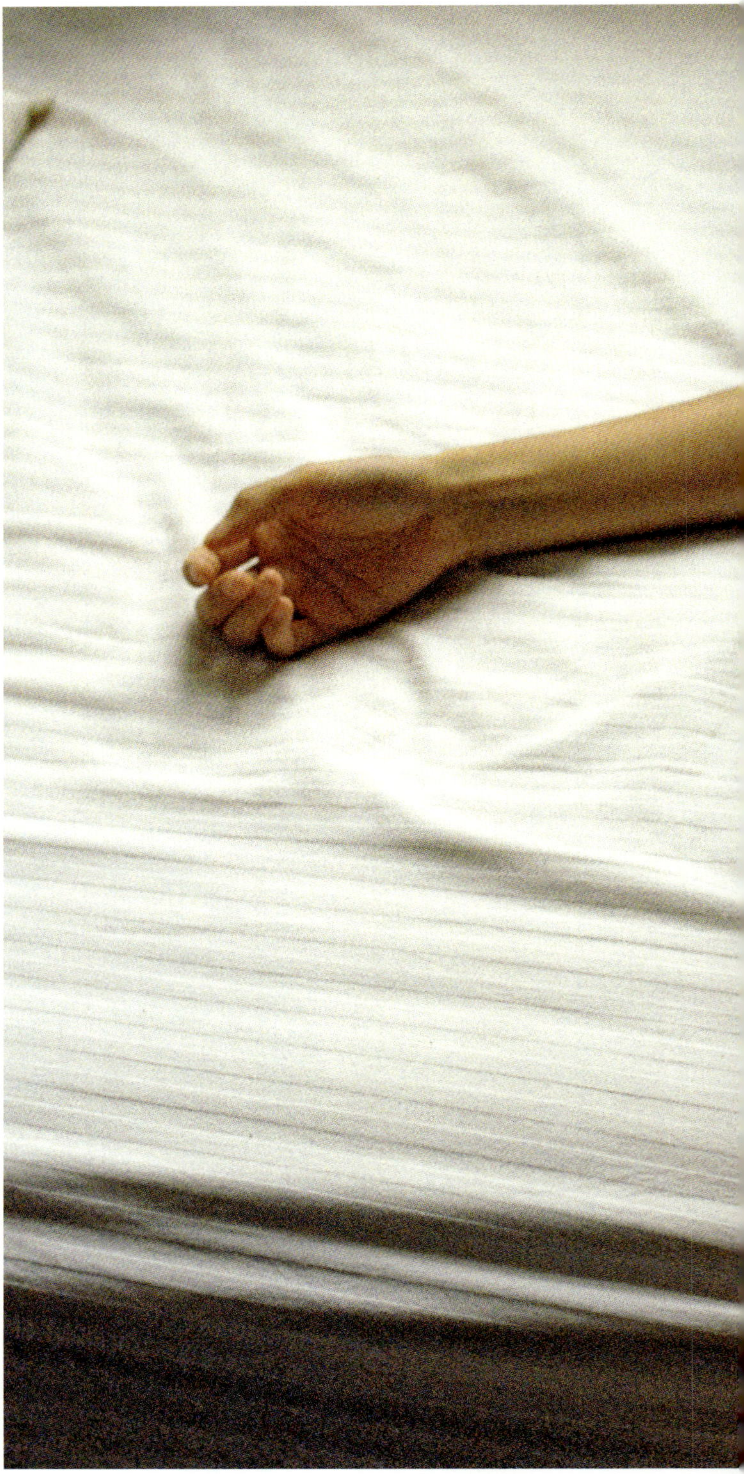

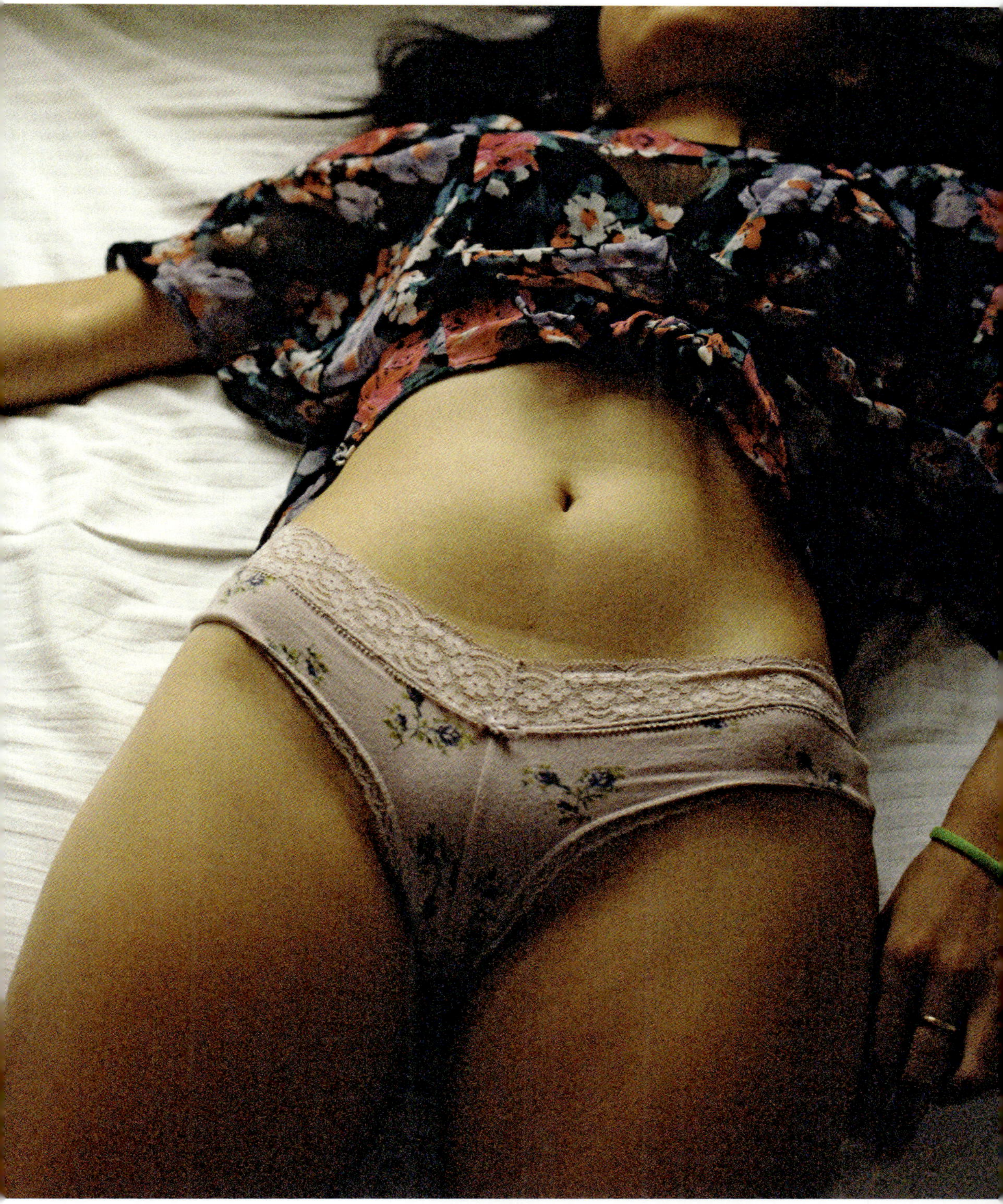

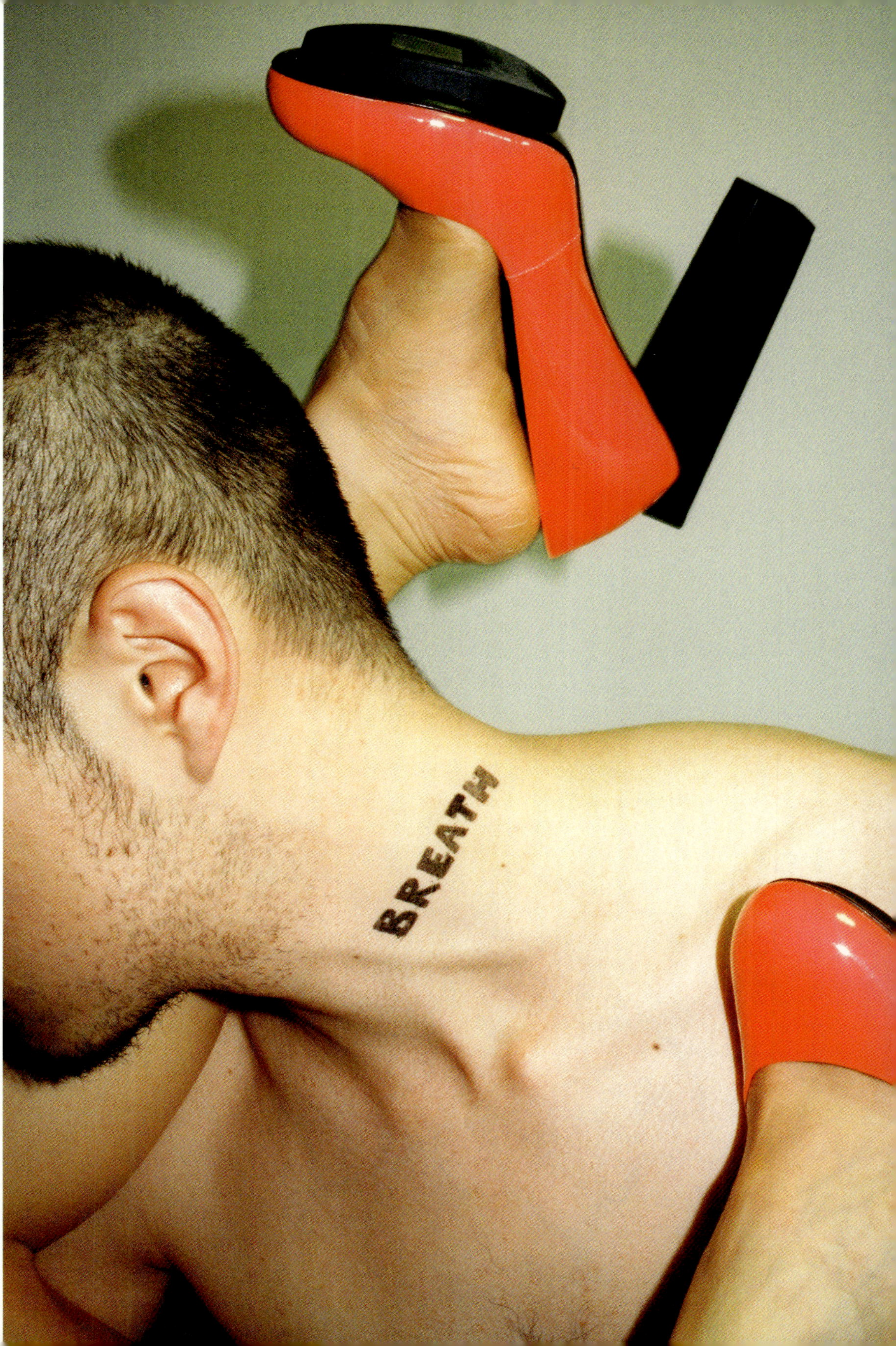
BREATH

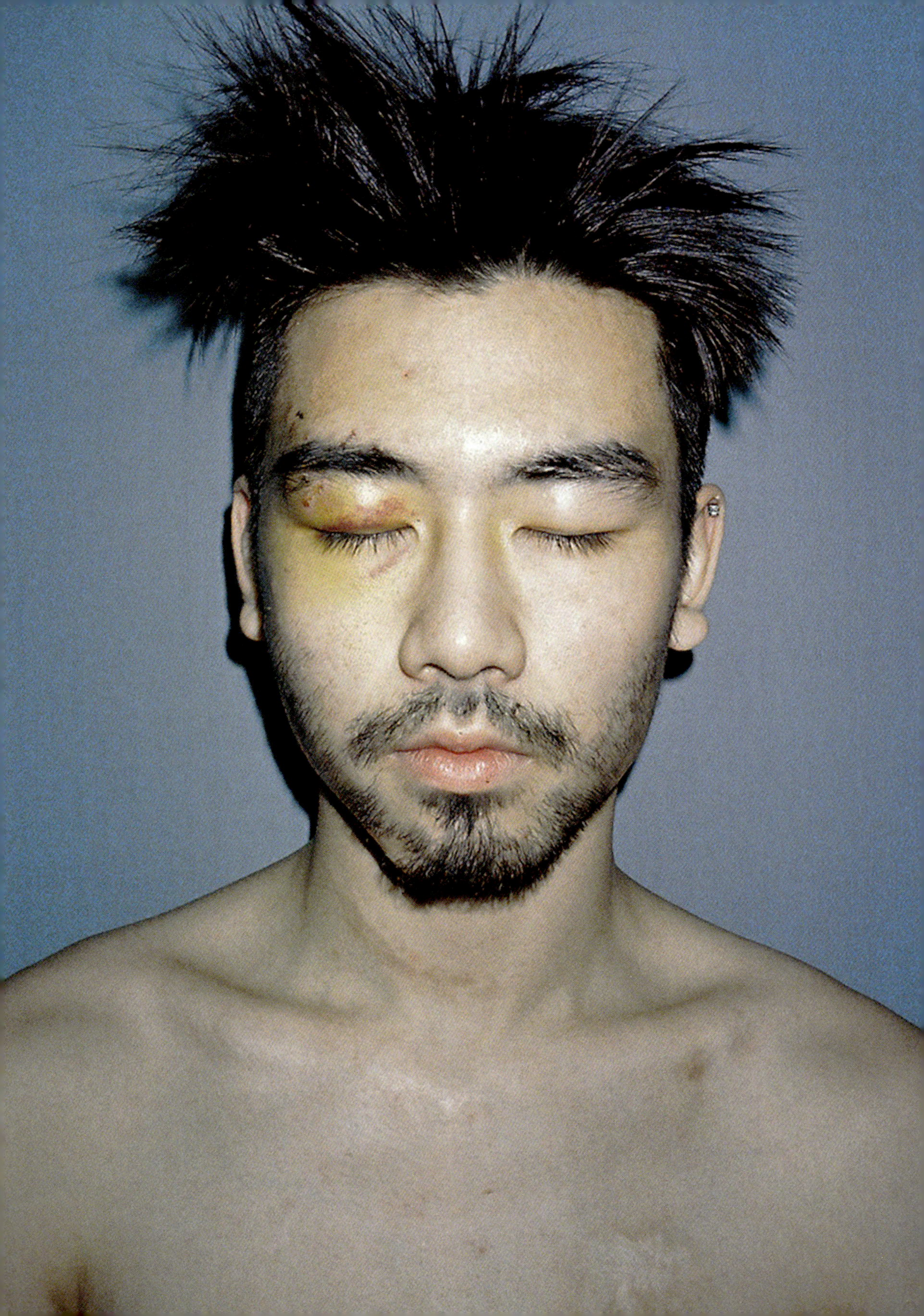

De visionaire architectuur van

COOP HIMMELB(L)AU

WOORD SAM STEVERLYNCK BEELD COOP HIMMELB(L)AU, DUCCIO MALAGAMBA, E.A.

Deconstructivistisch, revolutionair, geruchtmakend, agressief zelfs: Coop Himmelb(l)au (de haakjes kwamen in de jaren 90) is geen milde, gezapige architectencoöperatie. Hun gebouwen maken de tongen los, en lang niet altijd in gunstige zin. Maar op het hoofdkantoor in Wenen zijn ze wel wat gewend, en de kritiek heeft de vele internationale prijzen door de jaren heen nooit in de weg gestaan.

Architectuurbureau Coop Himmelb(l)au werd opgericht in maart 1968, twee maanden voor de grote studentenprotesten. Geen toeval, want hun werk straalt eenzelfde soort rebellie uit. Wat opschudding kon ook geen kwaad, want het Wenen van toen baadde in een duf Biedermeiersfeertje. De mid-twintigers Wolf D. Prix, Helmut Swiczinsky en Michael Holzer – die het bureau al in 1971 zou verlaten – maakten daar met genoegen korte metten mee. En nog altijd zijn de mannen van Coop Himmelb(l)au geen kleindenkers: kijk naar het gloednieuwe conferentiecentrum in Lyon en de Europese Centrale Bank in Frankfurt, en je ziet bevestigd wat je al vermoedde. The sky is the limit.

Hemelblauw

Nomen est omen: de architecten van Coop Himmelb(l)au willen geen zielloze blokken neerzetten maar ... wolken. Of zich er althans door laten inspireren. Die wolkenmetafoor komt voortdurend terug. "Coop Himmelb(l)au is geen kleur, maar een idee. De idee om aan architectuur te doen met verbeelding, even levendig en gevarieerd als wolken. We willen steden ontwerpen met een hartslag," zeggen ze daarover. Ze maken het waar, óók in ongebruikelijke acties. Zo lieten de architecten onder het devies 'Architektur muß brennen' ooit een driehoekig volume van 15 meter hoog en 1,5 ton zwaar aan een universiteitsgebouw in Graz ophangen om het vervolgens in brand te steken. Het geknetter van de vlammen versterkten ze nog verder met luidsprekers. De hitte deed alle ramen van de omringende gebouwen springen. Of wat te denken van 'Hard Space', een keten van ontploffingen over een lengte van twee kilometer. De hartslag van de drie pioniers was genoeg om de explosies in gang te zetten. Voor de pendant 'Soft Space' vulden ze een Weense straat in tien minuten tijd met 12.000 m³ schuim. De vraag is natuurlijk wat dergelijke stunts met architectuur te maken hebben. Een vertaling naar fysieke gebouwen is – uiteraard – niet aan de orde, maar vrijblijvend zijn de experimenten evenmin: in wezen wilden de architecten een onderzoek doen naar volume en materie – eventuéél mee te nemen in latere ontwerpen. Aannemelijker al zijn hun experimenten met sferen, koepels en pneumatiek, in navolging van avant-gardecollectieven als Superstudio en Archigram, en de Amerikaanse architect en systeemtheoreticus Richard Buckminster Fuller. Een voorbeeld hiervan is Villa Rosa (1968), een uit acht ballonnen bestaande leefunit die tot verschillende formaten op te blazen was. Coop Himmelb(l)au doet het ontwerp achteraf niet af als jeugdzonde, aangezien er rechtstreekse verbanden te leggen zijn met latere ontwerpen, zoals Open House (1983): "Onze architectuur had geen fysiek grondplan, maar een geestelijk. Muren bestaan niet langer. Onze ruimtes zijn kloppende ballonnen. Onze hartslag wordt een ruimte ... De wolk het huis van de toekomst." Hoe zweverig dit ook mag klinken, de architecten zijn er met een flinke dosis lef en zin voor iconoclasme wel degelijk in geslaagd zich te bevrijden van historische ballast en traditionele bouwtechnieken. Wat sommigen afdoen als sciencefiction of utopie is voor hen een vorm van 'urban poetry.' Ondertussen zal het niemand verbazen dat de beginjaren niet heel florissant waren. Opdrachten kreeg het bureau nauwelijks, en als het al eens meedeed

Deze en vorige pagina: Musée des Confluences, Lyon, 2001-2014. Foto's Duccio Malagamba.

aan een competitie waren het anderen die er met de prijzen vandoor gingen. Een illuster voorbeeld van een nooit uitgevoerd ontwerp is het al genoemde Open House. In navolging van de surrealistische 'écriture automatique' zetten ze het ontwerp met gesloten ogen op papier, zomaar, afgeleid door niets. En dat in perfecte concentratie, als de pen van een seismograaf. "Het ging toen niet om details, maar om zonnestralen en schaduw, helderheid en donkerte, hoogte en breedte, het uitzicht en de lucht," aldus de makers. Het resultaat lijkt nog het meest op lukraak gestapeld wrakhout – alsof er zojuist een tsunami voorbijgeraasd is. Het gebouw, rustend op slechts drie punten en daardoor optisch zwevend als een ruimtevaartuig, is alleen toegankelijk via een brug. Wanneer een klant in 1985 het ontwerp ziet wil die het exact laten bouwen zoals het is. De bedoeling is dat het gebouw verrijst aan de Amerikaanse westkust, ergens ten zuiden van San Francisco. Als de architecten na jaren zoeken een geschikt perceel vinden, nabij Malibu, overlijdt de klant. Het is zo'n ontwerp als de Cénotaphe à Newton van Boullée, Le Corbusiers Ville Contemporaine of Gaudí's Hotel Attraction voor Manhattan: nooit gebouwd, maar legendarisch.

Insect

Hun – internationale – doorbraak kwam er in 1988 met de opdracht voor een dakuitbreiding van een advocatenkantoor in de Falkestrasse in Wenen. Op eenentwintig meter hoogte bedachten ze een glazen dak met een hoekige structuur van botsende panelen, als waren het tektonische platen. De nieuwbouw omvat twee verdiepingen van elk bijna vier meter hoog en een totaal oppervlak van 400 m². Daarin huizen de centrale conferentiezaal en de werkkamers. De gedurfde extensie, als een spinnen-

House of Music, Aalborg, 2007-2012. Foto Duccio Malagamba.

web van glas en staal, contrasteert flink met de klassieke omgeving. Met een ingenieus systeem van lichtpanelen voeren de architecten dat contrast verder door: het gebouw ziet er 's nachts volkomen anders uit dan overdag. Zelf waren ze er heel tevreden over: "Toen we het in voltooide vorm zagen, een glinsterende diamant op het dak van het gebouw, waren we trots." Naast een diamant doet de extensie ook denken aan een gigantisch neergestort insect. Zelf hebben de architecten het over een bliksemschicht. Alsof de bliksem recht in het dak is ingeslagen en het zo openbreekt. Wat het ook is, de gewaagde en expressieve structuur speelt fraai in op de hoekligging van het gebouw. De constructie oogt licht als een veertje, maar schijn bedriegt: het is uitermate robuust gebouwd . En dat is precies de grote kracht van Coop Himmelb(l)au: de architecten slagen er steeds weer in een gevoel van gewichtloosheid op te roepen, alsof hun creaties immuun zijn voor de wet van de gravitatie. Prix beschrijft deze typerende kwaliteit aan de hand van die keer dat hij, op een boot vlak voor de kust van San Francisco, een walvis uit zee zag opspringen: "Uit het diepe dook zomaar een zwevend en vliegend object van dertig ton op!" Dat is waar architecten van dromen: iets zwaars maken dat toch lijkt te zweven.

Deconstructivisme

Mede door het Falkestrasse-ontwerp werden ze – tegen wil en dank – ingelijfd bij de deconstructivistenschool. Bekende exponenten hiervan zijn Peter Eisenman, Frank Gehry, Zaha Hadid en Daniel Libeskind. Aanhangers koesteren het fragmentarische, het gehavende en onaffe, om de vervreemding van de menselijke conditie uit te drukken. Dat nogal wat deconstructivisten Joodse wortels hebben is geen toeval: velen van hen ondervonden de versplintering en chaos aan den lijve. Wat deconstructivistische architecten doen is de vertrouwde architectuur door elkaar schudden om die vervolgens opnieuw samen te stellen

House of Music, Aalborg, 2007-2012. Concertzaal. Foto Duccio Malagamba.

– daarbij radicaal brekend met het verleden. Een mijlpaal in dit opzicht is Frank Gehry's Guggenheim Museum in Bilbao, dat bestaat uit losse, op het oog willekeurig over elkaar gegooide, metaalplakken. Hoewel zoiets op sommige tekentafels zomaar een gimmick kan worden, mondt het idealiter uit in sterke, symbolisch geladen architectuur. De teneur van versplintering is inhoudelijk misschien nog wel het best getroffen in het Berlijnse Joods Museum van Libeskind, een andere hedendaagse klassieker. Dat bouwwerk slaagt erin de vervreemding en horror van de Holocaust fysiek-ruimtelijk te doen ervaren. In 1988 was er een spraakmakende tentoonstelling in het MoMa in New York, 'Deconstructive Architecture'. Naast het werk van onder anderen Libeskind en Eisenman waren ook ontwerpen van Coop Himmelb(l)au opgenomen. Een van de deelnemende architecten merkte bij het aanschouwen van het dakuitbreidingsplan op dat het jammer was dat zoiets fraais nooit realiteit zou worden. Ter plekke werd de man uitgenodigd om naar Wenen af te reizen en het gebouw met eigen ogen te bekijken.

Een van Coop Himmelb(l)au's radicaalste deconstructivistische ontwerpen is het Oost Paviljoen, de zijvleugel die het bureau tekende voor het Groninger Museum van (hoofdarchitect) Alessandro Mendini. De bijdrage van Coop Himmelb(l)au is als ontregelend te betitelen: een stapeling van schots en scheef over elkaar hangende blokken, veel trappen, en allerlei hangende panelen, in de materiaaltinten betongrijs, staalrood en teerzwart; het is een ware visuele kakofonie. Het doet wel een beetje denken aan een 3D-uitvoering van een Tatlin-schets, en, in de verte, aan de artistieke beginselen van De Stijl. Normaalgesproken verlangt men van een tentoonstellingsruimte een neutrale witte-kubusgedaante. Coop Himmelb(l)au lijkt die rigoureus door elkaar gerammeld, en vervolgens vliegensvlug en op goed geluk weer opgebouwd te hebben. Het Groninger ontwerp kreeg al eens de recensie

Dakpaviljoen van Groninger Museum, Groningen, 1993-1994. Foto Coop-Himmelb(l)au.

"dynamiek van verval, gestold als in een film still" mee. Op een bepaald moment gaat de betonvloer over in glas, waardoor de bezoeker opeens water onder zich ziet. En ook het wandelparcours is opvallend. Dikwijls leiden musea je langs een strak en onontkoombaar traject (hoe langer hoe meer uitkomend in de giftshop), maar bij Coop Himmelb(l)au zijn er, net zoals in Libeskinds Joods Museum, voortdurend keuzes te maken. Dit maakt het museumbezoek minder passief; de bezoeker moet zijn weg vinden in een labyrint, en dat kenmerkt de deconstructivistische architectuur. De pers zag het echter anders en was niet mals in haar commentaren. Eén journalist omschreef het paviljoen als "luide ramparchitectuur".

Cinema

Coop Himmelb(l)au's eerste, echte ontwerp dat geen extensie of reconversie was, maar gebouwd 'from scratch', was het UFA Kristallpalast in Dresden, een cinemacomplex van acht zalen met 2668 plaatsen. Het moest verrijzen op een met langgerekte flatgebouwen omzoomd, en daardoor enigszins communistisch aandoend, plein. De looproute van de binnenstad naar het station voerde eroverheen, en daarom besloten de architecten het publieke aspect van de ruimte – toch al steeds meer in het gedrang door al te gretige projectontwikkelaars – koste wat het kost te behouden. Onder geen beding wilden ze een monolithisch blok voor de popcornvretende massa; een stad binnen de stad – dat was hun diepe wens. Om die reden maakten ze het gebouw vrij toegankelijk voor passanten en nieuwsgierigen, en natuurlijk ook gewoon voor hen op doortocht naar het station. Om dat openbare karakter te maximaliseren zetten de architecten in op licht en transparantie. Het zogenaamde Cinema Block met de filmzalen wordt omgeven door The Crystal, een envelop van glas die fungeert als een stedelijk forum. Bezoekers vormen een stroom die men vanaf de straat door het gebouw kan zien voortbewegen; als een choreografie van door de ruimte trekkende lichamen. De projectie van licht- en videobeelden maakt ook de eigenlijke activiteiten zichtbaar van buitenaf. En zo gaat men een dialoog aan met de stad, in plaats van zich, zoals de meeste bioscopen, op zichzelf terug te trekken. Net als Falkestrasse ziet ook het Kristallpalast er 's nachts volslagen anders uit. Meer nog: vanuit elk perspectief ziet het gebouw er anders uit; een centraal gezichtspunt is er ook niet. Bij een allereerste aanblik

Appartementsgebouw 'Gasometer B',
Wenen, 1995-2001. Foto Duccio Malagamba.

UFA Cinema Center, Dresden,
1993-1998. Foto Duccio Malagamba.

doet het complex denken aan een gestrande diamant. Maar loop de hoek om en je krijgt, door de industriële hightech trappartijen aan de gevel, associaties met een hippe fabriek. Van bovenaf heeft het dan wel weer wat weg van – gek genoeg – een tank uit de Eerste Wereldoorlog. Structuur en grondplan geven zich niet gemakkelijk gewonnen, zoveel is duidelijk. Binnen zet de typische, deconstructivistische versplintering zich voort. Wat de Europese Centrale Bank in Frankfurt heeft had het Kristallpalast vijfentwintig jaar eerder al: een wirwar van trappen, wandelpaden, uitkijken en bruggen boven en onder elkaar die leiden naar alle richtingen. Binnen zijn heel bewust harde materialen als cement en metaal toegepast om de stedelijke, openbare dimensie van het gebouw te versterken. En als was het een geloofsvoorschrift: ook nu weer lijkt het complex wel te zweven, en dat is in dit geval behalve door de royale inzet van glas bereikt door allerlei uitkragende elementen, aan alle kanten. Het object is geland, maar kan ook zo weer wegvliegen – die indruk. De grotendeels betonnen gevelbekleding verleent de cinema dan weer een robuust, solide contrapunt.

BMW Welt

Ook hun ontwerp voor BMW Welt wemelt van de trappen, steigers en verschillende niveaus. Coop Himmelb(l)au kreeg de opdracht om een nieuw 'Brand Experience Center' te ontwikkelen voor de Münchener autofabrikant. Zoals in wel meer hedendaagse architectuur is het een mixed-use ontwerp geworden. BMW Welt is niet alleen de plek waar de klant zijn nieuwe auto komt ophalen, het is ook conferentie- en symposiumoord, met een auditorium, restaurants en tentoonstellingszalen. De opdracht was om het gebouw in dialoog te brengen met het grotere BMW-areaal. Even verder op het terrein staat het BMW-hoofdkwartier, in de vorm van een viercilindertoren, en het aloude BMW Museum, met het kenmerkende logo op het dak. De architecten wilden alles met alles verbinden, bruggen slaan tussen hun ontwerp en de bestaande infrastructuur, en zo een coherent, architecturaal ensemble vormen. Het hoofdlichaam van Coop Himmelb(l)au's nieuwe ontwerp is een grote transparante hal met aan de ene kant een dubbele kegelvorm die als een draaikolk rond zijn eigen as spint. Zweven, het handelsmerk, is bereikt doordat het onderste deel volledig uit glas bestaat, een effect te vergelijken met een van de hoeken van de cinema in Dresden. Een van de omschrijvingen luidde "een massieve wolk van staal en glas die zweeft boven opvallend weinig zuilen". In navolging van Le Corbusiers Unité d'Habitation in Marseille krijgt het glooiende dak – halverwege door een wigvormige inkeping onderbroken – een zeer sculpturale dimensie. Waar je ook bent in het gebouw, overal heb je zicht naar buiten. Het is vooral deze transparantie die zorgt voor de verbinding met de hele site. BMW Welt is in essentie op te vatten als een doorwandelbare sculptuur in een stedelijk landschap.

Zowel binnen als buiten bevinden zich verheven wandelpaden – hangende bruggen als het ware – waar de bezoeker stil kan staan om in alle rust te genieten van het panorama. Maar BMW Welt is toch ook gewoon een functioneel gebouw; hier worden auto's afgeleverd. Die auto's belanden allereerst in een voor de bezoekers onzichtbare kelder, waarin onder andere een wasstraat en een garage zijn ondergebracht. De laatste handelingen voor het rijklaar maken gebeuren hier. Bovenin is de Premium Lounge waar de aanstaande auto-eigenaren die van ver komen even kunnen uitblazen; ondertussen worden de papieren in orde gemaakt. Vanuit de lounge daalt men via de Gallery Stairs af naar de Première, het eigenlijke centrum van het gebouw. Per glazen lift verschijnen hier de auto's voor de neus van de verwachtingsvolle klant. In zijn of haar gloednieuwe BMW kan die vervolgens via een grote helling het gebouw uitrijden.

Aerodynamica van snelle auto's

De golvende lijn van het complex drukt de aerodynamica van snelle auto's uit; het glas, het staal en de traversen binnen en buiten ademen de sfeer van een racecircuit. Coop Himmelb(l)au's schepping is de perfecte belichaming van BMW's kernwaarden: snelheid en techniek.

Met zijn recente ontwerp voor het Musée des

UFA Cinema Center, Dresden,
1993-1998. Foto Duccio Malagamba.

Confluences in Lyon keert Coop Himmelb(l)au terug naar de voorstelling van architectuur als wolk. Naast een wolk doet het museum voor antropologie, etnologie en natuurwetenschappen ook denken aan een ijsberg, en ook wel aan een ruimteschip. Het ligt op een landtong, op het punt waar de Rhône en de Saône samenvloeien. Dat gegeven grepen de architecten aan om een complex te ontwerpen waarin verschillende functies met elkaar verweven zijn. En net als eerder bij de bioscoop in Dresden krijgen die functies gestalte in twee, onderling verbonden, hoofdunits: The Crystal en The Cloud. The Cloud, een immense, op pilaren zwevende structuur, bestaat uit een aaneenschakeling van tentoonstellingsruimtes zonder daglicht, de 'black boxes'. De afwezigheid van daglicht garandeert tentoonstellingsmakers maximale flexibiliteit in hun ontwerpen, zo was de gedachte. The Crystal is een stadwaarts gericht forum van glas en staal, open en transparant. Weer die parallel met Dresden: niet intern gericht, maar naar buiten, naar de toeschouwer, de voorbijganger. Die kan, na het beklimmen van een indrukwekkende entreetrap, rechtdoor naar de publieke zones of naar de buitenruimtes onder de buik van het gebouw. Wie kiest voor een bezoek aan een van de tentoonstellingen kan via een uitnodigende brede trap verder omhoog, óf via een spectaculaire wentelende hellingbaan. Het instituut als geheel laat ook weer de kenmerkende Coop Himmelb(l)au-hoekigheid zien. Net zo karakteristiek zijn de ogenschijnlijk vrij zwevende platforms vanwaar men kan genieten van panorama's in alle richtingen. 's Nachts licht een deel van het gebouw op, als een stralende parel aan het water. In het totaalplan zijn ook een park en promenades opgenomen, waardoor het voormalige industriële braakland nu een aangename plek is om te vertoeven. Een ambitieus project van 180 miljoen euro dat van eerste plannen tot realisatie maar liefst veertien jaar in beslag nam. Het kwam dan ook helemaal niet slecht uit dat de architecten met het klimmen der jaren geleerd hebben geduld te oefenen en hun jeugdige overmoed te temperen: "In 1968 wilden we de architectuur radicaal veranderen, we wilden grote impact, op slag. Uit ruime ervaring weten we inmiddels dat je misschien nog wel het meest bereikt door niet onmiddellijk alles te verwachten van de politiek, van opdrachtgevers. Tijd waarin mensen kunnen wennen, waarin de geesten kunnen rijpen, is tijd die in je voordeel werkt." En zo zijn de op leeftijd geraakte pioniers er dan toch in geslaagd om hun dromen uit hun hippietijd vrijwel compromisloos waar te maken. ■

BMW Welt, München, 2001-2007.
Foto Duccio Malagamba.

BMW

BMW Welt, München, 2001-2007.
Foto Richard Walch.

European Central Bank, Frankfurt,
2003-2014. Foto ECB/Robert Metsch.

Don't dream it
Be it

Con Pasión

Fabio Borquez

WOORD HALBE DE JONG BEELD FABIO BORQUEZ

Zijn assistenten vervloeken zijn Argentijnse temperament regelmatig, want als Fabio Borquez eenmaal aan een shoot begonnen is vergeet hij de wereld. Volkomen bezeten van die ene blik, die ene pose, die ene reflectie - kortom dat éne beeld - gebeurt het zomaar dat hij twintig uur achtereen in de weer is. Als de studiolampen eindelijk uitgaan kan hij ineens doorhebben dat ie al die tijd enorme honger had, of knallende koppijn. Eigenlijk weet hij het ook wel van zichzelf. "Want," zegt deze bedaard en ietwat verlegen ogende man, "als ik aan het werk ben, ben ik een rusteloze duivel."

Voor modellen ook niet leuk om met zo'n maniak te werken, zou je denken. Toch dragen die – of het nou Playboysterren zijn of toevallige voorbijgangsters – hem op handen, want behalve z'n passie en vakmanschap beschikt Borquez ook over een allesontwapenende impulsiviteit. Zijn vrouw kan erover meepraten: zij was, in 1998, bij Miami aan het zwemmen, en Borquez was daar ook, voor een foto-opdracht. Hij kreeg haar in het oog en na tien minuten deelde hij haar mee dat hij met haar trouwen wou. Hetgeen gebeurde.

Architectuur

Fabio Borquez (1964) groeide op in Buenos Aires. Zijn ouders werkten daar allebei bij de 3M-filmfabriek, en dat was de reden dat ze altijd mooie en kwalitatief goede camera's in huis hadden. Van kleins af was Fabio daarmee in de weer. Toch koos hij aanvankelijk niet voor de fotografie maar voor de architectuur, en uiteindelijk zou dat heel goed uitpakken. Borquez zorgde dat hij voor allerlei vakbladen gebouwen mocht fotograferen, en met de verdiensten maakte hij verre reizen. In India, Duitsland en Colombia deed hij wat hij het liefste deed: mensen fotograferen. Wél deed (en doet) hij dat met de blik van een architect. Graag heeft hij aansprekende gebouwen of interieurs op de achtergrond, en met de positionering van zijn modellen komt het ook heel precies. In 2003 kwam hij tot een originele synthese van mensen- en architectuurfotografie: over naakte modellen heen projecteerde hij kleurige beelden van gebouwen waardoor die – de lichaamscurven volgend – hun starheid verloren. Een succesvol project werd het, maar toch zou de bouwkunst meer en meer naar de achtergrond verdwijnen, ten faveure van de (vrouw)mens.

Vertrouwen

Borquez' talent viel internationaal op, en hij maakte naam. Zo goed deed hij het dat magazines als Vanity Fair, GQ en Playboy bij hem aanklopten. Uit professioneel oogpunt had het niet beter kunnen lopen – hij werd zelf een merk – maar toch was dit nog niet zijn gedroomde bestaan. Dat kwam er wel toen Borquez zélf ging bepalen wie er voor zijn lens kwam, zélf besloot welke verhalen hij wilde vertellen. Artistiek een juiste maar ook een succesvolle stap: al gauw meldden uitgevers zich met het aanbod om er een fotoboek van te maken.

Het aardige van Borquez' aanpak – zelf professional tot in zijn laatste vezel – is dat hij qua modellenkeus de voorkeur geeft aan vrouwen die hij toevallig op straat tegenkomt: "Natuurlijk hebben de beroepskrachten een bewezen schoonheid. Maar iedereen is intrinsiek mooi, en niets vind ik geweldiger dan dat tevoorschijn te halen." Dat is één ding, maar hij verstaat ook de kunst het zo te brengen dat zijn modellen hem daarin volkomen vertrouwen. Ze wéten dat hij ze op hun best zal laten zien, en dat levert de juiste, aanstekelijke setting op. Fabio Borquez raakt, eenmaal in actie, bijna kinderlijk enthousiast, en hij sleept iedereen en alles mee. Dat een enkele zucht van een lichtman hem daarbij weleens ontgaat kun je hem nauwelijks kwalijk nemen. ■

MOM
DAD

DE REIS VAN JE LEVEN

Christian Tagliavini

WOORD CATHÉRINE ONGENAE BEELD CHRISTIAN TAGLIAVINI

Geïnspireerd door Jules Verne en de steampunkstijl creëerde de Zwitsers-Italiaanse fotograaf Christian Tagliavini de dromerige fotoserie Voyages Extraordinaires. Ze doet je heimwee krijgen naar plaatsen waar je nooit bent geweest.

Het was vochtig en heet onder de pannen van de zolder van de bungalowwoning waarin ik opgroeide. Op verzoek van mijn vader was ik de ladder in de garage opgeklommen om een rol toiletpapier te halen. Mijn vader was vertegenwoordiger in papierproducten, het soort dat je in de supermarkt in de schappen met hygiëneartikelen vindt. Aan tissues, zakdoeken en dus ook toiletpapier hadden we thuis geen gebrek, en dat was maar goed ook, want er werd bij ons veel gehuild, ook op het toilet. Ik opende kartonnen dozen, op zoek naar het juiste papier. Zo vond ik de doos met oude, versleten paperbacks. Er zaten overwegend geïllustreerde porno-equivalenten van stationsromannetjes in. Ongeschikt voor woonkamers waar vier kleine kinderen speelden, maar wist ik toen veel.

Nieuwsgierig opende ik een beduimeld exemplaar waarin blote vrouwen die op één of andere manier toch een uniform droegen iets deden met zweepjes. Het had net zo goed het Oude Testament in het Aramees kunnen zijn: ik begreep niet wat er stond. Ik pakte het volgende boek. Het was van ene Jules Verne; de omineuze titel luidde 'Reis naar het middelpunt der aarde'.

Van dit boek spraken de illustraties wel tot mijn verbeelding. Ik was elf, misschien twaalf. Te jong om de seksuele folterpraktijken van een SS-wolvin te vatten – laat staan om er de gepaste opwinding bij te voelen, maar bij déze tekeningen maakte mijn hart een sprongetje. Uit mijn kinderencyclopedieën wist ik een en ander over ontdekkingsreizigers, planeten, dinosauriërs, vulkanen en diepzeedieren. Zeemonsters en maanreizen pasten in mijn wereld, porno niet.

Ik hoorde mijn naam roepen. Mijn vader zat nog steeds op het toilet, te wachten. Hij brulde intussen. Snel greep ik het toiletpapier, en uit voorzorg ook alvast een pakje zakdoekjes. Het boek liet ik liggen, ik sloot de doos en schoof die in een donkere hoek. Ik klom uit de benauwde ruimte, terug naar de koelte van de garage, met in mijn hart een gevoel dat ik veel later zou leren kennen als 'Fernweh', het Duitse woord voor reishonger en heimwee naar plaatsen waar je nooit bent geweest.

Steampunk

En dan sta je meer dan dertig jaar later oog in oog met La Sélénaute, die je door de eivormige patrijspoort van een houten raket aanstaart, en met La Topophoniste, met op haar schouders een akoestische radar. Het zijn enkele van de vrouwelijke personages uit de fotoreeks Voyages Extraordinaires van de Zwitsers-Italiaanse fotograaf Christian Tagliavini (1971). De serie is een eerbetoon aan de victoriaanse visionair Jules Verne en de wereld die hij opriep in drie van zijn bekendste romans: Reis naar het middelpunt der aarde (1864), Van de aarde naar de maan (1865), en 20.000 mijlen onder zee (1869-1870).

Het idee ontstond toen Tagliavini in Parijs de steampunkstijl van metrohalte Arts et Métiers zag, een decor dat hem inspireerde en terugbracht naar de verhalen van Jules Verne. Steampunk, een subgenre van fantasy, is geïnspireerd op de negentiende eeuw, toen stoom nog de primaire krachtbron was. Typisch steampunk zijn futuristisch uitziende, sciencefictionachtige attributen en machines; iets waar het in de verhalen van Jules Verne al evenzeer van wemelt. Sommige van diens 'uitvindingen' zouden later ook werkelijkheid worden, zoals bijvoorbeeld de elektrische onderzeeër Nautilus van kapitein Nemo. Evenzo bedacht Verne met zonnepanelen uitgeruste ruimtevaartuigen, nieuwsuitzendingen en de videoconference.

Opmerkelijk detail: de metrohalte Arts et Métiers, helemaal bedekt met koperplaten, werd ontworpen door de Belgische striptekenaar François Schuiten, wiens stripreeks *De duistere steden* van een even gelaagde en sfeervolle schoonheid getuigt als Voyages Extraordinaires. Geïnspireerd door de architectuur van Schuiten toog Tagliavini aan het werk zoals een filmregisseur dat doet: hij bedacht een universum, tekende storyboards en zocht personages, hoofdzakelijk vrouwen. (In tegenstelling tot Verne, die liever geen vrouwen opvoerde omdat die volgens hem te veel praatten.) Tagliavini's castings vonden op straat plaats; hij plukte de karakterkoppen op de foto's zo van de stoep.
Tagliavini deed alles zelf: het ontwerpen en vervaardigen van de decors met hun specifieke geometrische motieven, het tekenen van de kostuums, het schilderen van elk detail voor de mise-en-scène … En hoewel er geen echte onderzeeër, terranef of maanraket te zien is twijfel je er niet aan dat de dames en de heer – een hipster – opgesloten zitten in een kleine ruimte, omgeven door water, steen en het grote niets.

Een oeroud verhaal

Een mens kijkt naar de foto's en denkt: alles is verzonnen. Maar een selenaut bestaat, net als een topofoon. Dit toestel, een dubbele oortrompet, werd ontwikkeld om te navigeren: met deze in 1880 gepatenteerde constructie is te bepalen vanuit welke richting een geluid zich voortbeweegt.
De maanreizigster en de navigatrice zijn uiteraard fictief, net als hun collega's Monsieur Maurot en Mademoiselle Emilia, Blanche, Camille en de tweeling. Maar ze beroeren mijn hart. Is het die alwetende blik in hun ogen, is het hun serene uitdrukking? Wie zijn die mensen? Waar gaan ze heen? Komen ze ooit terug? Is dit stilte voor de storm, of de gelaten rust van mensen die zich hebben verzoend met de onvoorspelbaarheid van hun toekomst? Is dit een reis of een droom? En wat als er gevaar dreigt? Zullen ze dan ook nog zo emotieloos zijn?
De narratieve vragen die de beelden oproepen maken het werk van Tagliavini verwant aan dat van twee andere meesters van de mise-en-scène: Erwin Olaf en Gregory Crewdson. Maar in tegenstelling tot hen is Christian Tagliavini autodidact. Van huis uit is hij ontwerper; met fotograferen begon hij pas op zijn dertigste. De basics leerde hij van een vriend; oefenen deed hij op landschappen, vrienden en familie. Pas toen hij de filmische kwaliteiten van de geënsceneerde foto ontdekte begon hij zich uit te leven en kon hij al zijn talenten verenigen. Op de vraag welk onderdeel van het proces hij verkiest – de fotografie zelf, of het designwerk achter de schermen – moet hij het antwoord schuldig blijven: hij vindt het allemaal even geweldig.
Is het de imperfectie van het artisanale dat onze aandacht vangt? De bijna kinderlijke zweem van speelgoed-jugendstil? Of blijven we kijken omdat Tagliavini ons een eeuwenoud verhaal vertelt? De mythische reis is een vaste plot in de wereldliteratuur. Odysseus, Bilbo, Alice, Gulliver: het zijn maar enkele van de figuren wier avonturen tot de canon behoren. U herkent ze moeiteloos omdat dergelijke verhalen zo oud zijn als de geschiedenis. Ze verlieten de hun bekende wereld, betraden nieuw terrein, waar alles anders was en hun gegarandeerd rampspoed wachtte.
We blijven kijken omdat we niet anders kunnen. Dit is ons leven. Onze reis. Maar ook al zijn we bang voor het onbekende, we houden ons groot. Of zoals Verne schreef: 'La véritable supériorité de l'homme, ce n'est pas de dominer, de vaincre la nature. C'est, pour le penseur, de la comprendre, de faire tenir l'univers immense dans le microcosme de son cerveau. C'est, pour l'homme d'action, de garder une âme sereine devant la révolte de la matière, c'est de lui dire: 'Me détruire, soit! M'émouvoir, jamais!'*

Of op z'n minst niet voor de miserie begint.

* *De ware grootheid van de mens ligt niet in het domineren of overwinnen van de natuur. Voor de denker is de uitdaging het vatten van dat immense universum in de microkosmos van zijn hersenen. Voor de doener is het sereen blijven bij de opstand van de materie. Hij zegt: 'Dat die me zal me verwoesten, tot daaraan toe. Maar me ontroeren? Nooit.'* ■

GENERAL

HONG KONG FLORA

MICHAEL WOLF

WOORD GEERT STADEUS BEELD MICHAEL WOLF

Twintig jaar woont de Duitse fotograaf Michael Wolf nu al in Hong Kong, en nog altijd is hij niet uitgekeken op de metropool. Die speelde al de hoofdrol in twee van zijn cruciale fotoprojecten, Architecture of Density en 100 x 100. Wolf krijgt maar niet genoeg van de eigenaardige gewoontes van de lokale bevolking in de ontelbare steegjes en zijstraten van de Parel van de Oriënt.

Overal slingeren er paraplu's, bezems en handschoenen. Ook typisch in het straatbeeld zijn de talloze informele zithoekjes. Op de gekste plekken staan die samenraapsels van stoelen, bankjes en kratten waarop bewoners en voorbijgangers een praatje met elkaar aanknopen. Vele honderden foto's heeft Michael Wolf daarvan gemaakt, net als van de kledingstukken die overal over elektriciteitsdraden, onbereikbare buizen en panelen zijn gedrapeerd. Ooit van een waslijn gerukt door een of andere stormwind die door de straten joeg.

Klein groen

Geïnspireerd door die bijzondere fenomenen verschijnen nu mooi uitgegeven boekjes, negen in totaal, die erg in trek zijn bij verzamelaars. Voor deel 2, *Hong Kong Flora*, grasduinde Wolf in zijn foto's van overal opduikende planten en bloemen. Die hebben zich een weg gebaand door scheuren in het asfalt of barsten in stoeptegels en muren, of ze zijn door de bewoners in flessen, kommen en potten op straat gezet. Ontroerend en grappig. ■

茶字典
茶字典

WIESJE PEELS

HET CIRCUS ALS METAFOOR

WOORD GEERT STADEUS BEELD WIESJE PEELS

De Nederlandse fotografe Wiesje Peels reisde jaren mee met grote en kleine circussen. Het leverde haar een flink archief van reportagefoto's op, maar het werk waarmee ze echt voor het voetlicht kwam is van een andere aard. Met het circus als metafoor voor het leven ging ze op zoek naar het onverwachte, naar wat je in de piste niet te zien krijgt.

Zeggen dat Wiesje Peels voor het circus is geboren zou overdreven zijn. Maar niet elk meisje groeit op met de goochelende clown Enrico Magnetico als vader. Met auto plus aanhanger trokken ze samen heel Nederland rond (zij als de bevallige assistente), en aan die tijd hield ze een levenslange fascinatie voor het circusbestaan over. In 2001 reisde ze door India en daar volgde ze enkele weken The Great Bombay Circus.

Wiesje Peels: "Ik was daar voor een reportageklus, met twee vrienden. Toen we op een dag het affiche van dat gigantische circus zagen wilden we er per se heen. We waren heel erg onder de indruk. De reusachtige tent herbergde twee pistes, en de artiesten – piepjong nog – waren steengoed. Er kwamen hordes mensen op af. We mochten een tijdje met het circus meetoeren en toen is de basis voor mijn latere werk gelegd, al werkte ik in India nog puur documentair. Terug in Europa begon ik tal van grote en kleine circussen te volgen, in diverse landen. Aanvankelijk vond ik mijn foto's artistiek niet zo interessant. Soms stak er toch eentje bovenuit, en gaandeweg leerde ik dat ik dan moest terugkeren. Dan stond ik weer in dat circus en maakte ik die foto opnieuw, maar dan volgens mijn ideeën. Ik vroeg de artiesten bijvoorbeeld andere schoenen aan te trekken, om in die en die hoek te gaan staan, om er een bal bij te pakken, enzovoorts. Het werd abstracter, en ik ging steeds meer vormgevend, regisserend, te werk."

Kordaat legt ze de circusartiesten uit wat ze wil. Ze doet het desnoods voor. "Dat moet wel, want er is meestal een taalbarrière. En dan val je terug op lichaamstaal. Als ik het zelf een keer doe maakt dat de mensen ook minder verlegen." Over het eindresultaat verbazen de dompteurs, de clowns, de acrobaten zich nogal eens; ze vinden de foto's soms 'raar'. Peels: "Tja, dikwijls neem ik hun gezicht niet mee in beeld. En voor de artiesten gaat het toch een beetje om hen, natuurlijk. Ik maak dan meteen ook maar portretten, die mogen ze hebben voor promotie of voor het familiealbum. Ik doe er niks mee."

De foto's met dieren vergen eindeloos geduld. "Of die lukken staat of valt met wie de olifant, hond of wat ook temt. Het is toch al anders omdat ik er ook bij ben. Je moet altijd rustig blijven en oog hebben voor hoe het dier reageert. En dan nog een keer, en nog een keer."

Met foto's die nu gebundeld zijn in het boek 'Mimus' geeft Wiesje Peels een stem aan het romantisch-donkere floers dat het circusbedrijf omgeeft. Het zit ook wel een beetje in haarzelf. Toen ze de campagnebeelden maakte voor de viering van de twintigste verjaardag van het Bredase Chassé Theater bedacht ze een podiumdoek met onheilspellende donderwolken. "In mijn werk hebben mensen geregeld hun ogen dicht, kijken ze weg … Ze zijn geïsoleerd. Het licht is dramatisch. Dat hoort bij het leven. Het is een romantische metafoor: mannetje lacht, mannetje huilt." ■

DANIEL JOSEFSOHN

Enfant terrible met camera

WOORD HALBE DE JONG BEELD DANIEL JOSEFSOHN

'Fuck Yes', zo heet een bundeling fotocolumns van Josefsohn voor weekblad ZEITmagazin. Vlák voor de afspraak met de uitgever kwam die titel bij hem op. Pittig, maar iemand die z'n hond Jezus noemt, slogans als 'Iran Irak IKEA' bedenkt en al eens de Israëlische vlag hees in de vroegere tuin van rijksmaarschalk Hermann Göring is zoiets toevertrouwd. Op zijn beurt mag de Duitser-met-joodse-roots Daniel Josefsohn (1961) kwalificaties als 'ongeleid projectiel' en 'één van de weinige waanzinnigen onder de Duitse fotografen' in ontvangst nemen. Zijn werk is af en toe behoorlijk respectloos, vaak grappig en nooit saai.

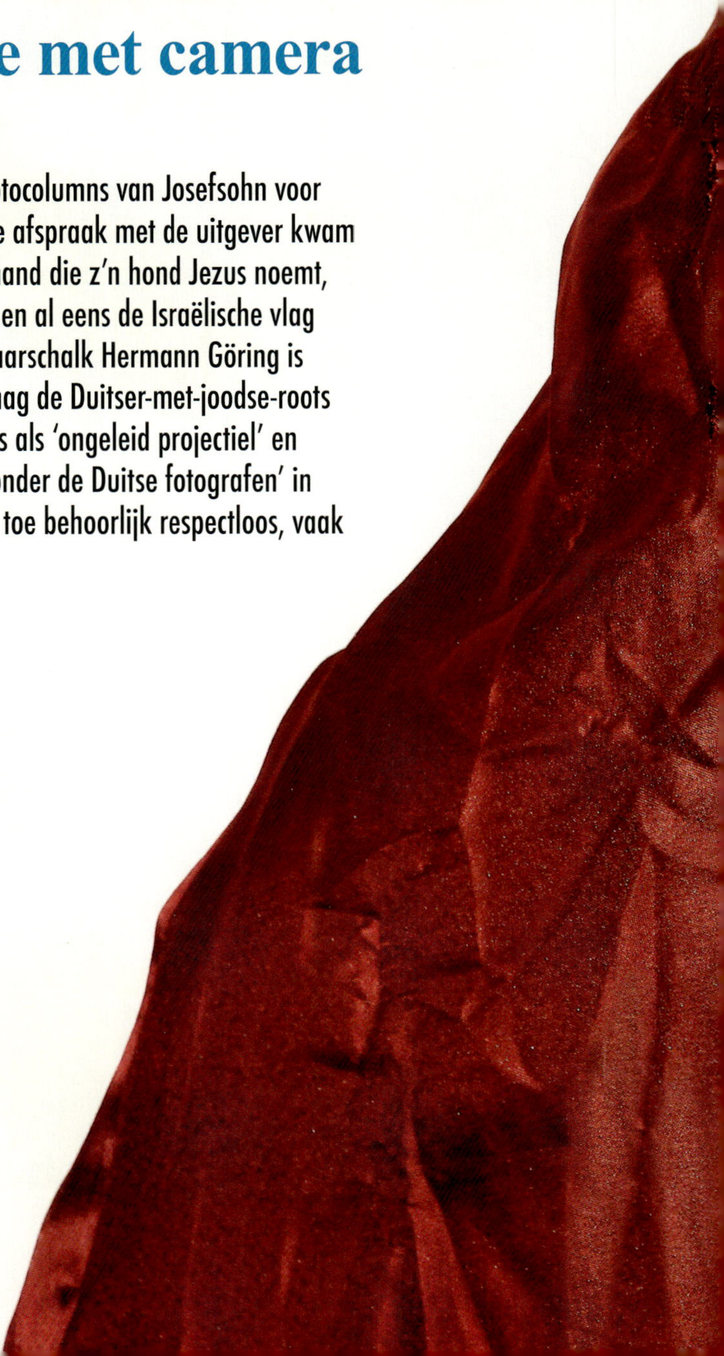

DISCO
SUCKS

Josefsohn wordt regelmatig in één adem genoemd met Wolfgang Tillmans, de Duitser die de Turner Prize in de wacht sleepte. Begin jaren 90 gingen de twee veel met elkaar om, ze feestten samen, toonden hun foto's aan elkaar, maar waar Tillmans het pad van de *fine art*-fotografie insloeg bleef Josefsohn vooralsnog commercieel werkzaam. Hij moest ook wel, want zijn eerdere drugsverslaving had hem financieel geruïneerd. Toen hij afgekickt en wel uit de kliniek kwam leende zijn therapeut hem 300 mark voor een fotocamera, en daarmee ging hij als een haas aan het werk. Brood op de plank ging even voor alles – hij zag het donders goed in. Toch, gelukkig, bleef hij tijdens zijn advertentieklussen trouw aan zijn artistiek uitgesproken zelf.

Eigenzinnig

De grote doorbraak was Josefsohns 'Miststück'-beeldcampagne voor MTV. Onder de slogan 'willkommen zuhause. MTV' haalde Josefsohn de jongerengeneratie van toen voor zijn lens, schoot ze in zwart-wit en plakte er kreten overheen als Miststück (stuk stront), Hysterische Ziege (hysterische geit) en Schlappschwanz (slappe zak). De jeugd vond het prachtig, de campagne was een hit, en vanaf dat moment was (zelf)belediging een vast onderdeel van zijn artistieke repertoire. Tijdschriften als ZEITmagazin en jetzt meldden zich ook voor zijn fotografie, en het ging Josefsohn voor de wind. Hij gunde zichzelf een jaartje Amerika (Hollywood), en na terugkomst liet hij een wervelende mix van fotografie en stand-up op de wereld los. Hij beklom de Brandenburger Tor, gewapend met een koffer en met een Star Wars-helm op; getooid met diezelfde helm knielde hij tussen andere gebedsgangers voor de Al-Aqsamoskee in Jeruzalem; hij fotografeerde vele artiesten, onder wie Michael Stipe van REM; hij zette een parfumlijn op; hij maakte cd-covers … In 2011 kwam het Berlijnse theatergezelschap Volksbühne bij hem, voor het ontwerp van hun posters. Josefsohn zei ze recht in het gezicht dat hij weinig met theater ophad, dat hij meer een Hollywoodtype was. "Ga toch vooral maar aan het werk," was hun reactie.

Attaque

In 2012 ging het goed mis. Josefsohn kreeg een zware beroerte, en zijn hogedrukleven kwam abrupt tot stilstand. Een jaar lang kon hij vrijwel niets, en nadien bleef hij linkszijdig verlamd. Toen hij te horen kreeg tot de rolstoel veroordeeld te zijn was zijn eerste, typerende, reactie: "In zo'n Scheißrollstuhl kun je er ook razend sexy uitzien." Maar toch liet hij – online – een briefje plaatsen in de Klaagmuur in Jeruzalem met het verzoek of de Allerhoogste hem weer beter wilde maken. Het zou hem spijten, want sindsdien "bombardeerden de rabbi's hem met spam". Op de redactie van ZEITmagazin opperden ze dat Josefsohn maar een wekelijks forum moest krijgen om aan de hand van foto's plus een korte column verslag te doen van zijn leven voor, rond en na de beroerte. Josefsohn stemde toe, en zijn toenmalige levensgezellin ("en mijn linker hersenhelft") Karin Müller ook: zij moest de stukjes schrijven. Onder de titel 'Am Leben' kwam er inderdaad elke week een bijdrage, soms na fiks debat tussen Josefsohn en zijn partner over stijl en woordkeus. Müller weet dit aan hun verschillende karakters: hij was de man van de onfeilbare intuïtie, de spontaniteit, de opwelling; zij was de bedachtzame, "de meanderende". "In die zin speelden we altijd pingpong. Aan het eind van het liedje ontmoetten we elkaar ergens halverwege."

Daniel Josefsohn voelt ver van tevoren aan waar het gaat schuren, waar het ongemak zit. Graag neemt hij religies op de korrel, van alle pluimage, het liefst nog het jodendom. Menigmaal begaf hij zich in gevaarlijke situaties voor zijn foto's: een heropvoering van het protest van de 'tankstudent' op het Tiananmenplein, de Al-Aqsasituatie, een performance op Tokyo's drukste verkeersplein. Alleen Guantanamo kwam hij niet in. Enfant terrible, ja. Zichzelf ontzien? Nooit. ■

I ♥ JEWS

moby
Post Apocalyps

WOORD PETER SLABBYNCK BEELD moby

"Tonight I'm gonna party like it's nineteen ninety-nine," zingt Prince. Maar aan de vooravond van de millenniumwisseling was het niet Zijne Purperen Hoogheid uit Minneapolis die de hitlijsten domineerde en zo bepaalde wat er op party's gedraaid werd; die rol was weggelegd voor een kleine kale New Yorker met een brilletje: Richard Melville Hall. Bij het grote publiek is deze singer-songwriter en dj beter bekend als moby, een verwijzing naar zijn oud-oudoom die 'Moby Dick' schreef. Nu hij weer uit de hitparades verdwenen is duikt moby echter steeds meer op als fotograaf.

Dat moby artiest zou worden stond in de sterren geschreven. Zijn moeder was schilderes, een oom beeldhouwer. Hijzelf koos ervoor om muzikant te worden, naar eigen zeggen omdat nog niemand in de familie deze artistieke weg was ingeslagen. Het had ook fotograaf kunnen zijn, maar daarin was een andere oom hem al voorgegaan. Joseph Kugielsky werkte voor The New York Times en deed de jonge moby zijn oude Nikon F cadeau. Een hele eer voor de jongen, want dit toestel had grote dingen gezien, onder andere de oorlog in Vietnam. En zo wandelde de tienjarige Richard door New York met een professionele camera, geheel incognito. Zo'n vijfentwintig jaar later kende de hele wereld moby, niet door zijn foto's maar door het album 'Play', met hits als 'Porcelain', 'Why Does My Heart Feel So Bad' en 'Bodyrock'.

Apocalyps

Maar wereldwijd succes brengt toeren met zich mee, heel veel toeren. En wat er voor de buitenwereld uit mag zien als een rondreizende demonstratie van succes en welslagen is voor bands een optelsom van verveling en vervreemding. Bij optreden hoort nu eenmaal urenlang wachten, hangen, ouwehoeren. Voeg daar het dag in dag uit bivakkeren in anonieme, nauwelijks van elkaar te onderscheiden hotelkamers bij, en dan is het niet zo gek dat je vervreemdt van de realiteit. Die artiestenleven-gerelateerde aliënatie was meteen ook het onderwerp van de eerste expo waarmee moby in 2010 als fotograaf naar buiten trad. Ook zijn tweede tentoonstelling toont hem vooral nog als muzikant, met een serie foto's van uitzinnig enthousiast publiek, genomen vanaf het podium. Beelden van hoe de hel eruit zou kunnen zien, aldus moby. Met zijn recentere werk 'Innocents', ook de titel van zijn laatste cd, gaat hij op zoek naar een eigen beeldtaal. moby gaat ervan uit dat de door de Mayakalender aangekondigde Apocalyps in 2012 wel degelijk heeft plaatsgevonden, en hij toont er de beelden van. Geen foto's van verlaten steden in de geest van 'The Road' van Cormac McCarthy. Wel in witte doeken gedrapeerde personages, vaak met dierenmaskers op, in supermarkten, zwembaden en andere vertrouwde plaatsen. Deze figuren beoefenen de 'cult of innocents' waarbij ze vanachter hun masker met schaamte terugkijken op hoe de wereld eruitzag voor de Apocalyps. moby geeft overigens toe dat zijn verhuizing naar Los Angeles zijn blik op de dingen enigszins heeft veranderd. Nergens anders ter wereld tieren allerhande cults zo welig als in LA, met Charles Manson en zijn aanhang als negatieve uitschieter. Deze zogenaamde post-Apocalyptische beelden wisselt hij af met foto's van landschappen die neergedrukt lijken te worden door een dreigende lucht. Daarmee belicht moby, die ook cd's uitbrengt onder de naam 'Voodoo Child', in zijn fotografisch werk zijn donkere kant. Maar hij is dan ook geboren op 11 september, al had in 1965 niemand in Amerika kunnen vermoeden dat deze datum ooit symbool zou staan voor een helaas waar gebeurde Apocalyps. ■

Picnic for three

De ontgoocheling van Jules
(of de lekkende onderwaterfantasie van Andreas Franke)

WOORD AN OLAERTS BEELD ANDREAS FRANKE

Jules zit met een pofbroek op het dek van een gezonken schip. Hij is dronken. Hij is boos. Andreas Franke noemde het portret 'Disenchantment of Jules'. Maar net zo goed had het 'De stommiteit van Gilgamesj' kunnen heten. Die greep op de bodem van de wereldzee ook naast een toverspreuk tegen de dood.

Gilgamesj was een koningskind met een heldendicht in spijkerschrift. Hij dook naar het diepste van de oceaan om het kruid der onsterfelijkheid te plukken. Hij nam het mee, maar raakte het kwijt, dankzij een stommiteit. Het is waarom we allemaal sterven. Het grote verlies is een oud zeer dat sinds mensenheugenis wordt omgespit en uitgespuwd. Schoonheid noch liefde zullen het overleven. Het enige dat nooit zal vergaan is spijt. Jules kan erover meepraten. De ontgoocheling van Jules is één scheef portret uit de onderwaterwereld van Andreas Franke. De rest van de personages zal het worst wezen. Zij eten taart tot ze niet meer kunnen, jagen overdadige banketten door hun darm en zweren bij het grote genot. Decadentie is het plezier van de ondergang. En fantasie is de duikvlucht voor het leven zoals het is: volstrekt betrouwbaar in de dood.

Madenpap

Andreas Franke is duiker én fotograaf. Door zijn duikbril spiedt hij naar scheepswrakken. In zijn lens zoekt hij de perfectie. De som van zijn submariene decors en de in postproductie toegevoegde galante gezelschappen is 'The Sinking World'. De beste plek voor een tentoonstelling achtte hij de gezonken scheepsdekken zelf, en na tewaterlating van zijn beelden was een heuse onderwatergalerie geschapen. Wél een met scheurtjes in de illusie. De zee beet, zoende en likte. Pekel, pokken en zeeslakken verdrongen zich voor het vensterglas. Ze gaven le déjeuner sous la mer extra patine, alsof het een écht sprookje was en géén picknick des doods. Kriep, kriep, een patrijspoort gaat open en een door-

Jules in Love

zopen scheepskok plukt een sliert zeewier uit zijn haar. Tingeling, een octopus slaat op de gong en drie maanvissen ontsluieren een gelukkige knekelbruid. Het had gekund, want een gezonken schip spreekt tot de verbeelding. In de grond gaat het helemaal anders. Daar word je madenpap. Meedogenloos. Maar de zee schijnt compassie te hebben. Zij gebaart van hoop. Zij doet zeepaardjes dansen in het verdriet, omdat je de tranen toch niet van de rest kunt onderscheiden. En omdat je onder water toch niet kunt jammeren. Vissen hebben geen oren. Er is geen god die het wat kan schelen. En Gilgamesj liet zich besodemieteren door een slang.

Iemand nog wat taart? Niet voor Christina Rossetti. Ze leefde in de tijd van de pofbroek, maar ze weigerde de taart. Bespaar me je beloften, ze zijn als taartkorsten, zo schreef ze. Haar broers waren prerafaëlieten, kunstenaars die bij schoonheid zwoeren. Klachten hadden ze niet. Klachten vonden ze overdreven. Zo ook schilderde John Everett Millais Ophelia, die verdronk in een rivier. Hij liet zijn model dagenlang dromerig in een badkuip drijven, tot ze er ellendig van werd, maar dat zie je niet op het schilderij. Daar is alles pais en vree, precies zoals in The Sinking World van Andreas Franke. Christina Rossetti was anders. Ze was een van de grootste rare vrouwen uit de negentiende eeuw. Ze geloofde niet in schoonheid. Haar esthetica was er eentje van afwijzing. Zij lachte met de Blessed Damozel van haar broer. Jazeker, zij had de stommiteit van Gilgamesj graag voorspeld. En oh, als zij had kunnen duiken. Haar beroemde gedicht Goblin Market zou een prachtige onderwaterparade geworden zijn, zonder aardmannetjes of happy end. Maar Christina Rossetti kon niet duiken. Zij las The Rime of the Ancient Mariner van Samuel Coleridge. Die rijmde weinig vrolijk over de ellende van een zeeman op een zinkend schip. 'The very deep did rot: Oh Christ! / That ever this should be! / Yea, slimy things did crawl with legs / Upon the slimy sea.' De fantasie van Andreas Franke is weliswaar iets waterdichter, maar als je goed kijkt zie je toch hoe ze ontgoocheling lekt. Vraag anders eens aan Jules. Hij zit in een pofbroek op het dek van een scheepswrak. ■

Babette on Pascal

Disenchantment of Jules

Sweet Babette

All Together

DE KLEURENPRACHT VAN GIFTIGE KIKKERS

GUIDO STERKENDRIES

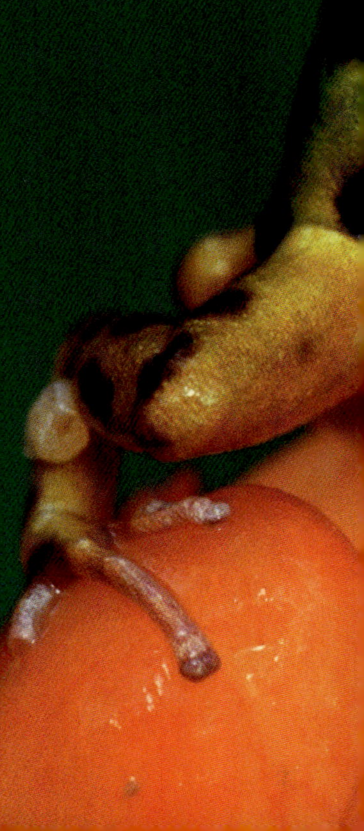

Aardbeikikker (Oophage pumilio)

Aardbeikikker (Oophage pumilio)

WOORD GEERT STADEUS BEELD GUIDO STERKENDRIES

Rood, zwart, blauw, geel: pijlgifkikkers vallen enorm op. Minder in het oog springend maar levensgevaarlijk is het gif op hun huid, waarmee de indianen in Midden- en Zuid-Amerika hun pijlen extra dodelijk maken. Guido Sterkendries kreeg op zijn vele exploraties door de Amazone en ver daarbuiten vrijwel alle soorten van dit vaak verrassend kleine diertje voor zijn lens.

Als je zo klein bent als deze kikkers – sommige soorten worden niet groter dan een vingertop – dan kun je grotere dieren maar beter een goede reden geven om je niet op te eten. Pijlgifkikkers zijn daar prima in geslaagd. Het neurotoxische gif dat ze verspreiden verlamt het hart en de longen in een mum van tijd, en de giftigste zijn in staat om een mens te vellen. Eén knalgele *Phyllobates terribilis* zou van de *Homo sapiens* zelfs een dozijn de dood in kunnen jagen.

Schaduwaanbidders

Gifkikkers vind je niet overál in het Amazonewoud, maar toch in een immens gebied, dat zich uitstrekt van Nicaragua tot en met de noordelijke delen van Bolivia en zuidelijk Brazilië. Het epicentrum van de pijlgifkikkers ligt evenwel in de regenwouden van Peru, Ecuador, Colombia, Panama en de Guyana's. In Colombia treffen we de Embera-indianen aan die het gif van de kikkers gebruiken bij de jacht. Nu de doorgedreven ontbossing steeds grotere happen uit de wouden van de Amazone neemt dreigen de pijlgifkikkers de eerste slachtoffers van de afnemende biodiversiteit te worden. Ze zijn bijzonder afhankelijk van de schaduw van de bomen, want in de volle zon overleven ze nog geen half uur. Zoeken naar een nieuwe biotoop is de grootste uitdaging waar de dieren ooit voor hebben gestaan. Terwijl vogels vanaf grote hoogte nieuwe pleisterplaatsen ontdekken, en grotere dieren zich een weg kunnen banen door de jungle, zijn de hindernissen die pijlgifkikkers stuiten in hun zoektocht naar een geschikt microklimaat legio. Ze raken nooit met voldoende over een snelstromende rivier om de soort voort te kunnen zetten. Ook zout water is funest. De natuur heeft de kikkers altijd al uitgedaagd, want het zijn dit soort barrières die ervoor zorgen dat je een soort uit pakweg Brazilië niet in Ecuador vindt. Maar sinds de mens overging tot de grootschalige wildkap in de regenwouden wordt de legendarische overlevingsdrift van de pijlgifkikker wel erg op de proef gesteld. Guido Sterkendries: "Voor de kikker is zo'n woudreus een gigantisch zonnescherm, en waar die bomen zijn omgehakt wordt het onbeschrijflijk warm. Er is geen sprake van dat die kikkertjes in het dan ontstane woestijngebied nog kunnen leven, laat staan migreren of evolueren. En dan is de pijlgifkikker vanwege zijn indrukwekkende mutatieve eigenschappen nog een van de snelst variërende diersoorten. Er zijn ongeveer driehonderd soorten, maar als je de vele ondersoorten telt kom je bij duizenden kikkervariëteiten uit, en een waaier van kleurschakeringen."

Boomklimmers

Die enorme diversiteit dreigt nu verloren te gaan. Al zijn de kleine kikkers volhardend en creatief. Sterkendries heeft meer dan eens een soort gevonden die uitgestorven werd gewaand, maar door steeds dieper het woud in te trekken of in tientallen meters hoge bomen te klimmen kon hij het bestaan van die bewuste

Deze gouden gifkikker (Dendrobates auratus) is een mutant.

kikkers toch vaststellen én fotograferen. Wie dat doet – in de klamme hitte met foto-uitrusting en al de bomen in klauteren voor de mógelijke aanwezigheid van een kikkertje – moet wel gefascineerd zijn. Sterkendries: "Die prachtige kleuren hè, daar doe je toch alles voor? Al is dat ook precies waarom de pijlgifkikker zo'n felbegeerd terrariumobject is. Gelukkig gaat het met de bescherming van heel wat soorten steeds beter: die mogen het land niet uit, of je moet er een speciale vergunning voor hebben. Maar ze mogen er dan schattig uitzien, het zijn roofdieren en goede jagers. Ze eten alleen levend voedsel. Het zijn toonbeelden van natuurlijk vernuft, in staat tot dingen die onze verbeelding overtreffen. Waarom zijn gifkikkers in gevangenschap niet giftig? Omdat ze verzot zijn op bepaalde soorten mieren. Die scheiden een sap af waaruit de kikker zijn gif kan opbouwen. En de mieren halen die stof, een alkaloïde, dan weer uit een giftige plant – die echt niet in het gemiddelde terrarium groeit. Dat is toch een schitterende symbiose? Hun broedgedrag is ook al zo bijzonder, niet te vergelijken met kikkers van bij ons. Neem nu bijvoorbeeld de aardbeikikkers. Om te beginnen zijn ze heel territoriaal. Als een mannetje wil paren gaat hij dansen. Hij draait dan rond om zijn as en kwaakt heel luid. Hopelijk komt er dan snel een vrouwtje op af, al kan het ook een ander mannetje zijn dat zich in zijn territorium bedreigd voelt. In dat geval draait het uit op vechten. Het is pure krachtpatserij: ze proberen elkaar niet te doden, maar worstelen net zo lang tot één van de twee zich gewonnen geeft. Maar goed, als de kikker geluk heeft komt er een geïnteresseerd vrouwtje langs dat ook wil paren. Maximaal drie eitjes legt ze, bij voorkeur op een blad dat dusdanig plat en stroef is dat het broedsel er niet bij de eerste de beste regenbui afspoelt. Het liefst heeft ze er ook een blad boven, bij wijze van paraplu en zonnescherm."

Zorgtaakverdeling

Sterkendries: "Bij de meeste soorten staat het

Zingende aardbeikikker (Oophage pumilio)

Schildersgifkikker (Dendrobates tinctorius)

mannetje in voor de broedzorg. Als de eitjes dreigen uit te drogen gaat hij zelfs water halen om ze te bevochtigen. Bij de *histrionicus*-achtigen, waaronder de aardbeikikker, gaat het er anders aan toe: daar zorgt het vrouwtje heel intensief voor het broedsel. Ze neemt de larfjes mee op haar rug om ze te deponeren in de oksel van een ananasplant. In haar eentje brengt ze daar de larven groot. Als voedsel dienen haar eigen onbevruchte eitjes. Daarbij geeft ze ook al gif door." De meeste gifkikkers leven op de bodem en zijn moeilijk te spotten omdat ze zich graag ophouden onder de beschutting van een bed van bladeren, en omdat ze vliegensvlug heen en weer schieten. Boombewoners zoals de kleine blauwe gifkikker zijn, omdat ze op hoogte leven, nog veel lastiger te ontwaren. Altijd als Sterkendries een 'kikkerklimtocht' onderneemt doet hij dat met zorg en respect voor de natuur. "Ooit moest ik voor mijn foto's écht heel hoog, en toen kreeg ik hulp van een vriend die naast speleoloog en koorddanser ook een ervaren boomdeskundige is. Hij zorgde ervoor dat we veilig tot de kruin konden klimmen, vijftig meter hoog. En hij heeft niet één spijker in de boom geslagen; alles deden we met touwen. De gedachte hierachter was dat we de boom niet boos mochten maken of kwetsen. Dat mag soft en bijgelovig klinken in onze westerse oren, maar je moet je voorstellen hoe klein je je voelt als je naast zo'n monumentaal en eeuwenoud natuurfenomeen staat." De grote kleurdiversiteit van de pijlgifkikkers plus hun unieke gedrag en doddige

Guido Sterkendries fotografeert de Vicente's gifkikker (Oophaga vicentei) in een boomtop, 43 meter hoog. pagina 491: De habitat van de Vicente's gifkikker (Oophaga vicentei) werd gefotografeerd tijdens een Canopy expeditie.

'maniertjes' maken ze buitengewoon gewild bij terrariumliefhebbers, die ze niet zelden verzamelen om zo veel mogelijk verschillende soorten te hebben. Je kunt ze in onze contreien ook in gespecialiseerde dierenwinkels kopen, afkomstig van Europese kwekers. Maar er is ook een illegaal circuit waarin de diertjes, soms met honderden tegelijk, in een koffer over de grens worden gesmokkeld. Sterkendries: "Ik heb eens gehoord dat iemand op een reis duizend kikkers smokkelde. Ze zaten per twee in doosjes voor filmrolletjes verpakt! Ja, er zijn verzamelaars die met respect omgaan met de dieren. Maar de handelaren gaat het enkel om het geld. Weliswaar is het ook in hun belang dat de dieren levend op hun bestemming aankomen, maar die kikkertjes hebben hard te lijden van de stress van de reis en van parasieten. Aan de andere kant zijn er fervente liefhebbers die de dieren in zo optimaal mogelijke omstandigheden verzorgen en er goed mee kweken. Je weet maar nooit of dat een manier wordt om in de natuur uitgestorven soorten toch weer uit te kunnen zetten in de enige biotoop waar ze echt thuishoren. Maar dat is maar een kleine positieve noot; in de praktijk zorgt de illegale handel vooral voor wanorde en dierenleed."

Sinds enkele jaren experimenteren medische wetenschappers met het gif van de verschillende soorten kikkers, en dat onderzoek levert in potentie twee belangrijke dingen op: nieuwe pijnstillers en kankerbestrijdingsmiddelen. We moeten maar vurig hopen dat de pijlgifkikker niet uitsterft. ■

Vicente's gifkikker (Oophaga vicentei)

Guaymi-mannen kijken naar dansende aardbeikikkers (Oophage pumilio) op een cacaovrucht.

Aardbeikikker (Oophage pumilio)

Driekleurige gifkikker (Epipedobates tricolor) met larven op de rug.

VEROORDEELD TOT ISOLEMENT

Raed Bawayah

WOORD BEATE WINDELER BEELD RAED BAWAYAH

Ingetogen en respectvolle portretten van mensen die zich uitgesloten voelen en teruggetrokken leven in een kleine kring, dat is in korte tijd het handelsmerk geworden van Raed Bawayah. Zijn werk is een opvallende mix van journalistieke en portretfotografie – sereen, realistisch en objectief. Hij leeft afwisselend in Parijs en in het Midden-Oosten.

Raed Bawayah werd in 1971 geboren in Qatanna, een Palestijns dorp tussen Ramallah en Jeruzalem. Hij groeide op in armoede toen zijn vader zeven jaar later stierf en Raeds moeder, die nauwelijks kon lezen en schrijven, achterliet met negen kinderen. Hij kwam onder meer aan de kost als geitenhoeder, fruitplukker, straatventer en bouwvakker. Toen hij een tijd in Jeruzalem werkte raakte hij onder de indruk van de camera's waarmee toeristen rondliepen. Raed bluftte zich naar binnen in de Musrara School of Photography en wist al snel heel goed wat hij wilde: zijn eigen wereld in beeld brengen, en die van de mensen met wie hij zich verwant voelde. En al had de grimmigheid van zijn jeugd onmiskenbaar een stempel op zijn leven gedrukt, hij zou laten zien hoe mooi de mensheid was.

Gelijkgestemd

Nog voor hij afstudeerde pakte hij uit met de reeks Childhood Memories. Hij nam de foto's in Qatanna, waar kinderen niet veel buiten komen, of toch niet veel verder dan een tuin die ze vaak delen met een geit of een konijn. Moeders zijn heel beschermend. Soms speelt hun, licht smoezelige, kroost een tijdje tussen de cipressen of olijfbomen, maar altijd in een beperkte en beperkende omgeving. De foto's maakten veel indruk en Raed Bawayah speelde al vlug mee met de groten.

Voor zijn latere reeksen trok hij op met onder meer zigeuners, weeshuiskinderen, Palestijnse arbeiders, psychiatrische patiënten … Zijn kleine dorp liet hij achter zich en hij waaierde verder en verder uit, maar hij bleef wars van pretenties. Bawayah's werk getuigt van esthetische perfectie en diepe doorleefdheid. Hij onderkent het vaak harde bestaan van de mensen die hij fotografeert – vergelijkbaar met hoe zíjn dagelijks leven eruitzag voor hij met zijn camera de wereld rond ging reizen, en steevast toont hij hen in alle waardigheid. Voor miserabilisme geen plaats. Bawayah zoekt in uitzonderlijke levensomstandigheden het normale, het vertrouwde, en schetst zo een ontroerend beeld van mensen die geen andere keus hebben dan zich over te geven aan het hun opgedrongen isolement. ■

TONY KELLY

HOLLYWOOD

WOORD GEERT STADEUS BEELD TONY KELLY

De Ierse modefotograaf Tony Kelly begon als reportage- en oorlogsfotograaf maar voelde zich al snel als een magneet aangetrokken tot de modefotografie, waarin hij zijn creativiteit ongegeneerd kon botvieren. De voornaamste kenmerken van zijn foto's zijn een ongebreideld kleurenspel, veel gevoel voor humor en vrolijkheid alom.

Tony Kelly (1975, Dublin) kwam als jonge hond van achttien in dienst bij de Irish Independent en de Evening Herald. Deze kranten – beide zetelend in zijn geboortestad – stuurden hem vooral op pad om evenementen en bekende inwoners in beeld te brengen. Dit was hij snel beu, en zijn jeugdige lef voerde hem vervolgens naar conflicthaarden als Rwanda en Afghanistan. Hoewel hij zich dit altijd zou herinneren als een boeiende en avontuurlijke periode in zijn leven, voelde hij er zich snel klaar voor om de volgende uitdaging aan te gaan. In de modefotografie diende zich uiteindelijk het verlossende genre aan.

De kracht van humor

Kelly: "Persfotografie en modefotografie zijn twee compleet verschillende werelden, totaal niet te vergelijken. Al bij mijn eerste modeshoot werd ik er blij en gelukkig van dat ik de controle had over de verschillende onderdelen van het werk, over álle ingrediënten welbeschouwd die mijn beelden maken tot wat ze vandaag zijn." Hij ging meteen tekeer als een kind in een speelgoedwinkel, en dat bleef niet onopgemerkt. Wereldwijd pikte men zijn uitdagende stijl op, en als die al te zeer richting het shockeren ging counterde hij dat met lichte, speelse, oergeestige beeldhumor. Kelly: "Humor is in mijn werk het sleutelelement. Zoals het in het hele leven van het grootste belang is. We kunnen geen dag zonder humor en dat mensen mijn foto's grappig en plezierig vinden geeft mij een goed gevoel."

Ierland is geen ideaal land voor een modefotograaf en Kelly trok er weg, eerst naar Barcelona en daarna naar Los Angeles, waar hij sinds enkele jaren woont. Kelly: "Beide steden hebben mij op een heel verschillende manier beïnvloed. Barcelona werkte vooral door in mijn privéleven, want het is een prachtige stad, je kunt er lekker eten, ze hebben heerlijke wijn, mooie vrouwen … Los Angeles is een industriestad. De stad telt amper inwoners die er niet ook werken. Zelf ben je dus ook altijd aan het werk – je kunt je er niet aan onttrekken. Als ik er, voor de zoveelste keer, van een vlucht stap is het eerste gevoel steevast dat ik weer 'op kantoor ben'. Ieder nieuw bezoek aan Barcelona daarentegen herinnert mij aan hoe ontspannen het er toch is. De twee steden hebben een verschillende energie en ik hou – alweer heel belangrijk in het leven – van variatie."

Noem zijn foto's niet gewoon 'mooi', want daarvan krijgt hij het op zijn heupen. Hij provoceert graag, zij het met de glimlach, maar reacties uitlokken is wat hem doet ademen, en wie verontwaardigd reageert op zijn extravagante beelden geeft hem gelijk. Op de set is hij er een kei in om zijn modellen – beroemd of niet – zo op hun gemak te stellen dat ze zonder aarzelen meegaan in zijn ongewone ideeën en voorstellen. Tegelijk is hij in zijn regie compromisloos. Alles bereidt hij voor tot in de puntjes, net zolang tot hij vindt dat het stáát: locatie, licht, aankleding, accessoires. Wie voor hem heeft gewerkt weet het: Tony Kelly's boodschappenlijstjes zijn even gedetailleerd als lang. Massa's figuranten, zwembaden en jacuzzi's, unieke pruiken, rottweilers … Als hij het in zijn hoofd haalt moet het er zijn voor hij de camera uit z'n tas pakt. Kelly: "Ik ben heel spontaan. Mijn brein is altijd bezig met nieuwe dingen. Dat stopt niet als ik aan de fotosessie begin. Gelukkig heb ik een excellent team van de beste professionals die er zijn, en we nemen onze tijd voor een degelijke voorbereiding. En zo lukt het toch elke keer om alles op de set te hebben wat nodig is, en juist dat geeft mij de vrijheid om te creëren."

In het begin van zijn carrière kreeg hij vaak de kritiek dat hij in zijn modefoto's wel héél veel naakt toeliet, maar hij ging steeds intelligentere en doordachtere composities maken en hoort nog weinig klachten. Tony Kelly: "Ik ben alleen maar verantwoordelijk voor mijn beelden. Hoe mensen erover oordelen en wat ze erover zeggen is hun zaak. Ik omarm elk commentaar, elke opmerking en elke visie, en ik laat het trekken van conclusies aan de toeschouwer. Ik doe gewoon wat ik doe, en ik ben dol op mijn werk." ■

TK
5
TK
5
SONY
TK
5

Caravane

De vliegende huizen van Laurent Chehere

Cirque

WOORD MARGI ROTIERS BEELD LAURENT CHEHERE

Ooit werkte Laurent Chehere (1972) als art director voor een groot Frans reclamebureau en tekende hij voor grote campagnes van pakweg Nike en Audi. Dan gaf hij er de brui aan en ging hij reizen en fotograferen. Maar hoe ver hij ook trok, het zou zijn eigen Parijs zijn dat hem op het juiste spoor zette voor zijn bekendste reeks.

De fotograaf groeide op in de pittoreske wijk Ménilmontant in het 20ste arrondissement van Parijs. De buurt is de bakermat van Maurice Chevalier, werd bezongen door Charles Trenet, en door Henry Miller beschreven in *Quiet Days in Clichy*. En natuurlijk kreeg Laurent Chehere ook *Le Ballon Rouge* te zien, de beroemde kinderfilm uit 1956 van Albert Lamorisse. Daarin loopt een jongetje door een grijs Ménilmontant met een bijzondere rode ballon, die lijkt te leven.

Het dromerige en poëtische karakter van die film nam Chehere zeker mee in zijn internationaal meermaals gelauwerde reeks. Want voor zover een fotoserie een hit kan worden, heeft Chehere er met *Flying Houses* één te pakken.

Toen Laurent Chehere na lange omzwervingen opnieuw ronddwaalde in de straten van zijn jeugd, bekeek hij de vele oude huizen daar met een nieuwe blik. Hij begon ze te fotograferen, en besloot ze met Photoshop los te maken van hun buren. Zo verloste hij de gebouwen uit de anonimiteit van een straat en kon hij naar hartelust metaforen, verwijzingen en knipogen toevoegen om zo het al dan niet verzonnen verhaal van ieder huis vorm te geven.

Als een vlieger aan een touw

De huizen vliegen, of beter: ze hangen in de lucht, als een ballon of een vlieger vastgemaakt aan veel te dunne touwtjes. Slechts hier en daar zie je sporen van hun bewoners. Elektriciteitsdraden houden de huizen op hun plaats. Tegelijk houden ze de illusie in stand dat hierin kan geleefd worden. *En Feu* is de uitzondering. Een somber bakstenen huis is losgeraakt. De kabels zijn geknapt, de ladder naar beneden is afgebroken. Door de ramen van de eerste verdieping slaan vlammen uit, de tralies doen een trieste afloop vermoeden voor al wie nog binnen is. En al helemaal voor de gekooide vogel op de vensterbank.
Occasioneel voegt Laurent Chehere herinneringen van zijn reizen toe aan deze tot de verbeelding sprekende serie, zoals een circus of een caravan, maar het staat buiten kijf: de ziel van deze foto's leeft in Ménilmontant en Belleville, de buurten waar Chehere de meeste van deze huizen heeft 'ontdekt' voor hij ze een tweede leven schonk. Ver van de stoep. Hoog in de wolken. ■

En feu

Nature morte

Gainsbourg

Hotel du Lion d'Or

Rue disparue

Who are you?

Shana De Neve

Snoecksprijs voor Shana De Neve

Bewogen Fotografen 2015

Linx+ en Bewogen Fotografen organiseerden ook dit jaar een fotografiewedstrijd met een sociaal thema, deze keer was dat *#Protest*. Los van dit thema mochten ook vrije foto's worden ingezonden om mee te dingen naar de prijzen in de categorieën Monochroom (zwartwit) en Kleur.

Vanessa Schottey won de wedstrijd in de ca-

Vanessa Schottey

Lutgart Luyckx

tegorie *#Protest* met een foto van een herdenkingsactie voor aangespoelde bootvluchtelingen. In de vrije categorie ging het goud naar **Lutgart Luyckx** (monochroom) voor *Streetview* en naar **Ivo De Decker** (kleur) met een foto van een hindoe-crematie.

Zoals elk jaar kiezen wij ook een opmerkelijke foto uit die de Snoecksprijs wint, en dat werd deze keer een foto van **Shana De Neve**. De jonge fotografe uit Aalst (B) maakte voor haar reeks Diva's vorig jaar boeiende foto's tijdens de Miss Travestie België verkiezing in Oudenaarde.

Shana De Neve: "Het was een chique en stijlvol evenement met veel prachtige kostuums. Ik had daar vooral aandacht voor wat backstage gebeurde. Je ziet daar ook hoe de kandidaten aankomen als man en transformeren tot een mooie vrouw. Ik heb daar veel respect voor."

De nieuwe fotowedstrijd van Bewogen Fotografen wordt binnenkort aangekondigd op linxplus.be

Ivo De Decker

Dode letter

Dirk Leyman

De literaire wereld rouwt om deze auteurs, die de voorbije maanden het leven lieten

H.H. TER BALKT (76, + Nijmegen, 9 maart 2015)

Nederlandse dichter. Herman Hendrik (H.H.) ter Balkt werkte vanaf 1960 als onderwijzer. In 1969 debuteerde hij als dichter onder het pseudoniem Habakuk II de Balker met de bundel *Boerengedichten*. In zijn inleiding schreef hij: "Dit is een oorlogsverklaring aan de dichters, de fossielen van een voorbij tijdperk." Het was de opmaat naar een eigenzinnig oeuvre. Hij verschool zich tot 1978 achter zijn merkwaardige pseudoniem en maakte faam als podiumbeest, met onder meer Johnny van Doorn, the Selfkicker. Ter Balkt toonde zich in zijn poëzie ook de beschermheer van de natuur. "Hij presenteerde zich, met een verwijzing naar het Oude Testament, als een onheilsprofeet. Zijn poëzie is vooral bestemd als een waarschuwing om ons voor catastrofes te behoeden, want we zijn de natuur vakkundig aan het kapot maken, vindt Ter Balkt," aldus Paul Demets op Cobra.be. H.H. ter Balkt schreef één roman, *Zwijg* (1973). Hij publiceerde ook essays en toneelteksten, maar het is toch vooral zijn dichterschap dat hem veel erkenning opleverde. Zijn oeuvre werd met alle belangrijke Nederlandse literaire prijzen onderscheiden, zoals de Constantijn Huygens-prijs (1998) en de P.C. Hooft-prijs (2003). Vorig jaar verscheen zijn verzameld werk, een bijna 1800 pagina's tellend boek met de titel *Hee hoor mij ho simultaan op de brandtorens.*

John Bayley

JOHN BAYLEY (89, + Lanzarote, 12 januari 2015)

Britse Oxfordprofessor, literair criticus en auteur. Hij was de echtgenoot van de schrijfster Iris Murdoch, over wie hij het aangrijpende *Iris: A Memoir of Iris Murdoch* (1998) en *Elegy for Iris* (1999) schreef. Daarin bracht hij teder zijn dagelijkse bestaan met Murdoch in kaart én de aftakeling van de aan Alzheimer lijdende schrijfster, ziekte waarvan de eerste symptomen in 1995 opdoken en waaraan ze in 1999 overleed. De boeken werden bijna unaniem geprezen vanwege hun doorleefde inzicht in het grillige ziekteproces.

Bayley werd geboren in 1925 in Lahore (het toenmalige Brits-Indië) en kreeg een opleiding in Eton. Zijn liefde voor literatuur ontdekte hij al in zijn jeugd. Later zou hij zeggen dat "zijn hele leven zich in boeken voltrok". Vanaf 1947 begon hij een steile academische carrière in Oxford. Daar ontmoette hij Murdoch, op een feest, in de lente van 1953. Drie jaar later huwden ze. Hun huwelijk was onconventioneel, mede door Murdochs diverse buitenechtelijke relaties met mannen én vrouwen, en hun chaotische manier van het huishouden bestieren.

Bayley was tussen 1974 en 1992 Warton Professor Engels in Oxford. Hij gold ook als een hoog gewaardeerd literair criticus. Zijn studies van Goethe, Hardy, Tolstoj en Poesjkin worden nog steeds als *outstanding* beschouwd. Hij schreef ook een aantal romans, en verzorgde regelmatig bijdragen voor de *London Review of Books* en *The Times Literary Supplement*. Ook na de dood van Murdoch publiceerde hij nog twee boeken met herinneringen over hun gezamenlijke leven en vriendenkring: *Iris and the Friends: A Year of Memories* (1999) en *Widower's House* (2001). Het eerste boek over Murdoch kreeg een succesrijke verfilming door Richard Eyre, met Kate Winslet in de rol van de jonge Murdoch en Hugh Bonneville als de jonge Bayley.

DANIEL BOULANGER (92, + Senlis, 27 oktober 2014)

Frans acteur, romancier en productief scenarist.

Daniel Boulanger

Boulanger schreef een vijtigtal romans en theaterstukken, maar verwierf misschien meer bekendheid als leverancier van filmscenario's. Hij leverde er liefst 118 af, waaronder dialogen en scripts voor *Deux hommes dans la ville* van José Giovanni (1973), voor *Merveilleuse Angélique* van Bernard Borderie en *L'Homme de Rio* van Philippe de Broca in 1964 (goed voor een Oscarnominatie) en *Une femme fidèle* van Roger Vadim. Ook was hij acteur in films van de Nouvelle Vague. Zo speelde hij de agent die in de slotscène van de beroemde film *À bout de souffle* van Jean-Luc Godard Jean-Paul Belmondo doodschiet. Hij had ook een rol als gangster in François Truffauts *Tirez sur le pianiste*, waarin hij crooner Charles Aznavour kidnapte.

Boulanger publiceerde zijn eerste romans aan het eind van de jaren vijftig, waaronder *L'Ombre* en *Le Gouverneur Polygame*. In zijn oeuvre hekelt hij vaak met duivels plezier het leven in de provincie. Boulanger kreeg in 1974 de Prix Goncourt de la nouvelle voor *Fouette, cocher!* In 1971 had hij ook al de Prix de l'Académie française voor *Vessies et lanternes* ontvangen. Boulanger was tussen 1983 en 2008 lid van de Académie Goncourt.

ANDRÉ BRINK
(79, + op een vlucht van Nederland naar Zuid-Afrika, 6 februari 2015)

Invloedrijke Zuid-Afrikaanse auteur, die in zijn oeuvre regelmatig de apartheid op de korrel nam. Brink overleed in het vliegtuig tijdens een vlucht op weg van Amsterdam naar Kaapstad. Kort daarvoor had hij aan de KU Leuven een eredoctoraat ontvangen en lezers ontmoet in het Brusselse BOZAR.

Brink werd op 29 mei 1935 geboren in Vrede, Zuid-Afrika. Hij behaalde zijn masters in Engels en Afrikaans aan de universiteit van Potchefstroom. Brink maakte naam in de jaren zestig, toen hij samen met Ingrid Jonker en Breyten Breytenbach uitgroeide tot een van de belangrijkste figuren van de Zuid-Afrikaanse literatuur. Zij ageerden fel tegen de apartheid. Brink schreef zowel in het Afrikaans als het Engels. Via de Afrikaanse taal wilde hij het racistische bewind aan de kaak stellen. Een aantal van zijn boeken werd verboden onder het apartheidsregime, waaronder *Kennis van die aand* (1973, *Kennis van de avond*). Het boek handelt over de liefde van een zwarte man een blanke vrouw. Vanwege de censuur schakelde hij over op de Engelse taal en richtte hij zijn eigen uitgeverij Taurus op. In 1968 had hij zich al gedistantieerd van de literaire beweging van Sestig omdat hij vond dat ze ivoren-toren-kunst maakte. Andere bekende werken van Brink zijn *An Instant in the Wind* (1975) en *Philida* (2012). Zijn grootste succes kende hij met het boek *'n Droë wit seisoen* (*A Dry White Season*, 1979) over de vriendschap van een blanke leraar en zijn zwarte tuinman. De tuinman en zijn zoon komen in verdachte omstandigheden om in de cel, de leraar trekt ten strijde tegen het onrecht. Het boek werd verfilmd als *A Dry White Season* (1989) met acteurs Donald Sutherland, Marlon Brando en Susan Sarandon. Brink won drie keer de CNA-prijs, de meest prestigieuze Zuid-Afrikaanse literaire onderscheiding, en stond twee keer op de nominatie voor de Man Booker Prize. Ook ontving hij de Franse Prix Médicis étranger. "Na de val van de apartheid en de vrijlating van Nelson Mandela in 1990 raakte hij als auteur in de vergetelheid. Zijn latere romans missen de spanning, de inleving en de woede van zijn beroemdste boeken," schreef Wim Bossema in zijn necrologie in *de Volkskrant*. Hij werd internationaal overvleugeld door Nobelprijswinnaars en landgenoten Nadine Gordimer en J.M. Coetzee. Veel woede stopte hij nog in zijn roman *An Act of Terror* (1991), een thriller over een blanke activist die de blanke apartheidspresident wil vermoorden. In zijn memoires uit 2009, *Tweesprong*, schemert er enige droefheid door over het feit dat zijn werk in de jaren tachtig wegdeemsterde. Ook gaat het over zijn ingrijpende affaire met de dichteres Ingrid Jonker in de jaren zestig, die in 1965 zelfmoord pleegde in zee. Brink huwde in het totaal zes keer. Brink was ook literatuurprofessor aan de universiteit van Grahamstad en Kaapstad. De schrijver, die een tijdlang in Parijs woonde, stond bekend als een van de eerste sympathisanten van het ANC maar hekelde later de vriendjespolitiek die de beweging in haar greep kreeg én de manier waarop ze naliet de misdaad in Zuid-Afrika te bestrijden.

ANNE CUNEO (78, + Zürich, 11 februari 2015)

Anne Cuneo

Franstalige Zwitserse schrijfster en regisseuse. Anne Cuneo schreef naast romans ook teksten voor film en theater. Voor haar literaire werk ontving ze diverse prijzen, waaronder de Prix des Libraires voor *De loop van een rivier* (1993), in het Nederlands verschenen bij De Geus, net als *Zaïda* (2007). Ze was onder meer werkzaam voor de Westschweizer Fernsehen. In haar werk kwam ze op voor de rechten van de vrouw, voor rechtvaardigheid in het algemeen en voor kunstenaars en migranten. Ook was ze gefascineerd door het surrealisme én door de grote Amerikaanse schrijvers als Faulkner, Steinbeck en Hemingway. Tussen 1980 en 1982 liet ze haar autobiografie *Portrait der Autorin als gewöhnliche Frau* verschijnen. Tot haar voornaamste werken behoren *Eine Messerspitze Blau*, *Station Victoria*, *Vor Tau und Tag*, *Die Zeit der weissen Wölfe* en *Hotel Venus*. Later waagde Cuneo zich ook aan krimi's en historische romans en draaide ze tv-documentaires over vooraanstaande personen.

PIERRE DAIX (92, + Parijs, 2 november 2014)

Pierre Daix

Franse journalist en auteur, voormalig verzetsman en communist, die tijdens de Tweede Wereldoorlog een tijd gevangen zat in concentratiekamp Mauthausen. Daix heeft een vijftigtal boeken op zijn naam en was als publicist gespecialiseerd in de kunst van de twintigste eeuw. Hij gold als een kenner van het werk van Pablo Picasso, met wie hij intiem bevriend was. Ook analyseerde hij het oeuvre van onder meer Edouard Manet, Auguste Rodin, Paul Gauguin en de kunstverzamelaar François Pinault.
Pierre Daix schreef ook diverse romans, waaronder *La Dernière Forteresse* (1950), *Les Chemins du printemps* (1979) en *Quatre jours en novembre* (1994). Andere boeken van zijn hand zijn *Les hérétiques du P.C.F.* (1980), *Aragon* (1975) over de Franse dichter van wie hij een tijdlang de nauwe medewerker was, en *Bréviaire pour Mauthausen* (bekroond met de Prix François Mauriac 2005). Hij was hoofdredacteur van *Les Lettres Françaises* (1948-72) en adjunct-directeur van het communistische dagblad *Ce Soir* (1950-53). Daix nam later afstand van zijn fel beleden marxistische ideologie. Hij brak in 1971 resoluut met de communistische partij en koos later voor rechtse denkbeelden, een evolutie die hij schetste in zijn autobiografie *J'ai cru au matin* (1976) en zijn memoires *Tout mon temps* (2001).

UTTA DANELLA (95, + München, juli 2015)

Duitse schrijfster van bestsellers en 'diva van de triviaalliteratuur', die ook actief was onder pseudoniem als Utta Schneider en Stephan Dohl. Van haar zijn zeventig miljoen boeken verkocht en ze schreef in het totaal drieënveertig romans. Ze was de koningin van de triviaalliteratuur. Danella – geboren als Utta Denneler – debuteerde in 1956 met *Alle Sterne vom Himmel*. Met titels als *Ontmoeting in de herfst*, *Morgen is alles anders* en *Vakantie in Venetië* is ook werk van haar in het Nederlands vertaald. Duitse kranten spreken over haar oeuvre als de 'heimelijke drug van sterke vrouwen.'

ASSIA DJEBAR (78, + Parijs, 6 februari 2015)

Algerijns schrijfster, vertaalster, filmregisseuse en historica. Pseudoniem van Fatima-Zohra Imalayen. Djebar was sinds 2005 lid van de Académie française en schreef daarmee geschiedenis. Ze is de eerste Maghrebijnse schrijfster die tot het prestigieuze Franse instituut werd toegelaten én destijds pas de vijfde vrouw in het begeerde pluche.
Djebars literaire loopbaan schoot in 1957 uit de start-

Assia Djebar

blokken met *La Soif*, een jaar later gevolgd door *Les impatients*. *La Soif* vertelt de geschiedenis van Nadia. Die poogt een vriend te verleiden om haar echtgenoot jaloers te maken. Het boek werd verboden in Algerije. Regelmatig zoomde ze in op de positie van de moslimvrouw. In *Les Enfants du Nouveau Monde* uit 1962 beschreef ze het leven van Algerijnse plattelandsvrouwen die betrokken raken bij een verzetsbeweging. Djebar stond bekend om haar inzet voor vrouwenrechten en gold als één van de meest invloedrijke schrijvers uit de Maghreb. Haar werk is vertaald in drieëntwintig talen. De naam van de veelbekroonde schrijfster – ze kreeg onder meer de Friedenspreis des Deutschen Buchhandels – circuleerde jaren op het lijstje met kandidaat-Nobelprijswinnaars. Djebar verdeelde haar tijd tussen Algiers, Parijs (waar ze haar studies aanving) en New York, waar ze lesgaf. Naast auteur was Djebar ook cineaste. Voor *La Zerda ou les chants de l'oubli* ontving ze de prijs voor beste historische film op de Berlinale van 1982.

E.L. DOCTOROW
(84, + New York, 21 juli 2015)

Amerikaanse romancier die onconventionele historische fresco's schreef en samen met Philip Roth en Saul Bellow wordt beschouwd als een van de boegbeelden van de Joods-Amerikaanse literatuur. Hij publiceerde twaalf romans, drie verhalenbundels en een toneelstuk. Zijn grote fascinatie was de twintigste-eeuwse Amerikaanse geschiedenis en de Burgeroorlog van 1861-1865. "Er is niet zoiets als fictie of non-fictie, er is enkel de vertelling," zo stelde hij over zijn werkwijze om fictie en historische gebeurtenissen zonder schroom met elkaar te vermengen.

Edgar Lawrence Doctorow groeide op in de Bronx, waar hij op 6 januari 1931 werd geboren, als zoon van Joods-Russische tweede generatie-immigranten. De wijk bleef een aanzienlijke rol spelen in zijn oeuvre en dook op in romans als *World's Fair* (1985), *Billy Bathgate* (1989) en *The Book of Daniel* (1971). Al op jonge leeftijd voelde hij zich tot literatuur aangetrokken. Hij speelde ook toneel en was een tijdje actief als regisseur. Hij studeerde aan Kenyon College in Ohio en Columbia University in New York. Later ging Doctorow werken als scriptlezer voor een filmmaatschappij. Zijn eerste roman *Welcome to Hard Times* verscheen in 1960 en parodieert het westerngenre. Doctorow was vervolgens negen jaar werkzaam als redacteur en uitgever bij een tweetal uitgevershuizen. In die hoedanigheid begeleidde hij Ian Fleming, Ayn Rand, James Baldwin, Norman Mailer en William Kennedy. Later werd hij ook gastschrijver aan de University of California.

Literair brak Doctorow door met *The Book of Daniel* (1971), waarin hij inzoomde op het proces tegen Julius en Ethel Rosenberg. Dat echtpaar werd ervan beschuldigd Amerikaanse nucleaire geheimen te hebben doorgespeeld aan de Sovjet-Unie. In 1953 werden ze geëxecuteerd. Doctorow kreeg jubelende kritieken voor het boek. Vier jaar later verscheen zijn bekendste en meest geapprecieerde roman *Ragtime*, zich afspelend tussen 1902 en het begin van de Eerste Wereldoorlog. Fictieve en echte personages wemelen er door elkaar, zo duikt onder meer boeienkoning Harry Houdini op, net als bankier J. Pierpont Morgan, Sigmund Freud en Carl Gustav Jung. Een al even gunstige ontvangst beleefden boeken als *The March* (2005), waarin de laatste maanden van de Amerikaanse Burgeroorlog worden verteld, "een karakterloze verstrikking van hersenloze krachten". *The Waterworks* (1994) handelde over de jaren 1870, *Loon Lake* (1980) over de Depressiejaren. In *City of God* (2000) ging hij meer de filosofische toer op en is religieus fundamentalisme een leidend motief. In het boek inventariseert een New Yorkse schrijver materiaal over de moordzucht van Stalin, Hitler, koning Leopold en Pol Pot. Doctorows laatste kortverhaal *Wakefield* verscheen in 2008 in *The New Yorker*. Zijn laatste roman *Andrew's Brain* (2014) is een monoloog waarin hij stevig uithaalt naar republikeinse haviken als George W. Bush, Dick Cheney en Donald Rumsfeld. *de Volkskrant* noemde Doctorow in haar necrologie "een geschiedschrijver met een grote bek".

Vorig jaar kreeg Doctorow voor zijn volledige oeuvre de Library of Congress Prize for American Fiction. Maar hij ontving eerder al de PEN/Faulkner Award

E.L. Doctorow

(twee keer), de National Book Critics Circle Award (drie keer), en de National Book Award. *Ragtime* en *Billy Bathgate* werden respectievelijk verfilmd door Miloš Forman en Robert Benton. Van *Ragtime* werd in 1998 ook een Broadwaymusical gemaakt. Doctorows boeken zijn in ruim dertig talen vertaald, waaronder het Nederlands. De schrijver was gehuwd en had drie kinderen. De Gentse literatuurprofessor Kristiaan Versluys, een Doctorow-specialist, omschrijft hem als "een man zonder kapsones. Maar mét een vlijmscherpe pen waarmee hij de Amerikaanse levenswijze keer op keer in vraag stelde. Hij wilde de Amerikanen een geweten schoppen."
De Amerikaanse president Barack Obama noemde hem een van de grootste Amerikaanse schrijvers. Hij tweette na zijn overlijden: "Zijn boeken hebben me veel geleerd en hij zal gemist worden."

CLAUDE DURAND
(76, + Parijs, 7 mei 2015)

Bevlogen Franse uitgever en auteur. Als uitgever van het prestigieuze Fayard, waar hij dertig jaar aan het roer stond, werd hij beschouwd als 'monstre sacré' van het Franse uitgeverswezen, 'l'empereur Claude' van Saint-Germain-des-Prés. Hij introduceerde met veel succes het oeuvre van Alexander Solzjenitsyn (*De Goelag Archipel*) en Ismail Kadare in Frankrijk. Van beide beheerde hij wereldwijd de rechten. Durand was niet vies van controverse en kocht onder meer voor een monsterbedrag Michel Houellebecq weg bij concurrent Flammarion, voor zijn roman *La possibilité d'une île* (hij zou er later terugkeren). Durand was al op jonge leeftijd een bevlogen literatuurverspreider. Zo raakte hij in dienst als lector bij de éditions du Seuil, waar hij uitgever werd, om later aan het hoofd komen te staan van Grasset. In 1980 verkaste hij naar Fayard, waar hij tot 2009 de directeursfunctie uitoefende. Samen met zijn echtgenote vertaalde hij tijdens haar zwangerschap – 'in negen maanden' dus – *Honderd jaar eenzaamheid* van Gabriel García Márquez naar het Frans, dat in 1968 met onmiddellijk succes verscheen. Hij vertaalde ook werk van Jorge Semprun en Isabel Allende. In 1979 ontving Durand voor zijn eigen roman *La Nuit zoologique* de Prix Médicis. Kort voor zijn dood publiceerde hij opnieuw een roman, *Usage de faux*, een humoristische en pittige geschiedenis vol bedrog in het uitgeversmilieu, waarin moeiteloos Bernard-Henri Lévy viel te detecteren.

Claude Durand

PAM EMMERIK
(51, + Rotterdam, 5 juli 2015)

Nederlandse kunstcritica, schrijfster en beeldend kunstenaar, die onverwachts overleed. Ze schreef zowel romans als essays. Emmerik debuteerde met de verhalenbundel *Soms feest* (1997). Vooral haar essaybundel *Het wonder werkt* (2004, genomineerd voor de AKO Literatuurprijs, bekroond met de J. Greshoff-prijs), over de kunstscene, baarde opzien. Verder schreef ze *Het bottenpaleis* (2000), *Jummie* (2010, een graphic novel waarin een pubermeisje seksueel ontspoort) en *Wie het paradijs verdragen kan* (2014), een roman over een Joods gezin waar op rampzalige wijze de waarheid over de familiegeschiedenis wordt verzwegen. Emmerik belandde in 2006 een tijdlang in coma, na een nachtelijke val over haar hond tijdens het slaapwandelen. Ze kende een lange en moeilijke revalidatieperiode. Nog meer pech kreeg ze te verwerken toen haar echtgenoot Pjotr van Oorschot in 2012 aan kanker overleed. Emmerik schreef ook drie toneelstukken (waaronder *Het voorvocht van een beschermengel*, 2003) en was eveneens actief als beeldend kunstenaar. Met René Daniëls beschilderde ze in 2013 de espressobar van museum Boijmans Van Beuningen in Rotterdam, met basale, kleurige pictogramachtige tekeningen. De beelden drukten – volgens Emmerik – uit dat "het leven vaak niet gemakkelijk is, maar wel kleurrijk, en tevens vreemde bochten kan maken, zodat je heel goed moet sturen, anders knal je tegen de muur op!" De strijdbare Emmerik mengde zich ook voortdurend in het publieke debat en hekelde bijvoorbeeld de ondervertegenwoordiging van vrouwelijke auteurs bij literaire prijzen. Ook zette ze zich in voor de dierenrechten.

ROMAN FRISTER
(87, + Warschau, 9 februari 2015)

Poolse schrijver, Holocaustoverlever en voormalig journalist van de Israëlische krant *Haaretz*. In zijn ook in het Nederlands vertaalde memoires *Zelfportret met litteken* (1993, vertaling 1998) getuigt de in 1928 in Bielsko (Polen) geboren Frister over zijn leven in het door de nazi's bezette Polen én nadien. Op dertienjarige leeftijd slaagde hij erin met een list zijn grootouders uit het getto van Krakau te bevrijden; ze werden later alsnog vermoord. In 1941 werd Frister samen met zijn vader naar een nabijgelegen concentratiekamp gebracht. In het detentiekamp te Krakau was hij er getuige van hoe zijn moeder door een SS-officier met een geweer het hoofd werd ingeslagen. Hijzelf overleefde de kampen en de 'dodenmarsen' in Mauthausen. Later kwam Frister zelf in Auschwitz terecht, waar hij als door een wonder aan de dood ontkwam. Ook zijn vader kwam om tijdens de Tweede Wereldoorlog; hij stierf aan vlektyfus. In zijn kaal geschreven, nietsontziende relaas vertelt de auteur hoe hij "door zevenenzeventig hellen is gegaan om te leren hoe een mens overleeft". Hij beschrijft zonder pudeur hoe hij "van een gelukkig kind veranderde in een keiharde kampgevangene, en na de oorlog van een 'getekende' in een gulzige levensgenieter, vastbesloten zich zijn leven niet meer te laten ontnemen". In 1967 fungeerde Frister als eersterangsgetuige bij het proces tegen Hauptsturmführer Wilhelm Kunde, die zijn moeder had vermoord. Kunde werd tot zeven jaar celstraf veroordeeld. Frister verhuisde in 1957 naar Israël, nadat hij in Polen door de communistische machthebbers was gearresteerd, en werd er een van de vooraanstaande journalisten van de links-liberale krant *Haaretz*. Hij was ook een tijdlang de rechterhand van mediatycoon Robert Maxwell. Frister schreef verder toneel, non-fictie en romans.

EDUARDO GALEANO
(74, + Montevideo, 13 april 2015)

Uruguayaans journalist en auteur, overleden aan de gevolgen van longkanker. Galeano, geboren in een welgesteld gezin, startte zijn loopbaan als journalist in zijn geboortestad Montevideo, de hoofdstad van Uruguay. Daar schreef hij voor het weekblad *Marcha*, waar ook de Peruviaan (en in 2010 Nobelprijswinnaar) Mario Vargas Llosa voor werkte. In 1973 moest hij zijn land ontvluchten voor een door de VS gesteunde militaire staatsgreep. In 1971 schreef hij zijn bekendste werk *Las venas abiertas de América Latina* (*De aderlating van een continent*), waarin hij de eeuwenlange uitbuiting van Latijns-Amerika, eerst door de Spaanse kolonisatoren en later door de Verenigde Staten en multinationals, fel hekelt. Het boek werd een soort bijbel voor het linkse denken in de jaren zeventig en tachtig. Het kreeg vertalingen in twintig talen, maar werd jarenlang verboden in een aantal Latijns-Amerikaanse landen, waaronder zijn eigen Uruguay. "*De aderlating van een continent* wordt algemeen erkend als het meest gezaghebbende historisch overzicht van de ware geschiedenis van Latijns-Amerika sinds de Spaanse conquista," aldus *De Wereld Morgen* in een in memoriam. Geschiedenis, poëzie, journalistiek en politieke statements wisselen er elkaar in af, terwijl de anekdotiek evenmin wordt vergeten. In 2009 gaf de toenmalige president van Venezuela, Hugo Chávez, het boek tijdens een top cadeau aan zijn Amerikaanse ambtsgenoot Barack Obama, waarna het weer op de bestsellerlijsten van Amazon verzeilde. Galeano heeft zich later enigszins gedistantieerd van het boek. Hij noemde het in een interview "een mislukte poging om een boek over politieke economie te schrijven". Na de militaire staatsgreep van 1973 belandde Galeano in de gevangenis. Hij vluchtte van Uruguay naar Argentinië, maar ook daar kwam hij na het aan de macht komen van Jorge Videla in moeilijkheden. Als oprichter van het progressieve culturele tijdschrift *Crisis* werd hij ter dood veroordeeld, maar hij kon ontkomen naar Spanje. Daar schreef hij zijn ook met veel lof omzoomde trilogie *Memoria del fuego*, een kroniek van Latijns-Amerika, een literaire mengeling van geschiedschrijving, journalistiek en fictie. In totaal schreef Galeano tussen 1963 en 2012 meer dan veertig romans, verhalenbundels, reisverhalen, reportages en historische werken. In 1978 verscheen *Dagen en nachten van oorlog en liefde*, in 1989 *Het boek der omhelzingen* en in 1993 *Dolende woorden* – om een aantal Nederlandstalige vertalingen te noemen. De meeste daarvan verschenen bij Uitgeverij Van Gennep. Galeano behield zijn hele leven lang een groot geloof in de utopie. Galeano was ook een intens voetballiefhebber: "Een romanticus pur sang," aldus *Volkskrant*-verslaggever Willem Vissers.

PETER GAY
(91, + New York, 12 mei 2015)

Peter Gay

Duits-Amerikaans historicus die zich specialiseerde in ideeën- en mentaliteitsgeschiedenis en daar een waaier aan hooggewaardeerde, zwierige boeken over schreef. Hij was hoogleraar geschiedenis aan Yale en werkte sinds 1997 als directeur van het Center for Scholars and Writers van de New York Public Library. Gay verhuisde in 1939 uit nazi-Duitsland naar de Verenigde Staten, na een noodgedwongen tussenstop met zijn familie in Cuba. Hij was geboren als Peter Joachim Fröhlich, naam die hij dus later veranderde in Gay.
In zijn historische werk spitste hij zich toe op de West-Europese geschiedenis, cultuur, filosofie en psychologie. In totaal schreef Gay meer dan vijfentwintig boeken, waaronder een vijfdelig werk over de negentiende-eeuwse bourgeoisie en een reeks over de Verlichting. Zo veranderde hij de kijk op de Franse filosoof Voltaire, die hij als een visionair beschouwde. Gay ontving in 1967 de National Book Award voor *The Enlightenment: an Interpretation. The Rise of Modern Paganism.* Nog meer lauweren oogstte hij met *Weimar Culture: The Outsider as Insider* (1968), waarin hij kunst en het intellectuele leven in de Weimarrepubliek in een breed fresco schetste. In 1988 verscheen zijn misschien wel bekendste boek: een spraakmakende biografie over Sigmund Freud (*Freud: A Life for Our Time*) die een wereldwijde bestseller werd. Over Freud publiceerde hij nog een hele resem essays, waarin hij deelaspecten van de Oostenrijkse psycholoog behandelde. In zijn memoires *My German Question: Growing Up in Nazi Berlin* gaf hij opening van zaken over zijn jeugdjaren. In 1999 verscheen zijn Mozartbiografie. Gay's laatste boek zag het licht in 2007: *Modernism: The Lure of Heresy*.

JEF GEERAERTS
(85, + Gent, 11 mei 2015)

Vlaams auteur die de kussens opschudde met zijn *Gangreen*-cyclus en zich later ontpopte tot boegbeeld van de misdaadliteratuur. Hij overleed aan de gevolgen van een hartaanval, kort nadat het weekblad Humo een laatste, verward interview met hem had.
Jef Geeraerts wordt op 23 februari 1930 geboren in Antwerpen, zijn vader heeft er een goed draaiend taxibedrijf. Geeraerts gaat op jonge leeftijd naar het Franstalige jezuïetencollege in Antwerpen, waar hij in 1948 het diploma Grieks-Latijnse humaniora haalt. In 1952 studeert hij af aan de Koloniale Hogeschool met een licentiaatsdiploma in de politieke en administratieve wetenschappen. Al vroeg voelt hij het burgerlijke en als 'schijnheilig' weggezette gezin waarin hij opgroeit aan als een carcan. Soelaas zocht hij in zijn liefde voor de natuur. Zijn verzet tegen het burgerlijke maatschappelijke bestel leidde ook tot een lichamelijk libertinisme. Na zijn legerdienst trekt Geeraerts naar Belgisch Congo, waar hij vijf jaar lang als assistent-gewestbeheerder in dienst is en in 1959 en 1960 aan het hoofd stond van een militaire eenheid die vechtende stammen moest scheiden. Kort voordien was hij gehuwd, hij kreeg drie kinderen. De ervaringen in Congo zullen hem voorgoed tekenen en Geeraerts de munitie voor zijn autobiografische, zelfs sterk therapeutische oeuvre opleveren. In 1960 raakt hij als reserveluitenant

zwaargewond tijdens gevechten; na de onlusten tijdens de onafhankelijkheid keert hij naar België terug. Aanpassingsproblemen en een huwelijkscrisis leidden ertoe dat Geeraerts de eenzaamheid opzocht. Hij gaat ook Germaanse filologie studeren aan de Vrije Universiteit Brussel en werkt onder meer voor *Elseviers Weekblad* en komt aan de kost met vertalingen.

Al in zijn eerste boeken schrijft Geeraerts over Congo en de spanning tussen de westerse beschaving, de (post)koloniale situatie én de Afrikaanse wereld, waardoor zowel Afrikanen als West-Europeanen tussen twee stoelen vallen. Geeraerts debuteerde in 1962 met de Congoroman *Ik ben maar een neger*, waarna *Schroot* (1963), *Zonder clan* (1965) en *Het verhaal van Matsombo* (1966) volgden. Hij publiceert de verhalenbundels *De Troglodieten* (Arkprijs van het Vrije Woord, 1967) en *Indian Summer*. Het is pas met de publicatie van deel 1 van de *Gangreen*-cyclus *Black Venus* (1968) dat Geeraerts volop in de aandacht komt en schandaal veroorzaakt. Geeraerts probeert zich in dit boek van zijn traumatische ervaringen te bevrijden. *Gangreen 1* geldt als een boek vol onbeschaamde seks en ongetemperd geweld, geschreven in een gulpende 'lawinestijl'. Een roman die fel van leer trok tegen de westerse burgermanssamenleving, huwelijkshypocrisie en koloniale wantoestanden. Bol van verlangen naar een tomeloos oerleven en heimwee naar een ongerept, mythisch Congo. Bij elke geneukte zwarte vrouw – en dat waren er vele – naderde Jef Geeraerts de "paradijselijke staat van onschuld". Toen *Black Venus* in het najaar van 1968 bij uitgeverij Manteau verscheen kon een schokgolf niet uitblijven, mede door de overvloedige seksscènes. Maar dat het eerste deel van deze cyclus het land op stelten zou zetten en zelfs tot inbeslagnames en parlementaire debatten leidde? Nee, dat had de auteur destijds ook niet kunnen bevroeden. Het was alsof Geeraerts hoogstpersoonlijk een splinterbom dropte op het katholieke Vlaanderen. Toch steigerden ook de linkse intelligentsia, zij het om andere redenen dan de pilaarbijters en de fatsoensrakkers.

Als een bezetene zocht hij naar de juiste vorm voor *Gangreen*, zo vertelde Geeraerts mij in een van zijn laatste interviews voor het boek *BelgaCult* (2015). "De stijl was vernieuwend. Ik zei de syntaxis vaarwel. Zinnen begonnen met drie puntjes, maar verder was ik spaarzaam met punten en komma's. En het boek eindigt ook met drie puntjes. Om aan te geven dat het geen afgerond geheel was, maar onderdeel van een cyclus." De inkt van de eerste druk was amper droog of de literaire critici buitelden over elkaar heen om *Gangreen* zedenbederf en zelfs racisme aan te wrijven. Een blanke koloniaal die aan de lopende band seks had met zwarte vrouwen, dat was du jamais vu in een Vlaamse roman. "Zowel de katholieken als de vrijzinnigen hadden het moeilijk met de roman. Er waren veel kleingeestige reacties," herinnert Geeraerts zich. "In de katholieke *Gazet van Antwerpen* schreef ene Paul Hardy zelfs dat ik 'een apologie van de zwijnerij' had geschreven." Vriend en vijand moest intussen toegeven dat hier een woest en ontembaar talent aan het werk was. Vooral schrijver Marnix Gijsen, toen een gezaghebbende stem, was bijzonder kwistig met lof. "Ik ken niemand die zo'n proza schrijft als hij, met zo'n vaart, zo'n elan, dat stroomt eruit, soms in zinnen van tien bladzijden lang, mensenlief, daar zijn wij allemaal kleine mannetjes tegen, zowel in Nederland als in Vlaanderen: dat is prachtig," vertelde hij in Humo. Gijsen sprak in een recensie van een "Belgische Max Havelaar". Dat Geeraerts eind 1969 een serieuze kandidaat was om de driejaarlijkse Belgische Staatsprijs voor verhalend proza binnen te rijven stond intussen vast. Na een vreemde vaudeville – waarbij Geeraerts totaal onverwacht drie van de vijf stemmen kreeg van de overwegend katholieke jury – viel hem de 250.000 frank (6250 euro) van de Staatsprijs in de schoot. Toen het boek ook

Jef Geeraerts

nog heel even in beslag werd genomen door de socialistische minister van justitie Alfons Vranckx was het hek helemaal van de dam. Het leidde zelfs tot parlementaire debatten. Ondertussen wreef uitgeverij Manteau zich in de handen. Een zevende druk werd uitgebracht met het oog op de Boekenbeurs, met een naakte zwarte vrouw op het omslag. In menige doodbrave Vlaamse familie werd *Gangreen* intussen met roodgloeiende oortjes verslonden. Geeraerts vervolgde zijn cyclus met nog drie delen: *De goede moordenaar* (1972), *Het teken van de hond* (1975) en *Het zevende zegel* (1977). Vooral deel twee zorgde opnieuw voor stennis. De manier waarop hij de koloniale wreedheden van de paracommando's opvoert leidt tot protest van het Belgische leger. Geeraerts wordt ontslagen als reserveofficier. De laatste twee delen van de cyclus kregen een minder gunstig onthaal en zoomen vooral in op zijn afkeer van de burgerlijkheid en zijn beknellende opvoeding én op de frustraties van het huwelijksleven. Ze hadden niet de vitaliteit en literaire kwaliteit van de eerste twee delen.

In 1978 huwde Geeraerts met Eleonore Vigenon, die hij in 1976 had ontmoet. Dat jaar publiceerde hij ook *Dood in Bourgondië*, waarin hij – aldus Hugo Bousset – fulmineerde "tegen de goedbetaalde medicijnmannen van het westen, de geneesheren, die het waagden zijn Eleonore op de rand van de dood te brengen door een foute diagnose en een overbodige operatie". Eleonore had een niet gedetecteerde buitenbaarmoederlijke zwangerschap én een miskraam. In 1979 verandert Geeraerts het geweer van schouder. Hij publiceert *Kodiak .58*, zijn eerste thriller. Het is het begin van een flinke serie misdaadromans, gekruid met een resem samenzweringen en complotten, meestal met het speurdersduo Vincke en Verstuyft als protagonisten. Vele ervan werden onverbiddelijke bestsellers, waaronder *Diamant*, *De zaak Alzheimer* (bekroond met de Gouden Strop in 1986), *De PG* en *Dossier K.* De verfilmingen van *De zaak Alzheimer* door Erik Van Looy en *Dossier K.* door Jan Verheyen groeiden begin deze eeuw uit tot een stevig succes in de bioscoop. *Diamant* werd in de jaren 90 omgesmeed tot een televisieserie op VTM. Geeraerts ging prat op zijn doorgedreven en uitputtende research en verwerkte ook maatschappijkritiek in zijn thrillers. Ook was hij een trouwe gast op de jaarlijkse Antwerpse Boekenbeurs waar hij de ongekroonde signeerkoning werd en de band met zijn lezers stevig aanhaalde. Ook in tv-programma's pronkte hij in die periode graag met zijn machismo. In 1994 verscheen nog *De nachtvogels*, een onverwachte terugkeer naar zijn autobiografisch proza. Geeraerts schreef ook over zijn liefde voor klassieke muziek in *Muziek & emotie* uit 2009. Naast romans publiceerde Geeraerts reisverhalen, journalistieke stukken, toneelstukken en hoorspelen. Telkens weer staken thema's als de natuur, de jacht en erotiek de kop op. Tijdens de laatste jaren van zijn leven kwam Geeraerts het verlies van zijn verheerlijkte levensgezellin Eleonore – in 2008 aan kanker – niet meer te boven; zij publiceerde in 2007 nog *De spoken van Jef Geeraerts*, over zijn leven en werk. Hij trok zich meer en meer terug in zijn woning te Drongen. Slechts sporadisch trad hij nog in de openbaarheid. Samen met Erwin Mortier en Lieven Vandenhaute, die hem de laatste jaren van zijn leven ook bijstonden, reisde hij in 2010 wel nog naar Congo, voor een televisiedocumentaire en een boek van de hand van Mortier: *Afscheid van Congo. Met Jef Geeraerts terug naar de evenaar.*

GÜNTER GRASS
(87, + Lübeck, 13 april 2015)

Duitse schrijver en beeldend kunstenaar van Duits-Kasjoebische afkomst. Hij wordt, samen met Heinrich Böll en de in 2014 overleden Siegfried Lenz gerekend tot de belangrijkste naoorlogse Duitse schrijvers. Vooral met *Die Blechtrommel* maakte hij wereldwijd furore. Hij was politiek zeer geëngageerd; lange tijd gold hij in die zin als 'het geweten van Duitsland'.

Günter Wilhelm Grass wordt geboren op 16 oktober 1927 in Danzig-Langfuhr, het huidige Gdansk in Polen. Zijn katholieke moeder Helene Knoff behoort tot een etnische minderheid, de Kasjoeben. Vader Wilhelm is een protestantse Duitser. Het koppel baat een kruidenierszaakje uit. Op zijn vijftiende biedt Grass zich spontaan aan bij de Duitse marine. Hij wordt doorverwezen naar een administratieve overheidsdienst. Om zijn militaire dienstplicht te vervullen belandt hij op zijn zeventiende bij de Waffen-SS, een gegeven waar later nog commotie over zal ontstaan. Op 8 mei 1945 wordt Grass gevangengenomen. Hij verblijft bijna een jaar in een Amerikaans krijgsgevangenenkamp. Daarna gaat hij als vluchteling in West-Duitsland wonen. Grass volgt vervolgens een opleiding steenhouwen, beeldhouwen en tekenen, eerst in Düsseldorf, later in Berlijn. Eind jaren vijftig begint Grass te exposeren en te schrijven. Hij drumt in een jazzband, en is een poosje mijnwerker. Aanvankelijk schrijft hij vooral kort proza, absurd theater en poëzie. Als dichter en absurdistisch toneelschrijver was hij gelieerd aan de Gruppe 47, een invloedrijke schrijverskring met Heinrich Böll als bekendste exponent. Grass' bekendste roman, *Die Blechtrommel*, dateert uit 1959. Grass vertelt het verhaal van Oskar, een jongen die sinds zijn derde niet meer verder groeit, tegen de achtergrond van zijn geboortestad Gdansk. In deze roman lanceert Grass zijn typische magisch-realistische stijl die uitpuilt van de groteske en surrealistische elementen en ook een grootscheeps tijdsdecor borstelt. Oskar Matzerath, het eeuwige kind, kan door te roffelen op zijn magische trommel verhalen uit het verleden vertellen. Grass gaat ook graag aan de slag met elementen uit het schelmenromangenre. "Zijn voorliefde voor groteske plotwendingen en barokke vertellers – zeer dominant in het in vele eeuwen spelende sprookje *Der Butt* (1977) en de feministisch-ecologische fantasie *Die Rättin* (1986) – maakt hem tot de tegenhanger van de Zuid-Amerikaanse magisch realisten," aldus Pieter Steinz in zijn compendium *Steinz. Gids voor de wereldliteratuur. Die Blechtrommel* wordt algemeen beschouwd als een van de grootste Duitse romans van na 1945. In 1979 verfilmt Volker Schlöndorff het verhaal, wat het succes nog aanwakkert; helemaal als de film een Oscar opstrijkt. *Die Blechtrommel* is het eerste deel van Grass' Danzigtrilogie, gevolgd door *Katz und Maus* (1961) en *Hundejahre* (1963). Grass schreef verder onder meer *Aus dem Tagebüch einer Schnecke* (*Uit het dagboek van een slak*, 1972), *Ein weites Feld* (1995), *Mein Jahrhundert* (*Mijn eeuw*, 1999), *Im Krebsgang* (*In krabbengang*, 2000, over de Russische torpedering in 1945 van een schip met Oost-Pruisische verdrevenen) en *Die Box* (2008). Zijn laatste boek was *De woorden van Grimm* uit 2010, pas onlangs door zijn vaste vertaler Jan Gielkens in het Nederlands omgezet: het is een "ware liefdesverklaring aan de Duitse taal", "een project dat de gebroeders Grimm nooit konden voltooien: een woordenboek van het Duits", aldus de krant *Trouw*. Grass schreef ook theaterstukken, gedichten en essays en illustreerde meestal zijn eigen werk.

Bij de verschijning van zijn autobiografie *Beim Häuten der Zwiebel* (*De rokken van de ui*, 2006) ontstond er in Duitsland een hevige polemiek over zijn tot dan onbekende lidmaatschap van de Waffen-SS. Grass viel enigszins van zijn voetstuk, zeker omdat hij Duitsland vaak heftig confronteerde met de uitwassen van het naziverleden. "Het moest eruit, eindelijk," zei Grass. Zijn motief om tot de Waffen-SS toe te treden was gewoon dat hij "weg van huis" wilde. In de jaren zestig had Grass zich al geëngageerd voor de Duitse sociaaldemocratische partij SPD onder leiding van bondskanselier Willy Brandt. Hij was vurig voorstander van het toewijzen van compensaties aan arbeiders die werden verplicht te werken tijdens de naziperiode. Ook sprak hij zich uit voor mensenrechten en vervolgde schrijvers. In 2012 kwam hij opnieuw in het oog van de (polemische) storm, nu om een gedicht waarin hij erg kritisch was over Israël. Hij mocht het land niet meer in. Voor die dichtbundel *Eintagsfliegen* kreeg Grass in 2013 de Spiros Vergos Prize for Freedom of Expression. Dat Grass veelbekroond is hoeft amper betoog. In 1965 ontving hij de belangrijkste Duitse literatuuronderscheiding, de Georg-Büchner-Preis. In 1999 volgt de Nobelprijs voor de Literatuur. Meulenhoff, de uitgever van Günter Grass in het Nederlandstalig taalgebied, toonde zich bedroefd over het overlijden van de "briljante en bijzondere" auteur. In 1963 verscheen bij Meulenhoff het eerste boek van Grass. "We geven hem dus al meer dan vijftig jaar uit en daar zijn we erg trots op," aldus een woordvoerster in Amsterdam. "Vorig jaar was hij hier nog. Een erg inspirerende, ontzettend aardige slimme en interessante man." Een jaar voor zijn dood liet Grass weten dat het stilaan welletjes was geweest: "Ik geloof niet dat ik er nog in slaag om een roman te schrijven. Mijn gezondheidstoestand laat me niet toe projecten over vijf of zes jaar te ondernemen. En dat is de voorwaarde om onderzoek te doen voor een roman." Grass leefde de laatste jaren tamelijk teruggetrokken in het dorpje Behlendorf, iets ten zuiden van Lübeck.

Günter Grass

HANNELORE GRÜNBERG-KLEIN
(87, + Amsterdam, 9 februari 2015)

Moeder van de Nederlandse schrijver Arnon Grunberg. De vrouw, die destijds het concentratiekamp Auschwitz overleefde, speelde een aanzienlijke rol in het oeuvre van Grunberg. Ze dook ook regelmatig op in de 'Voetnoten' die hij voor *de Volkskrant* schrijft. "Nu moet ik mijn eigen moeder worden, een interessante taak," constateerde Grunberg na haar overlijden. Moeder en zoon waren samen ook te zien in een documentaire van de Joodse Omroep, terwijl Grunberg werkt aan een boek over zijn moeder. Grunberg had met haar aan het eind van haar leven een bijna symbiotische band – 'ezeltje' en 'liefje' konden niet zonder elkaar. "Het is goed dat ik mij aan iemand heb verbonden. (...) Ik denk dat het goed is voor mijn moeder dat iemand zich aan haar verbonden heeft. Eigenlijk heb je geen vrouw meer nodig als je een moeder hebt," vertelde Grunberg daarover in een interview aan Mark Schaevers. In 2015 verschenen ook haar memoires *Zolang er nog tranen zijn*, geschreven in 1989, en nu voorzien van een nawoord van Grunberg.

KENT HARUF
(71, + Salida (Colorado), 30 november 2014)

Amerikaanse schrijver, die vooral naam maakte met de roman *Plainsong* (1999) en er wereldwijd een bestseller mee scoorde. Het boek, finalist voor de National Book Award, verscheen in Nederlandse vertaling bij De Bezige Bij als *Het lied van de vlakten*. Haruf situeerde zijn romans in het fictionele stadje Holt, een versmelting van de drie steden in Colorado waar hij opgroeide. Haruf, vaak geprezen om zijn terloopse maar accurate stijl, schreef over de alledaagsheid in de Verenigde Staten, in de traditie van Richard Ford. Het ook in het Nederlands vertaalde *Eventide* (2004, *Het avonduur*) is volgens de uitgever "een ontroerende vertelling over bewoners van het Amerikaanse platteland die teleurstellingen te verduren krijgen. Maar dankzij hun verbondenheid met de natuur en met elkaar weten ze met tegenslagen om te gaan." Zijn laatste roman *Benediction* (2013) kreeg een nominatie voor de Folio Prize. In 2009 had hij al de Dos Passos Prize ontvangen. Haruf, predikantszoon, overleed aan de gevolgen van longkanker.

Kent Haruf

CHENJERAI HOVE
(59, + Stavanger, 12 juli 2015)

Zimbabwaanse auteur, die overleed in Noorwegen na slepende leverproblemen. Hove stond bekend als een hevig criticus van president Robert Mugabe en koos voor ballingschap in 2001, nadat de autoriteiten hem en zijn familie in het nauw begonnen te drijven. Hove werkte aanvankelijk als onderwijzer op een plattelandsschool en debuteerde in 1982 met de dichtbundel *Up in Arms*. Internationaal brak hij door met de roman *Bones* (1988, in het Nederlands vertaald als *Beenderen*), over een vrouw die een zoektocht opzet naar haar verdwenen zoon. Hove werd beschouwd als een leidende figuur in de postkoloniale literatuur van Zimbabwe. "Ik haat fictie. Fictie bestaat niet. Ik wil over de werkelijkheid schrijven waarvan de mensen de onbeschaamdheid hebben haar fictie te noemen," zei hij in 1990 in een interview met Jan Kees van de Werk. Bij de Nederlandse uitgeverij In de Knipscheer verscheen nog de roman *Schaduwen* (1994) in vertaling. Verder publiceerde hij enkele dichtbundels en vooral essays en verzamelde artikelen, waaronder columns voor *de Volkskrant* in de jaren negentig. Ze werden gebundeld in *Berichten uit Harare*.

SAMUEL IJSSELING
(82, + Leuven, 14 mei 2015)

Charismatisch en door zijn studenten zeer geliefd Nederlands-Belgisch filosoof. Emeritus hoogleraar in de moderne en hedendaagse wijsbegeerte aan de universiteit van Leuven. IJsseling was al langere tijd ziek en overleed in het ziekenhuis in Leuven.

IJsseling werd in 1932 in Delft geboren maar woonde en werkte het grootste deel van zijn leven in Vlaanderen. Van 1969 tot zijn emeritaat in 1997 was hij hoogleraar filosofie aan het Hoger Instituut voor Wijsbegeerte in Leuven. Samuel IJsseling studeerde theologie in Rome en filosofie in Leuven, Freiburg en Parijs. Als directeur van het Husserl-archief en hoofdredacteur van het *Tijdschrift voor Filosofie* rees zijn ster in filosofische kringen. IJsseling trad begin jaren vijftig in bij de paters Augustijnen, waar hij filosofie en theologie studeerde en priester werd gewijd. Later ontworstelde hij zich aan zijn katholieke achtergrond en verdiepte hij zich in de Griekse godenwereld. "Pas in de jaren negentig kwam IJsseling als boekenschrijver goed 'los'. In het programmatische boekje *Mimesis* legde hij in 1990 de hoofdlijnen van zijn denken vast. Heidegger, Nietzsche en vooral Derrida spelen daarin een grote rol," aldus *NRC* in een in memoriam. In 1994 verscheen de studie *Apollo, Dionysos, Aphrodite en de anderen*, waarin hij filosofische thema's en de narrativiteit van het mythologisch wereldbeeld verbond. In het boek vertelde hij de Griekse godenverhalen na, maar weefde daar tegelijk filosofische beschouwingen omheen. Filosofie en literatuur, theorie en verhaal schoven in elkaar. IJsseling introduceerde de postmoderne Franse denkers in Vlaanderen en Nederland , in het bijzonder deconstructivist Jacques Derrida en Jacques Lacan. Rik Torfs, rector van de KU Leuven, noemde hem in *De Standaard* "de ideale filosoof": "Hij was de man die niet meeging met de modestromen. In die zin was hij de ideale filosoof. Hij stond dicht bij andere genres. Hij onderkende de kracht van literatuur en poëzie en bracht die dicht bij het filosofische denken." In 2007 verscheen nog *Wat zou de wereld zijn zonder filosofie?* (samen met Ann Van Sevenant). Postuum verschijnt dit najaar bij Uitgeverij Polis zijn 'filosofisch testament': *De tijd, het schrift, het verschil.*

P.D. JAMES
(94, + Oxford, 27 november 2014)

Engelse misdaadschrijfster die na het overlijden van Agatha Christie de nieuwe Queen of Crime werd genoemd. James trouwde in 1941 met Connor White, een arts die kort nadien werd opgeroepen voor militaire dienst in de *Royal Army Medical Corps*. Phyllis Dorothy zei zelf dat ze wellicht het leven van een gewone doktersvrouw had geleid, indien haar echtgenoot niet zou hebben gekampt met zware psychische problemen ten gevolge van oorlogstrauma's. Hierdoor werd zij noodgedwongen de kostwinner van het gezin. Haar job bij de National Health Service gaf op haar veertigste de inspiratie om een boek te schrijven. Elke ochtend liet ze de wekker aflopen om vijf uur, zodat ze voor haar nor-

P.D. James

male werkdag tijd had om aan haar boek te werken. *Cover Her Face* verscheen in 1962 en daaruit bleek James' talent om spanning en een plot te creëren. Een veelschrijver zoals Ruth Rendell werd ze echter niet: in totaal produceerde ze zestien thrillers, waarin haat, schuld en spijt de gebruikelijke thema's waren. Haar voornaamste held was Adam Dalgliesh, een gevoelige en efficiënte Scotland Yard-detective die zijn privéleven weliswaar behendig afschermde. Bekende Dalgliesh-mysteries zijn *The Black Tower* (1975), *A Taste for Death* (1986) en *Death in Holy Orders* (2001). In haar literaire en goed doordachte romans is altijd minstens één gelovig personage te vinden, als eerbetoon aan het anglicanisme waar ze zelf aanhanger van was. In 1999 verscheen haar autobiografie *Time to Be in Earnest*. Met de roman *Death Comes to Pemberley* (2011) schreef ze een misdaadvervolg op Jane Austens *Pride and Prejudice*. James bleef tot na haar negentigste haar opwachting maken op literaire festivals. Ze is uiteraard vaak bekroond. Ze kreeg onder meer de Mystery Writers of America Grand Master Award, de hoogste eer van deze schrijversorganisatie; de Diamond Dagger van de Crime Writers' Association, en ze werd in 1991 tot levenslang lid benoemd van de House of Lords (voor de Conservatieven), als Baroness James of Holland Park.

YAŞAR KEMAL
(91, + Istanbul, 28 februari 2015)

Een van de bekendste en meest gelezen auteurs uit Turkije, met meer dan twintig romans en talloze kortverhalen op zijn naam. Kemal ontving in het totaal achtendertig literaire prijzen, waaronder de Frieden-

Yasar Kemal

spreis des Deutschen Buchhandels in 1997 en de Turkse Staatsprijs voor Cultuur in 2008.
Yaşar Kemal, die in het begin van zijn carrière actief was als journalist, publiceerde ook interviews met straatkinderen. Hij schreef vooral over het primitieve plattelandsleven in het zuiden van Turkije. Geweld en wantrouwen zijn veelvoorkomende thema's. Het landschap wordt dan weer lofrijk bezongen. Yaşar Kemal werd geboren in een Koerdische familie, in het zuidoosten van Turkije. Hij kwam ter wereld als Kemal Sadık Gökçeli, slechts enkele weken voordat de Turkse Republiek verrees uit de as van het Ottomaanse Rijk. Kemal kende een traumatische jeugd. Hij verloor al vroeg zijn rechteroog toen het mes van zijn vader uitschoot tijdens het schapen slachten. Later was hij er op vijfjarige leeftijd getuige van hoe de adoptiezoon van zijn vader hem in de moskee doodsloeg. Kemal nam regelmatig stelling tegen de onderdrukking van Koerden en bepleitte meer democratisering in Turkije. Zijn activisme kwam hem te staan op verschillende rechtszaken, een gevangenisstraf en enkele jaren ballingschap in Zwitserland. "Zijn geboortestreek vormde het decor voor meeslepende verhalen over hebberige grondbezitters, ongevoelige bureaucraten en heldhaftige boeren. Hij had een kleurrijke vertelstijl die een breed publiek aansprak," aldus Cobra.be. Zijn bekendste boek is *Kleine Memed* (1955, alternatieve titel *Memed, mijn havik*), dat pas in 2014 een Nederlandse vertaling kreeg en in veertig talen verscheen. Het boek gaat over een jongetje dat in opstand komt tegen een grootgrondbezitter. *Legende van de berg Ararat* (1970), *Het lied van de duizend stieren* (1971) en *Bittere wraak* (1976) zijn enkele andere titels. Negen van zijn romans zijn verfilmd.
Kemal werd vaak genoemd als kandidaat voor de Nobelprijs. Maar het was uiteindelijk Orhan Pamuk die als eerste Turk de prestigieuze onderscheiding opstreek. Kemal kreeg wel een reeks andere grote onderscheidingen: de Prix mondial Cino Del Duca, de (Zweedse) Stig Dagermanpriset, een Légion d'Honneur in Frankrijk, en nog een sleep eredoctoraten.

TADEUSZ KONWICKI (88, + Warschau, 7 januari 2015)

Poolse schrijver, scenarioschrijver en filmregisseur die door zijn grimmige, ironische, experimentele, surrealistische boeken en films tot een van de belangrijkste culturele figuren in Polen behoorde. Zijn bekendste boek *A Minor Apocalypse* (1979) wordt beschouwd als één van de meest invloedrijke werken uit de naoorlogse periode en is nog steeds verplichte kost op alle Poolse middelbare scholen. Het boek vertelt over de laatste dag uit het leven van een schrijver genaamd Konwicki, die door de politieke leiders van de oppositie opgedragen wordt zichzelf in brand te steken voor de ingang van het hoofdkwartier van de Communistische Partij. Op deze laatste dag van zijn leven dwaalt hij door Warschau waar hij allerlei vreemde creaturen ontmoet en onverwachts verliefd wordt.
Het werk van Konwicki werd sterk beïnvloed door herinneringen aan zijn turbulente jeugdjaren in een klein gehucht nabij Vilnius en door de periode dat hij dwangarbeider was voor de nazi's. Nadat hij kon ontsnappen streed hij tegen het nazisme en, later, tegen de Sovjets. Uiteindelijk zocht hij het in het communisme. In die periode (1953-1966) was hij lid van de Polish United Workers' Party, en werden zijn boeken uitgegeven en massaal gelezen omdat de inhoud gesteund werd door de overheid. Vanaf het einde van de jaren 60 veranderde dit en was Konwicki's werk enkel nog clandestien verkrijgbaar. De laatste jaren van zijn leven stopte Konwicki met schrijven en gaf hij geen interviews meer. Nadat al zijn vrienden overleden waren voelde hij zich eenzaam als mens en als schrijver, waardoor zijn boeken "niet meer van belang" waren. Het enige waar Konwicki nog plezier in schepte was praten. Diverse van zijn boeken kregen een Nederlandse vertaling bij Meulenhoff, waaronder *De kleine apocalyps* (1993), *Maansopgangen en maansondergangen* (1986), *Niets of niets* (1987), evenals *Modern droomboek* (1989). Konwicki was ook een van de oprichters van de Poolse filmschool en verzorgde zowel het script als de regie voor de film *Ostatni dzień lata* (*De laatste dag van de zomer*) in 1958.

Tadeusz Konwicki

GERRIT KOUWENAAR
(91, + Amsterdam, 4 september 2014)

Nederlands dichter, die deel uitmaakte van de Vijftigers, de experimentele groep dichters die verwant en bevriend was met de Cobragroep. Hij was ook redacteur van het tijdschrift *Podium*. Kouwenaar was de samensteller van de befaamde bloemlezing *Vijf 5 tigers* (1955). Hij debuteerde in 1941 met *Vroege voorjaarsdag*, uitgegeven in eigen beheer. Hij publiceerde ook een aantal illegale bladen en verzeilde als gevolg daarvan een tijdlang in de gevangenis, waarna hij onderdook. Tussen 1945 en 1950 was hij redacteur bij het communistische dagblad *De Waarheid*.

"Hoewel uit zijn oudere poëzie een sociaal en politiek engagement spreekt, valt in zijn werk de nadruk op de taal zelf en de onoverbrugbare kloof tussen het woord en het object waar het voor staat," schrijft *Oosthoeks Lexicon Nederlandse en Vlaamse literatuur* over zijn werk. "Kouwenaar wil een gedicht als een ding maken, ofwel woorden tot stof omvormen. Maar Kouwenaars humor en zijn eigenzinnige spel met de taal voorkomen dat zijn gedichten verworden tot droge taalbouwsels." Een tijdlang kreeg hij niettemin het verwijt al te theoretische, hermetische poëzie te schrijven. "Zijn poëzie werd door tegenhangers als de Maximalen 'kil en onpersoonlijk' bevonden. Joost Zwagerman, voorman van de Maximalen, zei dat ieder leven bijna letterlijk uit het gedicht was geschreven," aldus *Het Parool* in haar in memoriam.

Gerrit Kouwenaar publiceerde talloze dichtbundels, die werden verzameld in *Gedichten 1948-1978* en in *Helder maar grijzer. Gedichten 1978-1996. De tijd staat open* (1997) werd bekroond met de VSB Poëzieprijs, *Totaal witte kamer* (2003) met de Karel van de Woestijne-prijs en de KANTL-poëzieprijs. Vooral *Totaal witte kamer* sloeg aan bij het grotere publiek. De bundel schreef hij naar aanleiding van de dood van zijn vrouw Paula die aan Alzheimer leed. Ook voor veel van zijn overleden vrienden, zoals Hans Andreus, Jan G. Elburg en Lucebert schreef hij afscheidsgedichten. Toch verzette hij zich tegen het idee van 'troostpoëzie': "Als je daarnaar op zoek bent moet je maar naar de kerk gaan, naar een dominee, niet naar een dichter, denk ik. (....) Dichten is vooral een kwestie van maken. Het doel van de kunst is iets uit de tijd te trekken, even stil te zetten wat nog stil blijft staan als jij weer weg bent." In 2005 schreef Kouwenaar de Gedichtendagbundel *Het bezit van een ruïne*. In het najaar van 2008 verscheen *Vallende stilte*, een keuze uit eigen werk ter gelegenheid van zijn vijfentachtigste verjaardag. Aan literaire erkenning had Kouwenaar nooit gebrek. In het voorjaar van 2009 kreeg Kouwenaar de Prijs voor Meesterschap van de Maatschappij der Nederlandse Letterkunde. In 1970 was hem al de P.C. Hooft-prijs toegekend (die werd uitgereikt in 1971); in 1989 werd hij bekroond met de Prijs der Nederlandse Letteren. Naast zijn oorspronkelijk oeuvre maakte Kouwenaar vertalingen van toneelstukken van onder anderen Brecht, Weiss, Sartre, Dürrenmatt en Pinter. Voor deze vertalingen kreeg hij in 1967 de Martinus Nijhoff Prijs. Hij publiceerde ook een handvol romans, waaronder *Uren en sigaretten* (1946) en *Ik was geen soldaat* (1951). Zijn uitgeverij Querido liet in een persbericht weten te "rouwen om een dierbare schrijver, een fenomenale dichter, die decennialang aan de uitgeverij verbonden was".

RUTH KRAFT
(95, + Berlijn, 8 juli 2015)

Duitse schrijfster, die ook hoorspelen, scenario's en kinder- en jeugboeken schreef. Ze is vooral bekend door de roman *Insel ohne Leuchtfeuer* (1959), waarin ze haar ervaringen in de naziwerkplaats Peenemünde te boek stelde. Daar ontwikkelden de autoriteiten in het grootste geheim, met hulp van dwangarbeiders en krijgsgevangenen, hoogmoderne oorlogswapens. Kraft was daar tijdens de Tweede Wereldoorlog werkzaam als technisch rekenaar. Ze was in 1938 toegetreden tot de NSDAP, en werd in 1940 verplicht tewerkgesteld in Peenemünde. Na de Tweede Wereldoorlog werkte de als boekhouder opgeleide Kraft voor diverse radiozenders en begon ze ook kinderboeken te schrijven. In 2000 verschenen haar herinneringen onder de titel *Leben – von der*

Pike auf. Kraft was binnen de Duitse Democratische Republiek (DDR) een hooggeziene schrijfster.

SIEGFRIED LENZ
(88, + Hamburg, 7 oktober 2014)

Eén van de belangrijkste schrijvers van de naoorlogse Duitse literatuur, door kenners in één adem genoemd met Nobelprijswinnaars Heinrich Böll en Günter Grass. "Alle drie vochten ze als jonge mannen in het Duitse leger – Böll bij de Wehrmacht, Grass bij de Waffen-SS, Lenz bij de Kriegsmarine – en alle drie hebben ze hun oorlogservaringen in literatuur gegoten," aldus Michel Krielaars in *NRC*. Dat deden ze om het naziverleden de baas te kunnen. Het belangrijkste werk van Lenz is het verfilmde boek *Deutschstunde* (1968), waar wereldwijd meer dan twintig miljoen exemplaren van verkocht werden en dat handelt over het conflict tussen het geweten en de door het naziregime opgelegde plichten. Lenz belandde op zijn dertiende bij de Hitlerjugend en ging op zijn zeventiende bij de marine. Nadat hij deserteerde omdat hij weigerde een medesoldaat neer te schieten werd hij krijgsgevangen gemaakt door de Britten. Lenz ging na de oorlog filosofie, Engels en literatuurwetenschappen studeren en maakte deel uit van Gruppe 47 die de Duitse literatuur wilde bevorderen; ook Böll en Grass behoorden ertoe. Van 1948 tot 1951 werkte hij als journalist bij *Die Welt*. Vanaf het verschijnen van zijn eerste roman *Es waren Habichte in der Luft* (1951) legde hij zich volledig toe op het schrijverschap. Vaak werd zijn uitzonderlijke verteltalent geprezen, met humoristische verhalenbundels als *So zärtlich war Suleyken* (1955) of *Lehmanns Erzählungen* (1964). In 2011 verscheen zijn laatste verhalenbundel, *Die Maske*. Lenz ontving talrijke literaire prijzen, waaronder de Friedenspreis des Deutschen Buchhandels (1988) en de Goethepreis (1999). Nog op hoge leeftijd schreef Lenz met zijn eerste liefdesroman *Schweigeminute* (2008, in 2010 in het Nederlands verschenen als *Een minuut stilte*) een wereldwijde bestseller. De laatste jaren kampte Lenz met gezondheidsproblemen.

Siegfried Lenz

PHILIP LEVINE
(87, + Fresno (Californië), 14 februari 2015)

Amerikaans dichter, overleden aan de gevolgen van leverkanker. Hij was 'Poet Laureate', zeg maar de Dichter des Vaderlands van de Verenigde Staten, voor het vak 2011-2012. In 1980 ontving hij de National Book Award voor *Ashes. Poems New and Old*; dezelfde prijs andermaal in 1991 voor *What Work Is*, en in 1995 de Pulitzer Prize voor de bundel *The Simple Truth* – om maar enkele van de vele behaalde prijzen te noemen. In zijn poëzie verbeeldde hij vaak het leven van de werkende man in Detroit, ooit het mekka van de auto-industrie. Hij werd wel eens "a large, ironic Whitman of the industrial heartland"

Philip Levine

genoemd. Als zoon van Russisch-Joodse immigranten was Levine werkzaam in de fabrieken van Chevrolet en Cadillac. Hij schreef over "de kleine heroïek van de dag doorkomen, terwijl de dag daar geen barst om geeft". Levine gaf decennialang les aan de University of California, maar doceerde ook aan de universiteiten van Columbia, Princeton en Brown.

BERNARD MARIS (68, + Parijs, 7 januari 2015)

Bernard Maris

Franse econoom en auteur, die, samen met 12 anderen, omkwam bij de terreuraanslag op 7 januari 2015 tegen het Franse weekblad *Charlie Hebdo*. Maris was een van de redacteuren en aandeelhouders bij het satirische magazine en schreef er wekelijks een column onder de schuilnaam 'Oncle Bernard'.

De invloedrijke econoom Maris promoveerde in 1975 aan de universiteit van zijn geboortestad Toulouse op een proefschrift over inkomensongelijkheid. Hij werd hoogleraar in Toulouse, aan het Instituut voor Europese Studies van de Universiteit van Parijs en aan de Universiteit van Iowa.

Vrijmetselaar Maris schreef regelmatig voor kranten en weekbladen als *Le Nouvel Observateur*, *Le Figaro* en *Le Monde* en was gelieerd met de antiglobalistengroepering Attac. Bekendheid verwierf hij in Frankrijk met een aantal boeken over economie, waaronder *Ah Dieu! Que La Guerre économique est jolie* (1998) en *Lettre ouverte aux gourous de l'économie qui nous prennent pour des imbéciles* (1999). Maris publiceerde ook een aantal romans waaronder *Pertinentes Questions morales et sexuelles dans le Dakota du Nord* (1995) en *L'enfant qui voulait être muet* (2003), bekroond met de Prix Leclerc des Libraires. Maris was gehuwd met schrijfster Sylvie Genevoix, die in 2012 overleed. Hij was nauw bevriend met Michel Houellebecq. Over die laatste schreef hij het essay *Houellebecq economiste* (2014). Maris kwam bij de verkiezingen ook op voor de partij *Les Verts*.

FRANCOIS MASPERO (83, + Parijs, 11 april 2015)

Militante Parijse uitgever en auteur. François Maspero startte als uitgever in zijn boekhandel *La Joie de lire* in de rue Saint-Séverin (in het Parijse Quartier Latin), dat vanaf 1957 tot een links bolwerk uitgroeide. Zelf was Maspero lid geweest van de Franse communistische partij, maar hij nam afstand van het zogenaamde "reëele socialisme" van Moskou, en sloot zich aan bij de trotskisten. In eerste instantie beschouwde Maspero boeken als strijdwapens en richtte hij bij zijn Editions Maspero zijn pijlen op de Algerijnse oorlog (1956-1962). "Voor Maspero was uitgeven vanaf het begin een daad van militantisme tegen die koloniale oorlog. Een andere oorlog had zijn jeugd getekend, hij zei dat zijn leven echt begonnen was op de dag – 24 juli 1944 – dat de Gestapo zijn ouders kwam halen om ze naar de kampen te voeren", schrijft Freddy De Pauw in zijn in memoriam op *Uitpers*. Zijn vader, een befaamd sinoloog kwam om in Buchenwald. Zijn moeder, een historica, overleefde Ravensbrück, terwijl zijn broer om het leven kwam als verzetsstrijder.

Maspero's uitgeverij kreeg in de jaren vijftig en zestig voortdurend te maken met publicatieverboden en moest in het totaal zeventien veroordelingen incasseren, vaak met zware boetes. Ook werd zijn winkel regelmatig bedreigd en aangevallen. In 1961 startte hij met het tijdschrift *Partisans* – over het antikolonialisme (waar Georges Perec voor het eerst in publiceerde) en later ook met *L'Alternative*, waarin hij Oosteuropese dissidenten aan het woord liet. Bekend is ook zijn Petite Collection Maspero, pockets waarin de actualiteit, geschiedenis, politieke ontwikkelingen en marxistische theorie werd becommentarieerd.

Maspero gaf later zijn uitgeverij over aan medewerker François Gèze die ze *La Découverte* noemde. Meer en meer ging hij zich toeleggen op autobiografische romans zoals zijn debuut *Le sourire du chat* (1984) en de 'historische kroniek' *L'Honneur de Saint-Arnaud* (1992), ook over Algerije. In 1990 ontving hij de Prix Décembre voor *Les Passagers du Roissy-Express*, geïllustreerd met foto's van Anaïk Frantz, over de Parijse buitenwijken. Maspero ontpopte zich ook tot een gedreven vertaler, met werk van John Reed, Joseph Conrad en veel Spaanstalige schrijvers als Alvaro Mutis, Arturo Perez-Reverte en Carlos Ruiz Zafon. Hij publiceerde ook nog diverse politieke reportages in kranten en tijdschriften, over onder meer

Cuba en de Palestijnen. Maspero werd thuis dood aangetroffen op 11 april 2015.

COLLEEN McCULLOUGH (77, + Norfolk Island in de Stille Zuidzee, 29 januari 2015)

Australische schrijfster, die wereldfaam verwierf met haar roman *The Thorn Birds* (1977), waarvan zo'n 30 miljoen exemplaren werden verkocht over de gehele wereld.

Colleen McCullough

Colleen McCullough werd geboren in 1937 in het Australische Wellington. Ze had eerst een wetenschappelijke carrière. McCullough studeerde neurofysiologie en was werkzaam in verschillende ziekenhuizen in Sydney en in het Verenigd Koninkrijk en gaf later ook les aan Yale. In 1974 zetten ze zich aan het schrijven. Haar bibliografie omvat onder andere *Tim*, *The Thorn Birds* en *The Thorn Birds: The Missing Years*, *An Indecent Obsession* en *The Song of Troy*.

Het eerste werk werd verfilmd door Michael Pate in 1979, een romantisch drama met de jonge Mel Gibson en Piper Laurie in de hoofdrollen. Van *De Doornvogels* werd in 1983 de succesrijke televisieminiserie *The Thorn Birds* gemaakt, met Richard Chamberlain in de hoofdrol. *The Thorn Birds* is een familiesaga, waar in het jaar 1915 de familie Cleary van Nieuw-Zeeland naar Australië, naar de schapenfarm Drogheda emigreert en drie generaties – tot 1969 – overspant. Maggie is verknocht aan Drogheda en blijft haar grote liefde, de priester Ralph de Bricassart, trouw. Zelf noemde ze de zwaar geromantiseerde televisieserie ooit in een gesprek 'instant vomit'. Voor haar onderzoek voor haar boek *Macht & liefde. De mannen en vrouwen van Rome* (*The First Man in Rome,* 1991) ontving ze een doctoraat in de letteren van de Macquarie Universiteit van Sidney in 1993. Het was de start van een zevendelige cyclus over de Romeinse burgeroorlogen. In totaal schreef McCullough vijfentwintig romans. Haar laatste boek *Bittersweet* verscheen in 2013.

FREDERIC MORTON (90, + Wenen, 20 april 2015)

Amerikaans-Oostenrijkse schrijver van historisch getinte werken. Als zoon van een industrieel zag Morton het levenslicht in 1924 als Fritz Mandelbaum. Na de Anschluss vluchtte de familie naar Groot-Brittannië om nadien te immigreren naar de Verenigde Staten en zich in New York te vestigen, waarbij eveneens de familienaam werd gewijzigd. Morton kwam er een tijdlang aan de kost als bakker, maar begon in 1949 literatuur te studeren. In 1962 keerde hij terug naar Wenen om er te huwen met zijn verloofde. Terug in Amerika werkte hij als columnist voor diverse media waaronder *The New York Times*, *Esquire* en *Playboy*.

Mortons literaire doorbraak kwam er in 1962 na de publicatie van *The Rothschilds. A Family Portrait*, een non-fictieroman die in 23 talen werd vertaald. Het bleek een internationale bestseller en zelfs omgezet tot een musical op Broadway, waar hij twee Tony Awards opstreek. Andere werken van Morton zijn *Crosstown Sabbath: a street journey through history* (1993) en *The Forever Street* (1996).

Een van Mortons bekendste werken is *Thunder at Twilight: Vienna 1913/1914* (verschenen onder de Nederlandse titel *Onweer in de schemering*). Het handelt over de pracht en praal van het Wenen van de fin-de-siècle, met veel aandacht voor het verval van de Donaumonarchie, de gespannen internationale politiek, de verhoudingen aan het hof en aan de culturele en wetenschappelijke prestaties in de Oostenrijkse hoofdstad, uitmondend in de moord op aartshertog Franz-Ferdinand. In 1979 had Morton al *Schicksalsjahr Wien 1888/89* geschreven, dat als *Ein Letzter Walzer* ook werd omgezet tot een musical in Wenen. In 2005 verschenen Mortons memoires onder de titel *Durch die Welt nach Hause. Mein Leben zwischen Wien und New York* (Engelse versie: *Runaway Waltz*). Hij was er niet erg positief over de Verenigde Staten, zijn tweede vaderland. Tijdens zijn literaire carière schreef Morton verder nog een aantal romans, verhalen, populair-historisch werk en essays. Morton overleed in Wenen, toen hij er op bezoek was.

MARTIN MOOIJ
(83, Rotterdam, + 12 augustus 2014)

Vertaler en essayist. Martin Mooij was een van de oprichters van het Rotterdamse dichtersfestival Poetry International. Mooij was al geruime tijd ziek. Als hoofd letteren van de Rotterdamse Kunststichting stond Mooij aan de wieg van het befaamde festival, dat zou uitgroeien tot een ontmoetingsplaats van talloze dichters uit binnen- en buitenland en hun publiek. De eerste editie van Poetry International vond in 1970 plaats. Er traden dichters op als Eugène Guillevic, Zbigniew Herbert, Lars Gustafsson en Ernst Jandl. Mooij werd in 1987 hoofd van het festival. Poetry International ging onder Mooijs leiding onder andere een samenwerkingsverband aan met een vuilophalingsbedrijf, waarna op Rotterdamse vuilniswagens gedichten werden afgedrukt. In 1996 volgde Tatjana Daan Mooij op als directeur van de stichting Poetry International.
Mooij spande zich ook in voor vervolgde dichters. Elk jaar kreeg een gevangen poëet de Poetry Award. Hij vertaalde ook werk van onder meer Horst Bienek, Peter Handke, Joseph Roth en Anna Seghers. In 1996 richtte hij samen met Remco Campert de Stichting Poets of All Nations (PAN) op. Verder was hij verbonden aan de Marten Toonder Stichting. Zelf kreeg Mooij de Sphinx Cultuurprijs en de Laurens Janszoon Costerprijs. Ook was hij Ridder in de Orde van Oranje-Nassau.

WAM DE MOOR
(78, + Groesbeek, 12 januari 2015)

Nederlands literair criticus, dichter, biograaf en wetenschapper. Hij promoveerde op een proefschrift over de schrijver J. van Oudshoorn, van wie hij het archief op het nippertje wist te redden van de papierversnipperaar. Eerst gaf hij les aan de Hogeschool Windesheim in Zwolle en later vanaf 1974 aan zijn pensioen aan de Radboud Universiteit in Nijmegen. Wam de Moor werd in de jaren zeventig en tachtig vooral bekend door zijn grote hoeveelheid gedegen literatuurrecensies. "Deze recensies zijn gebundeld en vormen een belangrijke bron voor iedere literatuurhistoricus. Het weekblad *De Tijd* (later *HP/De Tijd*) dankte zijn status voor een belangrijk deel aan de boekbesprekingen en overzichtsartikelen van Wam de Moor", aldus het Neerlandica-blog Neder-L. Later schreef hij onder meer artikelen over poëzie voor *De Gelderlander.* De Moor, erg gegrepen door didactiek, introduceerde het leesdossier "waarin de leerlingen hun leeservaringen vastleggen en op deze manier hun groei als lezers documenteren", aldus nog Neder-L.

JEAN-JACQUES PAUVERT
(88, + Toulon, 29 september 2014)

Franse uitgeverslegende en auteur. Jean-Jacques Pauvert overleed na een hersenbloeding. Pauvert liet naoorlogs Frankrijk op zijn grondvesten schudden met baanbrekende erotische uitgaven, goed voor talloze processen.
Op amper 21-jarige leeftijd liet Pauvert in 1947 een integrale versie verschijnen van het geruchtmakende *De 120 dagen van Sodom* van Markies De Sade. Zijn naam en adres prijkten openlijk in de boeken. Het kwam Pauvert te staan op een jarenlange rechtszaak die de Franse weldenkende klasse in rep en roer zette. Pauvert, sinds zijn twaalfde al bezeten van De Sade, wilde er de grenzen van de vrije meningsuiting mee aftasten. Hij haalde uiteindelijk in 1958 zijn slag thuis: Sade was een respectabel schrijver, geen pornograaf, oordeelde de rechter. "Wanneer ik in een proces raak verwikkeld, word ik nog combattiever", verklaarde hij. De Sade bleef hem levenslang fascineren en het leidde tot ettelijke publicaties over 'le divin Marquis', waaronder zijn nog steeds toonaangevende biografie *Sade vivant*, in 2013 jaar heruitgegeven.
In 1954 zorgde Pauvert – met dikke brillenglazen en opzichtige snor - opnieuw voor ophef door de publicatie van de SM-roman *Histoire d'O*, geschreven door de mysterieuze Pauline Réage. De roman, waarin een vrouw zich vrijwillig blootstelt aan totale seksuele vernedering als teken van ultieme liefde, veroorzaakte schandaal, maar kon aan een verbod ontkomen. Pas in 1994 onthulde Réage in een gesprek met The New Yorker dat haar alter ego Dominique Aury (1907-1998) de intussen wereldwijde bestseller had geschreven. Onder die naam speelde ze een vooraanstaande rol bij uitgeverij Gallimard. Pauvert, een tijdlang gehuwd met eroticaschrijfster Régine Deforges, verdiende niet alleen zijn sporen op het gebied van de erotische literatuur, waarover hij toonaangevende bloemlezingen maakte. Hij was

ook een onvermoeibaar publicist, een succesvol uitgever van tijdschriften als *Bizarre,* bestierde twee eigenzinnige uitgeverijen en een boekhandel. Hij zorgde voor een herontdekking van het werk van jazzschrijver Boris Vian. Pauvert gaf verder werk uit André Malraux, André Gide en Françoise Sagan en was de laatste uitgever van surrealismepaus André Breton. Ook Georges Bataille haalde hij uit de clandestiniteit. De laatste jaren werkte Pauvert aan het vervolg op zijn memoires, waarvan het eerste deel *La traversée du livre* elf jaar geleden al verscheen. De Franse minister van Cultuur Fleur Pellerin prees in een in memoriam Pauvert als "een fervent verdediger van de vrijheid, die alle vormen van censuur trotseerde."

Drs. P

DRS. P
(95, + Amsterdam, 14 juni 2015)

Nederlandstalig tekstschrijver met de Zwitserse nationaliteit. Hij was zowel dichter, schrijver, cabaretier, letterkundige, componist, pianist en zanger van zelfgeschreven liedjes. Pseudoniem van Heinz Hermann Polzer. De in Zwitserland geboren Drs. P had een Nederlandse moeder en een Oostenrijkse vader. In 1942 belandde Polzer voor zes maanden in de gevangenis, nadat hij een kinderverhaal schreef over twee stoute kinderen Dolf (Hitler) en Ben (Mussolini), die uiteindelijk van hun oom Sam (Amerika) een pak slaag kregen. In een kaartspel had Polzer ook tekeningen van de Führer en de Duce gebruikt als jokers. Het was zijn Zwitserse nationaliteit die hem voor het Duitse vuurpeloton behoedde, aldus Cobra.be in hun in memoriam.

Polzer studeerde economie in Rotterdam en was wel degelijk doctorandus. Hij werkte eerst als vertaler en reclamecopywriter in Indonesië. Eenmaal terug in Nederland, nodigde Willem Duys hem uit voor een tv-optreden en bedacht de naam Drs. P (Doctorandus P). Hij verschool zich ook achter andere pseudoniemen, zoals Drs. S of Coos Neetebeem. Drs. P raakte vooral bekend door zijn liedjes als *Veerpont* ('Heen en weer'), *Dodenrit* ('Trojka hier, trojka daar'), *De zusters Karamazov, Het trapportaal* en *Knolraap en lof, schorseneren en prei.* Drs. P. beleefde met zijn liedjes een publieksdoorbraak in de jaren zestig. Hij schreef cabaretteksten en liederen voor diverse artiesten, die op plaat werden vastgelegd. "Zijn populariteit had hij te danken aan de combinatie van zijn krakerige stemgeluid, zijn plechtig-droogkomische zang- en verteltrant, zijn keurige uiterlijk en de taalvaardigheid en humor in zijn nummers", schreef *De Standaard* in zijn in memoriam, die hem typeerde als "een grappige oerconservatief". Bewonderaar Jan De Smet van De Nieuwe Snaar noemde hem "de eerste rapper in het Nederlands." Kenmerken van zijn light verses zijn een archaïsch taalgebruik, bizarre humor en een inventief aanwenden van versvormen. Hij vond er ook een paar nieuwe uit, zoals het beroemde 'ollebolleke'. Samen met Ivo De Wijs schreef hij enkele dichtcursussen. Werken van Drs. P. zijn *Ons knutselhoekje: Dartelen met versvormen* (1975), *Handboek voor plezierdichters* (1983) en *Het rijmschap compleet* (1984). Bekend zijn ook bundels als *Zeden en onzeden* (1965), *Allerlei ontucht* (1971), *Middelpracht en eeuwse praai* (1975), *Plezierdichten* (1979), *Tientallen elftallen* (1985), *Weelde & feestgedruis* (1986), *Eerste klas retour* (1988) en *Aquarium* (1992). Drs. P trad tot op hoge leeftijd op. Pas twee jaar geleden trok hij zich terug uit de openbaarheid. In 2012 verscheen *Compilé complé*, een bloemlezing van Drs. P's liederen op acht cd's. Drs. P schreef zijn eigen rouwadvertentie, die werd gepubliceerd in *de Volkskrant.*

SYBREN POLET
(91, + Amsterdam, 19 juli 2015)

Nederlands experimenteel schrijver, pseudoniem van Sybe Minnema. Hij geldt als een van de voorvechters van het 'andere proza' en leverde experimentele romans af die de verhaallijn volkomen overboord gooiden, zoals in de romans *Breekwater* (1961) en vooral *Mannekino* (1968) en *De Sirkelbewoners* (1970). Polet debuteerde in 1953 met de

poëziebundel *Demiurgasmen*. Daarna publiceerde hij vooral proza en toneel. In NRC-Handelsblad typeerde Janet Luis het werk van Polet als volgt: "Het geldt als experimenteel, als 'anders', omdat er geen doorlopende verhalen in worden verteld waarin personages psychologisch geduid worden. Daarom wordt het ook moeilijk gevonden. Zelf meent hij dat zijn 'verbeeldingsavonturen' helemaal niet zo ingewikkeld zijn. "Ze zijn vaak in enkele zinnen samen te vatten." De moeilijkheid zit er voor de lezers in dat ze een veelheid aan verhaalfragmenten voorgeschoteld krijgen, die meestal niet naadloos op elkaar aansluiten." In zijn dichtwerk duikt de stad Amsterdam veelvuldig op en zijn personages, aangeduid als Mr. Iks, Mr. X enz. veranderen continu van gedaante.
Polet ontving diverse bekroningen waaronder in 2003 de Constantijn Huygensprijs. Ook kreeg hij de Jan Campertprijs, de Herman Gorterprijs, de Busken Huetprijs (voor zijn essaybundel *Literatuur als werkelijkheid. Maar welke?*), de Dirk Martensprijs en de Poëzieprijs van de gemeente Amsterdam. Polet was een van de Vijftigers, die met vastgeroeste regels over vorm en stijl braken. Tot die groep behoorden ook Simon Vinkenoog, Remco Campert, Jan Hanlo en Lucebert. Recent nog publiceerde zijn uitgever Wereldbibliotheek *Het aaahh en ooohh van de verbonaut*, een bundel nagelaten gedichten, en *De noodzaak van het overbodige*, een verzameling literair-filosofische notities.

TERRY PRATCHETT (66, + Broad Chalke, 12 maart 2015)

Populaire Britse schrijver van humoristische fantasyboeken, die overleed aan een zeldzame vorm van de ziekte van Alzheimer, die in 2007 werd vastgesteld. Hij overleed thuis, omringd door familie. Pratchett werd wereldberoemd met zijn komische en mild satirische fantasyreeks *Schijfwereld* (*Discworld*) waarvan sinds 1983 al 85 miljoen exemplaren werden verkocht. Onder de komische gebeurtenissen stopte hij telkens een laag scherpe maatschappijkritiek: ook in het in 2006 verschenen boek *Thud* gaat het in feite over religieus fundamentalisme.
Zijn eerste boeken kun je typeren als een persiflage op de conventionele fantasythema's. Hij debuteerde in 1971 met *The Carpet People,* maar schreef zijn eerste verhaal, *The Hades business*, al op zijn dertiende voor de schoolkrant. Toen hij vijftien was, werd het al in boekvorm uitgegeven. Twee boeken volgden: *De donkere kant van de zon* (1976) en *Strata* (1981). In 1983 verscheen de eerste aflevering van Discworld: *De Kleur van Toverij*. Toen dat meteen aansloeg, zegde Pratchett zijn functie als woordvoerder van het Britse nationale energiebedrijf op en werd hij fulltimeschrijver. De reeks, over een wereld die op vier olifanten rust (en die op hun beurt weer op een enorme schildpad staan), telde meer dan veertig delen. De belangrijkste stad van de Schijfwereld is Ankh-Meurbork. Daar woont de stuntelende tovenaar Rinzwind. Andere populaire personages zijn de heksen Ootje Nack en Opoe Wedersmeer. Pratchett vervolledigde zijn laatste boek, een nieuw deel in de *Discworld*-serie, in de zomer van 2014. Bij het schrijven tijdens zijn laatste levensjaren dicteerde hij zijn teksten aan een assistent of maakte hij gebruik van een spraakherkenningsprogramma.
Naast de *Discworld*-serie schreef hij ook een paar kinderboeken en een aantal trilogieën, onder andere de *Johnny Maxwell*-boeken en de *Bromeliad*-trilogie. In 2008 werd Pratchett geridderd voor zijn bijdrage aan de literatuur. Bij die gelegenheid smeedde hij zelf een zwaard. Pratchett communiceerde heel open over zijn ziekte en aftakeling. Hij maakte twee documentaires over Alzheimer en over de verschillende behandelingen die hij onderging. In de film *Choosing to Die* uit 2011 sprak Pratchett met drie andere terminaal zieke mannen en hun families over euthanasie, een praktijk die in Engeland nog altijd illegaal is. Pratchett deed uiteindelijk geen beroep op euthanasie. "De wereld is een van zijn helderste en scherpste geesten kwijtgeraakt", zei zijn uitgever Larry Finlay van Transworld Publishers aan de BBC.

Terry Pratchett

Fritz J. Raddatz

FRITZ J. RADDATZ
(82, + Pfäffikon, Zwitserland, 26 februari 2015)

Duitse schrijver, criticus, columnist, essayist en biograaf, die zichzelf het leven benam. Raddatz werd geboren op 3 september 1931 in Berlijn. Zijn moeder was een Parisienne uit een rijke familie en overleed bij zijn geboorte. Na de dood van zijn vader in 1946 werd pastor Hans-Joachim Mund zijn voogd. Op zijn vijftiende begon Raddatz een affaire met Mund. In 1950 trok hij uit politieke overtuiging naar Oost-Berlijn. Raddatz studeerde Duits, geschiedenis, theaterwetenschappen, kunstgeschiedenis en Amerikaanse studies. In 1953 behaalde hij zijn diploma rechten aan de Humboldt Universiteit van Berlijn. In 1958 volgde het doctoraat. Raddatz schreef vanaf zijn twintigste voor de *Berliner Zeitung*. Tussen 1953 en 1958 was hij het hoofd van de internationale afdeling en adjunct-hoofdredacteur bij de uitgeverij *Volk und Welt* in Oost-Berlijn. Raddatz raakte verzeild in diverse conflicten met Oost-Duitse partij-autoriteiten en verhuisde in 1958 naar de Bondsrepubliek. In 1960 werd hij hoofdredacteur en adjunct-directeur-uitgever bij uitgeverij Rowohlt onder Heinrich Maria Ledig-Rowohlt en bleef dat tot 1969. Van 1976-1985 voerde hij de leiding over de sectie kunst van het weekblad *Die Zeit*. Hij was er een tijdlang ook werkzaam als cultuurcorrespondent in Parijs.

Raddatz groeide uit tot een van de meest invloedrijke Duitse literatuurcritici; zijn dagboeken vormen een panopticum van de West- en Oost-Duitse uitgeverswereld sinds 1945. Naast zijn werk als journalist, publiceerde hij diverse essays, romans en biografieën, onder meer over Heinrich Heine, Kurt Tucholsky, Karl Marx en Gottfried Benn. Ook schreef hij over zijn vriend Günter Grass. Raddatz was openlijk biseksueel, volgens hemzelf voornamelijk met mannelijke partners, en woonde in Hamburg meer dan dertig jaar samen met zijn partner Gerd. In september 2014 kondigde Raddatz aan dat hij zich terugtrok uit de actieve journalistiek. Hij vond de huidige poëzie en hedendaagse romanliteratuur niet meer boeiend genoeg. Hij benam zich het leven in een euthanasieafdeling van Dignitas te Zwitserland, precies een dag voor zijn laatste boek *Jahre mit Ledig. Eine Erinnerung* verscheen.

Ruth Rendell

RUTH RENDELL
(85, + Londen, 2 mei 2015)

Succesvolle Britse misdaadauteur, die meer dan zestig romans schreef in de afgelopen vijftig jaar. Haar boeken werden vertaald in meer dan twintig talen. Haar veelschrijverij ging volgens de kenners niet ten koste van de kwaliteit. Ze debuteerde in 1964 met *From Doon with Death* (*Uit de sleur*) Daarin creëert ze al meteen haar beruchtste personage: inspecteur Wexford. Later volgden er nog 24 Wexford-boeken, Wexford werd eveneens verfilmd voor de succesvolle tv-reeks *The Ruth Rendell Mysteries*. Ruth Barbara Grasemann begon in de jaren 1950 haar carrière als journalist bij de lokale krant *Chigwell Times*, waar ze haar echtgenoot Don Rendell leerde kennen. Samen kregen ze in 1953 één zoon: Simon. Ruth Rendell had een onovertroffen talent voor het uitwerken van karakters en het inhaken op sociale en maatschappelijke thema's als racisme, religie, feminisme, enz. Ze schreef eveneens onder het pseudoniem Barbara Vine. Als Vine ging ze in regel op zoek naar de psychologische achtergrond van haar misdadigers en slachtoffer. *A Dark-Adapted Eye* (1986), *A Fatal Inversion* (1987) en *Gallowglass* (1990) werden door de BBC als basis gebruikt voor de gelijknamige tv-series. Gezien de thema's van haar boeken is het geen wonder dat ze voor de sociaaldemocratische partij Labour zetelde in het House of Lords als 'The Baroness Rendell of Babergh'. Die titel droeg ze sinds 1997, nadat ze het jaar voordien benoemd werd tot commandeur in de Orde van het Britse Rijk. Ze was de bedenker van de wet die vrouwenbesnijdenis moet tegengaan. Samen met haar goede vriendin, de kort voor haar overleden crimischrijfster P.D. James, gaf Rendell de *'whodunit'* een nieuw gezicht door zich te verdiepen in de psychologie van de daders en hun slachtoffers. Ook in het Nederlands werden de boeken van Rendell talrijk vertaald en titels als *Verborgen leven* (1978), *Speldenwerk* (1984) en *Vermoorde schuld* (1999) gretig gesmaakt. The Queen of Crime Fiction die aanzien wordt als de erfgename van Agatha Christie, overleed in het ziekenhuis aan de gevolgen van een beroerte. Op de vraag hoe ze na haar dood herinnerd wilde worden, antwoordde Rendell: "Het kan me niet schelen. Niemand blijft na zijn overlijden nog lang in gedachten bij mensen, tenzij je William Shakespeare heet."

WARD RUYSLINCK (85, + Meise, 3 oktober 2014)

Vlaamse auteur, pseudoniem van Raymond de Belser, die ooit een boegbeeld was van een vervlogen schrijversgeneratie. De schrijver van *Wierook en tranen* leed aan de ziekte van Alzheimer. Sinds enige jaren verbleef hij in een rusthuis te Meise, waar hij op 85-jarige leeftijd overleed.
Ooit was Ruyslinck toonaangevend én veelgelezen in Vlaanderen, samen met generatiegenoten Jos Vandeloo, Jef Geeraerts, Hugo Raes en Paul De Wispelaere. Op de middelbare school viel hij niet weg te branden van de leeslijsten. Maar na *Traumachia* (1999) legde Ruyslinck definitief zijn pen neer, waarna de vergetelheid wenkte. Zijn oeuvre was doordrenkt van pessimisme. Met *De ontaarde slapers* (1958) en *Het reservaat* (1964) smokkelde Ruyslinck ooit het "absolute nihilisme" de Vlaamse literatuur binnen. Triomfantelijk werd de maatschappelijk geëngageerde Ruyslinck onthaald als een authentieke stem van Europees niveau. De *Deutsche Tagespost* prees hem in 1962 vanwege zijn kunde om "de ongeschminkte mens" te tonen. Nog in 1978 spuide *The Times* lof over een vertaling van *Het reservaat*. En toch, als er één schrijversleven is dat bewijst hoe vergankelijk roem wel is, dan wel dat van Ruyslinck.
Raymond Karel Maria De Belser, geboren op 17 juni 1929 te Berchem, publiceerde al op zijn twaalfde een serie kinderverhalen in het dagblad *Het Vlaamsche Land*. Amper twee jaar later voltooide hij zijn eerste roman *Vaargeulen*. Ruyslinck was toen al een in zichzelf gekeerde jongen. In tal van interviews rakelde hij zijn jeugdige vernederingen op: "Als jongetje had ik ros haar en sproeten en liep ik blauwtjes op bij de meisjes. Ik ben altijd een gefrustreerd jongetje geweest. Ergens ben ik dat gebleven. Ik heb een trotse natuur, en op die manier ben je vlug vernederd." Daar lag de kern van zijn eeuwigdurende sympathie voor de underdog en de buitenstaander, terugkerend thema in zijn boeken. Tijdens de Tweede Wereldoorlog werd Ruyslincks ouderlijk huis volledig vernield bij de massieve luchtaanval op Mortsel van 5 april 1943. Daarbij ging ook het manuscript van *Vaargeulen* verloren. De traumatische oorlogservaringen verwerkte hij in de novelle *Wierook en tranen* (1959). Ruyslinck: "Ik behoor tot een generatie die haar jeugd in schuilkelders heeft doorgebracht in plaats van in heerlijke zomerweiden. De oorlogsjaren waren voor mij een soort apocalyptisch visioen."
Schavend aan gedichten en verhalen ging Ruyslinck in 1948 Germaanse filologie studeren in Gent, om er na een jaar de brui aan te geven. In datzelfde jaar stierf zijn vijf jaar oudere broer. Het drama gaf zijn illusieloze kijk op het bestaan nog meer voeding en zadelde hem op met een haat tegen God. In 1953 kwam Ruyslinck in ambtenarendienst als assistent-dienstleider, later als adjunct-bibliothecaris bij het Antwerpse Plantin-Moretusmuseum. "Ik voel me een paria. Net als Jonathan Swift bekleed ik een maatschappelijke positie ver beneden mijn bekwaamheid." In de uiterst wrange roman *De uilen van Minerva* (1985) zou hij later visceraal afrekenen met zijn professioneel milieu, waarin hij zich dertig jaar overeind hield.

Ruyslincks doorbraak kwam er in 1958, toen *De ontaarde slapers* verscheen bij Manteau. Het ultranihilisme van de hoofdfiguren Silvester en Margriet, die hele dagen in bed resideren uit een anarchistische levensweerzin, baadde in een volbloed existentialistisch sfeertje. Kritiek en lezers reageerden enthousiast. Amper een jaar later publiceerde de schrijver *Wierook en tranen* (1959), dat tot een (ook verfilmde) everseller uitgroeide (met 33 drukken en 500.000 exemplaren) en in Oost-Europese vertalingen de blits maakte. De tearjerkende novelle over het jongetje Waldo, dolend door het knetterende oorlogsgeweld, vestigde Ruyslincks reputatie als ideaal middelbareschoolauteur en als gevoelig strijder tegen onrechtvaardigheid. Jeroen Brouwers sprak in zijn brievenboek *Kroniek van een karakter* dan weer van een boek dat "scheef (staat) van kermiseffecten en kostschoolmeidensentimentaliteit." In snel tempo ging Ruyslinck door op zijn elan van pessimistische eigenheimer, vooral in succestitel *Het reservaat* (1964). Met *Het dal van Hinnom* (1961), *Golden Ophelia* (1966) en *De apokatastasis* profileerde Ruyslinck zich meer en meer als een sarcastisch oergeweten, in een almaar stroevere kunsttaal vol holle neologismen, barse verwijten en personages die als "wereldvreemde binnenvetters" door het leven stappen. Ruyslinck werd gekapitteld vanwege zijn taalgedrochten maar vond zichzelf een taalpurist. Jeroen Brouwers, die als lector bij Manteau werkte, onthulde later hoe drastisch redacteurs het Nederlands van Ruyslinck oppoetsten.

Ruyslincks pessimisme werd nog zwarter, de satire spotziek en overdadig. In 1964 haalde hij driftig uit naar de "drek- en driftliteratuur" van de "ontaarde" generatie van Jan Wolkers en Jan Cremer. Ook in de jaren zeventig en tachtig ging hij te keer als een wild om zich heen slaande, rancuneuze drakendoder die overal miskenning rook. Ondanks bekroningen met de Arkprijs van het Vrije Woord en de Europaliaprijs werd Ruyslinck links en rechts voorbijgestoken door de jonge garde. Critici liepen met een wijde boog rondom zijn steeds grimmigere boeken. Toch was Ruyslinck een poos een Vlaams literair referentiepunt. Zo wijst Walter van den Broeck in het huldeboek *De kleuren van de schrijver* (naar aanleiding van Ruyslincks 75 jaar) op Ruyslincks impact op zijn eigen schrijverschap: "De boeken van Ward verruimden door hun heel aparte klimaat niet alleen in aanzienlijke mate het Vlaamse literaire palet, maar ook de blik van letterlijk ontelbare Vlamingen. Hij presenteerde ons immers scherpe analyses van het toenmalige nu en gooide tegelijkertijd ook ramen open op het werk van Duitse meesters als Heinrich Böll en Günter Grass."

JAMES SALTER (90, + Sag Harbor, Verenigde Staten, 19 juni 2015)

Grote naam in de hedendaagse Amerikaanse literatuur, die op latere leeftijd doorbrak, vooral ook in

James Salter

Europa. Hij werd beschouwd als een uitgesproken "writer's writer". Salter was allesbehalve een veelschrijver met een klein uitmuntend oeuvre van zes boeken tussen 1956 en zijn dood. Zijn werk doorstaat de tand des tijds omwille van de haarscherpe manier waarop deze meesterstilist schreef over de zwakheden en onzekerheden van de menselijke soort. Critici bewonderden hem omwille van zijn psychologische portretten in een gave poëtische stijl. In het Nederlandse taalgebied brak hij pas door in 2013 met zijn laatste roman *Alles wat is (All that is)* die dertig jaar op zich had laten wachten en handelt over het liefdesleven van een uitgever en ex-marinier. Vooral in Nederland was de roman een groot succes, waar het 30.000 keer over de toonbank ging. Tommy Wieringa omschreef *Alles wat is* als "een zuiver en diepzinnig hoogtepunt in het oeuvre van een van de grootste schrijvers die ik ken". "Schrijven is hard werken, een uitputtingsslag", vertelde hij aan het Nederlandse tv-programma *Nieuwsuur*. "Maar je kunt niet zeggen, vandaag schrijf ik een boek. Je moet er aan blijven werken."

Salter werd geboren als James Horowitz en al op

jonge leeftijd een gevechtspiloot, nadat hij afstudeerde aan een prestigieuze militaire academie. Hij vocht onder meer in Korea, wat hem inspireerde bij het schrijven van zijn debuut *The Hunters* (1956). Daarin en ook in zijn latere boeken als *Lightyears* (1975) draait het niet om dramatische ontwikkelingen of een straffe plot. Salter blonk uit in zijn sobere secure stijl met grote gevoelsmatige impact op de lezer. In 1988 ontving hij de *PEN / Faulkner prijs* voor zijn verhalenbundel *Dusk and other Stories* (1988). Voor zijn kortverhalen kreeg hij twee lifetime achievement onderscheidingen: de *Rea Award* en *PEN / Malamud prijs*. Salter stierf tijdens zijn sessie gymnastiekoefeningen.

Robert Stone

ROBERT STONE (77, + Key West (Florida), 10 januari 2015)

Amerikaanse auteur, die in 1967 debuteerde met *A Hall of Mirrors* en doorbrak met zijn volgende boek *Dog Soldiers* (1974), dat zich afspeelt in Vietnam waar hij zelf vaak heen reisde. Met *Dog Soldiers* won Stone de National Book Award. Het werd in 1978 verfilmd als *Who'll Stop the Rain*. Stone stond bekend voor zijn duistere humor en maatschappijkritiek. In totaal schreef hij slechts acht romans en twee verhalenbundels over een periode van 47 jaar. Toch stond hij te boek als één van de belangrijkste Amerikaanse auteurs in de jaren 1960, omwille van zijn unieke journalistieke kijk op politieke, sociaal-maatschappelijke conflicthaarden en een eigenzinnige schrijfstijl die een rauw realisme combineerde met het narratief-experimentele. Zijn personages zijn in de regel cynisch, gedesillusioneerd en wanhopig en tevergeefs op zoek naar de realisatie van de *American dream*. In 2007 schreef hij zijn memoires neer in *Prime Green: Remembering the Sixties*. Stone dronk en rookte veel. Ooit zei hij daarover dat dit noodzakelijk was omdat schrijvers *"have an enormous weight of emotion which they have nowhere to take"*. Hij stierf aan de gevolgen van een chronische longziekte.

MARK STRAND (80, + New York, 29 november 2014)

Amerikaanse dichter van Canadese afkomst, die overleed aan de gevolgen van kanker. Strand wordt beschouwd als een van de belangrijkste Amerikaanse dichters. Zijn eerste boek, *Sleeping with one eye open*, verscheen in 1964. Het titelgedicht refereerde naar eigen zeggen aan de angst die hij voelde op het hoogtepunt van de Koude Oorlog tussen de Verenigde Staten en de Sovjet-Unie. In 1990 was de in Canada geboren Strand Poet Laureate in de Verenigde Staten, een soort Dichter des Vaderlands. Voor zijn bundel *Blizzard of One* kreeg hij in 1999 de prestigieuze Pulitzerprijs. Bij De Arbeiderspers kwam in 2006 onder de titel *Gedichten eten* een tweetalige bundel met zijn gedichten uit. Zijn soms meditatieve gedichten zijn in meer dan dertig talen

Mark Strand

vertaald. Gedurende zijn rijke carrière won hij talloze prijzen. Tot aan zijn overlijden was Strand ook docent Engels en Vergelijkende Literatuurwetenschappen aan de Columbia University in New York. In 2009 kreeg hij de Gold Medal in Poetry van de American Academy of Arts and Letters.

Tomas Tranströmer

TOMAS TRANSTRÖMER (83, + Stockholm, 26 maart 2015)

Zweedse dichter en Nobelprijswinnaar Literatuur 2011. "Het werk van Tranströmer spitst zich vaak toe op het wonderbaarlijke en mysterieuze dat schuilt achter de routine van het dagelijks leven. Door dit oog voor het mystieke krijgt zijn poëzie vaak een religieuze dimensie. Hij is door critici ook wel als "christelijk dichter" omschreven", schreef *NRC* bij zijn overlijden. "Veel behandelde thema's waren de lange Zweedse winters, het ritme van de seizoenen en de schoonheid van de natuur."

Tranströmer was een vertaler en een psycholoog. Hij begon met schrijven toen hij dertien jaar was. De Zweed debuteerde in 1954 op zijn 23ste met de bundel *17 gedichten.* Naast dichter was Tranströmer ook pianist. Hij werkte verder als psycholoog in jeugdgevangenissen. In 1990 werd hij door een beroerte getroffen. Sindsdien kampte hij met ernstige motorische en spraakproblemen, maar met de hulp van zijn echtgenote bleef hij toch kranig doorschrijven. Naast *17 gedichten* is hij ook bekend van de bundel *Nachtzicht* (1982) en *De treurgondel* (1996). Zijn werk is in meer dan zestig talen vertaald. In Nederland brak vooral Bernlef een lans voor hem. In 1993 publiceerde Tranströmer een prozaboek met herinneringen, getiteld *Minnena ser mig* dat in 2002 in het Nederlands verscheen bij De Bezige Bij, aangevuld met zijn verzamelde gedichten: *De herinneringen zien mij.*

Tranströmer schreef ook werken voor koren. Hij hanteerde meestal schijnbaar eenvoudige beelden van het dagelijkse leven en er stak ook veel humor in zijn toegankelijke oeuvre. Sinds de jaren vijftig was hij zeer goed bevriend met de Amerikaanse dichter Robert Bly, die zijn werk in het Engels vertaalde. Hun verzamelde correspondentie heette *Air mail* (2001). In 2007 kreeg hij al een speciale Lifetime Recognition Award van het Canadese Griffin Trust for Excellence in Poetry en zijn oeuvre werd nog met diverse andere internationale prijzen bekroond. Tranströmer was de achtste Zweed die de Nobelprijs Literatuur opstreek. Toch was er ook kritiek op zijn poëzie: "Sommigen beschuldigden Tranströmer ervan dat hij in zijn bundels geen aandacht besteedde aan de politieke en maatschappelijke problemen van zijn tijd", aldus NRC. Maar de dichter mikte zelf op "universele poëzie".

LUDVIK VACULIK (88, + Praag, 6 juni 2015)

Tsjechische auteur, journalist en voormalige dissident, die verbonden was aan de krant *Lidove noviny.* Vaculik werd geboren in 1926 in Brumov, als zoon van een timmerman. Met het 'Manifest van 2.000 woorden' schreef Vaculik een van de belangrijkste documenten van de socialistische hervormingsbeweging tijdens de Praagse Lente in Tsjechoslovakije. De oproep tot democratisering van juni 1968 werd door bekende wetenschappers, kunstenaars en sporters ondertekend. Twee maanden later werd de hoop de bodem ingeslagen door de bloedige invasie van sovjettroepen en het Warschaupact. Met Vaclav Havel en andere intellectuelen ondertekende Vaculik later het stichtingsdocument voor Charta 77, een beweging voor mensen- en burgerrechten.

Hij verwierf faam als romanschrijver met de roman *De bijl* (1966) over een Praagse journalist, wiens sympathie voor het communisme na de Tweede Wereldoorlog in desillusie omslaat. In 1970 schreef hij *Guinese biggetjes*, een wrang-komische roman

Ludvik Vaculik

vie van Raymond Queneau, een schrijver die hem nauw aan het hart lag. Vautrin schreef diverse scenario's voor Claude Miller en Claude Pinoteau.

Hij studeerde Franse literatuur aan de universiteit van Auxerre en was lector Frans aan de Universiteit van Bombay. Later ontpopte hij zich tot een productief auteur van onder meer 'romans noir' en feuilletonromans. Hij debuteerde in 1973 met *A bulletins rouges,* gevolgd door onder meer romans als *Billy-Ze-Kick* (1974), *Un grand pas vers le Bon Dieu* (1989) en *Le Cri du peuple* (1998).

over een bankbediende die op aanraden van zijn collega cavia's in huis haalt en ze uitgebreid gaat observeren. Langzaamaan ontspoort zijn bezigheid in steeds driestere experimenten. Het geldt als een cynische satire op het Sovjetregime en zijn collectivisme, reden waarom het pas in 1977 in Tsjechoslovakije mocht gepubliceerd worden. Het boek werd onlangs heruitgebracht als *Cavia's op proef* bij uitgeverij Leesmagazijn, in een vertaling van Kees Mercks. In de serie Moldaviet van uitgeverij Voetnoot verscheen ook *Is het lente?* een bundeling van tien ironisch getinte columns van Vaculík uit de jaren zeventig en tachtig.

JEAN VAUTRIN (82, + Gradignan, 16 juni 2015)

Frans auteur, scenarist, tekenaar, fotograaf en filmregisseur, pseudoniem van Jean Herman. Na studies aan het *Institut des hautes études cinématographiques* was hij onder meer assistent-regisseur bij Roberto Rosselini en werkte hij ook samen met Jacques Rivette en Vincente Minelli. Hij draaide ook vijf eigen films waaronder *Adieu l'ami* met Alain Delon en Charles Bronson in de hoofdrollen. Hij maakte in 1965 een adaptatie van *Le Dimanche de la*

Jean Vautrin

Vautrin ontving talrijke bekroningen voor zijn werk. Voor *Un grand pas vers le bon dieu*, een historische roman die zich afspeelt in Louisiana, kreeg hij in 1989 verrassend de Prix Goncourt, Frankrijks belangrijkste literaire onderscheiding. In 1985 had hij al de Prix Goncourt de la Nouvelle opgestreken voor *Baby-boom.* In de stripwereld maakte hij naam met de adaptatie van *De stem van het volk* door de Franse stripgrootmeester Jacques Tardi. In 2014 verstripte Baru ook nog zijn roman *Bloedheet.*

ERIEK VERPALE (63, + 10 augustus 2015)

Vlaamse dichter en schrijver, pseudoniem van Eric Verpaele. Verpale overleed in troebele omstandigheden: hij werd door zijn werkster dood aangetroffen in zijn woning. Verpale wist sinds kort dat hij aan keel- en lymfeklierkanker leed.

Eriek Verpale werd als Eric Verpaele in 1952 geboren te Zelzate. Hij werd opgevoed door zijn uit Litouwen afkomstige joodse overgrootmoeder, die vlak naast hem woonde. Op die manier werd zijn belangstelling gewekt voor de joodse cultuur. Tot aan zijn dood was Verpale bijzonder gefascineerd door het jodendom.

Tussen 1975 en 1981 zette hij

zijn eerste stappen in de literaire wereld en publiceerde hij drie dichtbundels: *Polder- en andere gedichten* (1975), *Voor een simpel ogenblik maar* (1976) en *Op de trappen van Algiers* (1980). Een van zijn vaste thema's in deze gedichten met romantische inslag was 'de troost van het verlies'. Zijn vriend en kunstbroeder Luuk Gruwez, met wie hij in 1992 *Onder vier ogen: Siamees dagboek* schreef, maakte een selectie uit de bundels, die een plek vonden in de *Nachten van Beiroet* (1994). Toch vestigde Verpale vooral zijn naam met proza. *Een meisje uit Odessa* was in 1979 zijn debuut in dat genre met erg korte verhalen en een lange novelle. Ook daar stak zijn voorliefde voor de Jiddische literatuur de kop op. Naam kreeg hij vooral met de sterk autobiografisch getinte romans *Alles in het klein* (1990), *Olivetti 82* (1992), *Gitta* (1997). Terugkerende thema's in zijn boeken bleken zijn voorkeur voor jonge meisjes, Weltschmerz, drank en de beknelling van het leven. NRC noemde hem "een melancholiek monumentbouwer voor verliezers".

Het door acteur Bob De Moor opgevoerde toneelstuk *Olivetti 82* (1993) groeide uit tot een theaterseller en werd later verfilmd door Rudi Van Den Bossche (in 2001) met in de hoofdrol Dirk Roofthooft. In 2014 werd het nogmaals verfilmd als monoloog met titel *Bernard* met in de hoofdrol Thomas Wander. Ook *Grasland* (1996), een lange monoloog die een chauffeur tegen de receptionist van een fabriek houdt, boekte mooie successen. Ontstaan uit een nieuwjaarsgeschenk voor zijn uitgever De Arbeiderspers, verscheen later *De patatten zijn geschild* (1998), ook autobiografisch mengelwerk.

Alles in het klein werd in 1992 bekroond met de NCR Literair Prijs en bundelt diverse autobiografisch geinspireerde teksten: zes verhalen, gevolgd door een dertigtal brieven. Een van de vaste biotopen in zijn boeken, zoals het laatste verschenen *Katse nachten* uit 2000, was de wijk De Katte in Zelzate en het café De Moedige, de in zijn oeuvre tot mythe omgeturnde kroeg van Moeder Zulma. Zijn werk werd jarenlang door De Arbeiderspers uitgegeven. Over zijn verhouding tot Gent publiceerde hij in het literaire stedenboek *Gent, de dubbelzinnige* (samengesteld door Dirk Leyman en Marco Daane, 2000). Afgelopen jaren publiceerde hij onder meer nog gedichten in *Het Liegend Konijn* en op *De Contrabas*. De laatste jaren vloeide er nog weinig uit zijn pen en kampte Verpale met toenemende gezondheidsproblemen.

HANS VAN DE WAARSENBURG
(71, + Maastricht, 15 juni 2015)

Nederlands dichter, recensent en literatuurprogrammator. Hij debuteerde in 1965 met de bundel: *Gedichten*. In 1973 won hij de Jan Campertprijs voor poëzie en in 2004 kreeg hij de oeuvre-prijs van de stad Helmond. Van de Waarsenburg was ook de initiatiefnemer van *The Maastricht International Poetry Nights*, een grote tweejaarlijkse internationale poëziemanifestatie. Van 1995 tot 2000 was Van de Waarsenburg voorzitter van de Nederlandse afdeling van de internationale schrijversorganisatie PEN. Ook was hij actief als kunstrecensent.

ROGI WIEG
(52, + Amsterdam, 15 juli 2015)

Nederlandse dichter en schrijver. Robert Gabor Charles Wieg was een kind van Hongaarse immigranten, zijn ouders waren in 1956 naar Nederland gevlucht. Hij debuteerde in 1981 met de bundel *Cis-trans*. In 1987 kreeg hij de Lucy B. en C.W. van der Hoogtprijs voor *Toverdraad van dagverdrijf* (1986). Het grootste deel van zijn oeuvre kwam uit bij G.A. van Oorschot en uitgeverij De Arbeiderspers. Werken zijn onder meer *Sneeuwvlok* (1992) en *Souffleurs van de duivel* (1996). Een paar jaar geleden stapte hij over naar In de Knipscheer. Zijn afscheidsgedichten verschenen onlangs in het literaire tijdschrift *Extaze*. Wieg heeft een twintigtal titels op zijn naam, waaronder ook romans (waaronder *De moederminnaar* en *Kameraad scheermes*), verhalenbundels (onder meer *Sinds gisteren zijn twee dagen verstreken*) en het Privé-Domeindeel: *Liefde is een zwaar beroep*. In zijn romans duiken "wereldvreemde, aan wanen lijdende personages" op, die "aan hun isolement trachten te ontsnappen, maar daar uiteindelijk naar terugkeren."

Wiegs schrijversloopbaan werd gekenmerkt door ernstige depressies. Hij werd geregeld opgenomen in psychiatrische ziekenhuizen, onderging elektroshocktherapie en deed driemaal een zelfmoordpoging. Volgens *de Volkskrant* werd hem vanwege dat "ondraaglijk geestelijk lijden" uiteindelijk euthanasie toegestaan. Hij overleed bij hem thuis in Amsterdam. Dit najaar verschijnt er nog een bloemlezing uit Wiegs oeuvre met de titel *Even zuiver als de ongeschreven brief*. In de jaren tachtig en negentig was Wieg ook werkzaam als recensent voor *Het Parool*. Hij fungeerde ook een tijdlang als redacteur van het literaire tijdschrift *Tirade*. ■